汉字中的中国故事

HANZI
ZHONG DE
ZHONGGUOGUSHI

方燕红 曾剑平 舒清 万斌 编著

百花洲文艺出版社
BAIHUAZHOU LITERATURE AND ART PRESS

图书在版编目（CIP）数据

汉字中的中国故事 / 方燕红等编著. –– 南昌：百花洲文艺出版社，2019.4（2020.7重印）
ISBN 978-7-5500-3229-3

Ⅰ.①汉… Ⅱ.①方… Ⅲ.①汉字 – 文化 – 高中 – 教学参考资料
Ⅳ.①G634.303

中国版本图书馆CIP数据核字（2019）第064696号

汉字中的中国故事

方燕红等　编著

出 版 人	章华荣	
策 　 划	邹晓冬	
责任编辑	余 茳　安姗姗	
书籍设计	彭 威	
制 　 作	何 丹	
出版发行	百花洲文艺出版社	
社 　 址	南昌市红谷滩世贸路898号博能中心一期A座20楼	
邮 　 编	330038	
经 　 销	全国新华书店	
印 　 刷	江西千叶彩印有限公司	
开 　 本	720mm×1000mm 1/16　印张 19.25	
版 　 次	2019年10月第1版第1次印刷	
	2020年7月第1版第2次印刷	
字 　 数	260千字	
书 　 号	ISBN 978-7-5500-3229-3	
定 　 价	39.80元	

赣版权登字　05-2019-83
版权所有，盗版必究

邮购联系　0791-86895108
网 　 址　http://www.bhzwy.com
图书若有印装错误，影响阅读，可向承印厂联系调换。

自 序

　　民族语言文字，既是一个民族的民族文化基础，也是一个民族的精神文化支柱。《人民日报》社论指出，"语言文字是文化的基础要素和鲜明标志，是文化传承、发展、繁荣的重要载体""语言文字的传播是文化传播最直接、最便利、最有效的途径"。汉字，作为通行于中华文明长河中的文字，不仅是一种简单的书写符号，更是承载着五千年悠久历史的文化载体。

　　汉字从形态到内涵，不仅是一种独特的文化符号，而且是一种形象生动，有社会文化背景、生命意识、民族思想、生活智慧的文化元素。走进汉字的文化宝库，走进汉字的奇妙世界，方能领悟中国古汉字的神妙意蕴。

　　从甲骨文到如今的简体字，从象形到写意，在数千年的悠悠历史长河中，汉字发生了巨大的演变，但是，以"六书"（象形、指事、会意、形声、转注、假借）为代表的造字原则，却一脉相承，构成了如今汉字文化的基石。这既是语言的千古传承，亦是文化的绵流不断。

　　诚然，既为"故事"，我们在书中力图阐述的，并不仅仅是枯燥无味的科普，而是力求让每一个汉字变得鲜活、有生命力，让背后的文化以及历史跃然纸上。在本书中，我们专门选取了300个有代表性的常用汉字，除了遵照"六书"的原则对其字形进行解析，阐述从甲骨文到当代字形的演变历程外，更重要的是，向读者展现这些汉字背后的历史故事，让读者通过一个个简单的汉字，徜徉于悠悠的历史长河。

我们编写组虽曾受聘于北师大出版科学研究所，并出色完成了教育部文化产业专项资金项目《建设面向教育的数字化出版基地》子项目《中小学题库建设》语文课题组的题库建设任务，但是，如何将专业知识和趣味故事有机地结合起来，如何将枯燥无味的汉字演变史融入一个个鲜活的历史事件之中——这毫无疑问是对我们编写组所有成员的挑战。为此，我们4人夜以继日地讨论方案、查阅资料、取舍内容……当我们敲完最后一个字，最终定稿时，心中体会到的是一种来自文化与历史的洗礼与熏陶，更让我们欣慰的是能尽一己之力为广大中学生学好语文开启一扇兴趣之窗。

有人说："一个汉字就是一个故事。千百年来的风俗礼仪，社会结构、伦理道德、哲学思考、审美意识——中华民族的文化'基因'，几乎都隐藏在一个个汉字对所要反映的事物的摩画、概括和美化之中。"

希望本书能开启读者身上的文化记忆，愿中华文明的文化"基因"薪火相传。

作者

目 录

2

3

爱

字形： 爱，繁体"愛"，上面一个"爪"，中间一颗"心"，下面一个"友"，意为用手抓住朋友的心。轻了，不一定能抓住；重了，会抓痛对方，造成伤害。

字源： 中国古代，人与人之间的情感质朴纯真，恋人心心相印，心有灵犀；友人志同道合，心意相通；亲人相敬相爱，晚辈尊敬长辈，长辈爱护晚辈。因此，"爱"便产生了，不缺"心"，不缺"友"。

含义： 对人或事有深挚的感情，"爱"，是人与人之间最美好的情感。

引申： "爱"不能缺"友"，因此有李白"吾爱孟夫子，风流天下闻"的爱（敬重）。李白与孟浩然交好，以手相助，以心相交，这便是李白与孟浩然之间相互敬重，相互赞美的友谊。

甘棠遗爱

故事： "甘棠遗爱"，遗，留的意思；爱，恩惠恩泽的意思，出自《诗经·周南》周人怀念召伯德政的颂诗，表达了老百姓对召公的爱戴和赞颂，后以"甘棠遗爱"颂扬离去的地方官，称颂官员的政绩。

周武王灭殷商，建立周朝，死后传位于年幼的周成王，两个叔叔周公和召公辅佐朝政。召公为辅佐周朝呕心沥血，政绩也非常显赫。他体恤民情，广施惠政，深得百姓爱戴，喜欢到基层去了解民情，由于天气炎热，召公就每天在一棵甘棠树下办公，处理民间事务，认真给百姓解决了很多生活中的具体难题。他走之后，老百姓十分怀念他，不许任何人动他曾经办过公的那棵甘棠树。《诗经·周南》里有一段"……蔽芾甘棠，勿翦勿败，召伯所憩……"，就是描述这件事情的，成语"甘棠遗爱"也由此而来。

安

甲骨文	金 文	篆 文
𡦒	𤟰	𡧗

字形：安，会意字。上部"宀"是房屋的剖面，屋檐下有两根立柱。屋内一女子优雅端庄地跪坐着，双手交叉搭于膝前。甲骨文中像是一个受惊吓的女人躲在屋子里，金文及篆体中表示一个在屋子里的女人。

字源：原始游牧社会时期，多掠夺婚。掠夺婚又称抢婚，是男子以暴力劫掠女子为妻的婚姻制度。女子稍有不慎可能就被抢婚或被抓去当奴隶，所以女子躲入屋内就安全多了。于是"安"字便产生了。

含义：太平无事、安静，相关用词如安全、平安、安慰等。

引申：请安。中国人一生都在追求"安"，先要安身立命，再求安家立业、安居乐业，最终求入土为安。因此在古代，请安就成为日常生活中一件重要的事情。请安，是一种礼节，是卑幼对尊长起居的问候。古人请安往往是拱手高举自上而下的相见礼，即"长揖"，这是不分尊卑皆可使用的礼节。

安步当车

故事：安步当车由"晚食以当肉，安步以当车"转化而来，这是春秋战国时期颜斶（chù）面对齐宣王请他出仕时说的话，意思是吃不起肉，就推迟吃饭时间，等饿极了再吃，就和吃肉一样香了；没有车坐就步行得安稳些，就和坐车一样舒服了。表达了自己淡泊名利，随和从容的人生态度。他的思想至今仍为人们所称道。

哀

字形: 哀,形声字,从口衣声。衣,表示麻服,孝服。哀,金文写作"衣、孝服"加"口、哭",表示穿着孝服哭丧。

金 文

字源: 古代中国,战事频繁,生灵涂炭,百姓深受其害,在这种情况下,"哀"作为悲痛的含义便诞生了。

含义: 哀的本意是指悲痛的心情,人在悲痛的时候常常会张口啼哭,故哀字从口。造字本义指披麻戴孝哭丧,本义只见于古文。

引申:《说文解字》解释:"哀,闵也",《广雅》:"哀,痛也",这些都是其引申义。如哀鸿遍野中的哀鸿指哀鸣的大雁,比喻流离失所的灾民。哀鸿遍野形容流离失所的难民呻吟呼救的凄惨之景,出自《诗经·小雅·鸿雁》:"鸿雁于飞,哀鸣嗷嗷。"由此可见,哀是悲痛的象征。哀莫大于心死,最大的悲哀莫过于思想空虚停滞。如"夫哀莫大于心死,而人死亦次之"(《庄子》)。

哀兵必胜

故事: 哀兵必胜,原意是力量相当的两军对阵,因悲愤的一方有必死的决心,而获得胜利。后多用以比喻因受压迫而从事正义战争者,必将取得胜利。出自《老子》:"祸莫大于轻敌,轻敌几丧吾宝。故抗兵相加,哀者胜矣。"勾践战败以后,面对失败和耻辱,时刻不忘会稽之耻,日日卧薪尝胆,反躬自问:"汝忘会稽之耻邪?"他重用范蠡、文种等贤人,经过十年,越国国力渐渐恢复。可是吴王对此却毫不警惕。最终越王勾践找准时机带领军队乘虚而入,大败吴国军队,杀掉了吴太子。又在公元前473年,再次大破吴国,致其灭亡。

碍

篆文	隶书
礙	礙

字形: 碍,会意字。左边为"石"字,其形像山崖下有块大石头,表示石头会阻碍交通;右边由"疑"字演变而来,有疑惑观望不能前行的意思。由一个代表石崖的"石"和一个代表在路上不知所向的"疑"构成。表示阻挡行进的岩障。

字源: 古时候,人们从一个地方到另一个地方往往需要经过许多山区,在山区里就会有许许多多的障碍物,最多的便是岩障。为了提醒后面前往同一个地方的人,就创造了"碍"字,用以提示后人这里走不通,需要换道。

含义: "碍"的本义为阻挡,制约,作动词,如"四角碍白日,七层摩苍穹"(《与高适薛据同登慈恩寺浮图》);也可指岩障或悬崖阻挡去路,如"限至曰碍"(《通俗文》);也作名词,意为阻碍物,制约因素,如"直视无碍"(《与朱元思书》)。

引申: 四无碍辩,指佛、菩萨、圣众等所具有的四种自在无碍辩。即法无碍辩、义无碍辩、辞无碍辩、辩无碍辩。略称"四辩"或"四无碍",用来显示无碍自在说法教化的德用。

辩才无碍

故事: 辩才无碍,本是佛教用语,指菩萨为人说法,义理通达,言辞流利,后泛指口才好,能辩论。三国时的灭蜀功臣钟会口才很好,自幼聪颖,12岁时,他与哥哥钟毓一起去见皇帝。宫殿威严,魏文帝端坐上方。钟毓见了皇帝便大汗淋漓,钟会却面不改色。魏文帝很奇怪,问钟毓:"你怎么出这么多汗?"钟毓回答:"战战兢兢,汗如雨下。"原来他是因紧张而出汗的。又问钟会:"你为什么不出汗?"钟会说:"战战兢兢,汗不敢出。"素以文论见长的魏文帝曹丕哈哈大笑。钟会回答得很巧妙,既模仿了哥哥的句式,又显示了自己的才智,同时称颂了魏文帝威名赫赫。

艾

字形： 艾，形声字。"艸"（cǎo）表意，表示草药；"乂"（yì）表声，表示割取艾蒿入药或灸疗。

字源： 由于古人削冰成圆形凸镜，聚焦日光，点艾炷取火，所以"艾"被解释为"冰台"。篆文中"艾"字上部形体像草，表示艾蒿是草本植物，整体表示为采割草药。

篆 文

含义： "艾"的本义是采割草药，如"虽累凶年，民弗病也。一年不艾而百姓饥"（《穀梁传·庄公二十八年》）；还有结束，停止之意，如"夜如何其? 夜未艾"（《诗经·小雅·庭燎》）；且有治理，安定之意，如"或肃或艾"（《诗经·小雅·小旻》）；还含有菊科中医草药之意，如"彼采艾兮，一日不见，如三岁兮"（《诗经·王风·采葛》）。

引申： 说起"艾"，就会想到《礼记·曲礼上》："人生十年曰幼，学。二十曰弱，冠。三十曰壮，有室。四十曰强，而仕。五十曰艾，服官政。六十曰耆，指使。七十曰耋，而传。"即十岁出外上学，二十岁加冠，三十岁该娶妻，四十岁就该做官，五十岁该参与国家政事，六十岁该役使他人，七十岁把家事交由儿孙掌管。

七年之病，求三年之艾

故事： "七年之病，求三年之艾"，出自《孟子·离娄上》，指病久了才去寻找治疗这种病的干艾叶。比喻凡事要平时做好准备，事到临头再想办法就来不及了。战国时期，孟子认为桀与纣失天下就是因为他们丧失了百姓的拥护，如果有君主推行仁政就能统一天下。现今不施行仁政的君主想一统天下，就像得了七年的病去求蓄积三年以上的艾草灸治一样，不立志施行仁政，那么一辈子也不能统一。

隘

篆　文
隘　𨻍

字形：隘，形声字。籀文从阜，益声。阜，土山，从"阜"的字多与地势有关。

字源：造字最初意义指山谷间野兽穿行的狭窄通道。用于强调野兽出没穿行的、山谷间的夹缝。

含义：现在属于常用字，本意是狭窄、狭小，后常用于指险要处。满溢的人群挤在狭壁中；又指狭窄的交通要道，险要的通道，通常处在陡峭山谷的两个山峰之间，如"一人守隘，万夫莫向"（左思《蜀都赋》）；后指穷困、窘迫，如"君子隘穷而不失"（《荀子》）；还可指心胸狭窄、气量小，如"伯夷隘，柳下惠不恭"（《孟子·公孙丑上》）。

引申：中国著名的关隘。嘉峪关，为万里长城西端的终点，有"天下第一雄关"之誉。居庸关，为万里长城的一个重要关口，是古代北京西北的屏障，旧称军都关，关隘两旁高山屹立，翠嶂重叠，山峦间花木葱茏，犹如碧波翠浪，因此有"居庸叠翠"之称。山海关，为我国明代万里长城东部的重要关隘，因城楼题额"天下第一关"而又名"天下第一关"，城楼雄踞关上，巍然矗立，自古为交通要冲。

一人守隘，万夫莫向

故事：一人守隘，万夫莫向。指一个人把守关隘，万人都无法接近，形容地势险要，出自晋左思的《蜀都赋》。东汉初，蜀郡太守公孙述趁王莽被起义军杀死之机，先后灭掉王岑、宗成等势力，依恃地险众附，自立为帝。公孙述凭借的正是蜀地险要的地势，正所谓"一人守隘，万夫莫向"。

暗

字形：暗，形声字。"音"既是暗的声旁也是形旁，是"黯"的省略，表示颜色深黑。《说文解字》："暗，日无光也。从日，音声。"

字源：古人观察到太阳下山天就黑了，用"暗"来反映光线的变化。

含义：造字本义是日暮天黑，完全无光。太阳西沉为"昏"，完全天黑为"暗"。后引申为愚昧的，糊涂的，不明事理的，如"兼听则明，偏信则暗"（《新唐书·魏征传》）；还有秘密地，悄然地之义，如"别有幽愁暗恨生，此时无声胜有声"（白居易《琵琶行》）。

引申：古代帝王了解民情，一般是通过臣子的奏章；有些皇帝则喜欢微服私访即暗访这种方式去体察民情，如清代的乾隆皇帝。

暗箭难防

故事：暗箭难防，冷箭最难防范，比喻阴谋诡计难以预防。春秋时期，郑国计划讨伐许国，郑庄公检阅部队，发派兵车。老将军颍考叔和青年将军公孙子都，为了争夺兵车吵了起来。颍考叔是一员赫赫有名的勇将，他老当益壮，拉起兵车转身就跑；公孙子都向来骄横跋扈，当然不肯相让，拔起长戟飞奔追去。等他追上大路，颍考叔早已无影无踪。公孙子都因此怀恨在心。没多久，郑庄公正式下令攻打许国，郑军逼近许国都城，攻城的时候，颍考叔一马当先，杀敌无数，爬上了城头。公孙子都眼看颍考叔就要立下大功，心里更加忌妒，便抽出箭来对准颍考叔就是一箭，使他一个跟斗从城头摔了下来。

按

篆文

字形：按，形声字。该字由两部分组成，左边为"手"形，代表字义，右边为"安"，代表字音，联合表示手放在合适的位置。

演变：篆文，其字形为手加安组成，表示控制、抑制，使之不动。隶书中，将篆文的"手"简写，失去五指形象，后不再变化。

含义：本义表示控制，如按兵不动，"以按徂旅"（《诗经·大雅·皇矣》）；又可指用手向下按，如"项王按剑而跽曰"（《史记》）；还指查询，如"按其图记"（《丰乐亭记》）；也指考察，如"影胡公按部"（《明史·海瑞传》）；还通"安"，如"吏民皆按堵如故"（《汉书》）。

引申：与按有关的官职很多，如按察司，是提刑按察使司的简称，明清时一省的司法和检察机关。又如巡按，始于唐朝，俗称八府巡按，又称巡按御史，代表皇帝巡视地方，专门负责监察，一般不理其他事务，权力极大。

按图索骥

故事：按图索骥，指按照图上画的样子去寻找好马，比喻办事墨守成规；也比喻按照线索去寻求。秦国伯乐善相马，他把相马的经验都写到《相马经》里，并画上了各种马的图。伯乐的儿子很笨，却希望自己也能像父亲那么厉害。他把《相马经》背得很熟，就以为自己也有了认马的本领。一天，他在路边看见了一只癞蛤蟆，其身形符合《相马经》里所描述的马，便误认为是千里马，带回家给伯乐看，伯乐哭笑不得。

岸

字形：岸，形声字。水厓而高者，从屵，干声。古时"山"为左偏旁，而后"岸"演化为上下结构。

岸

字源："岸"字最初作"厂"。"厂"是山崖又是水涯，后来加声符"干"作"屵"，最后又加义符"山"作"岸"。

含义："岸"字主要是指水边的陆地，如"河岸""岸芷汀兰"（《岳阳楼记》）；也可以用来形容高大、高傲，如"伟岸""傲岸""莫笑老翁犹气岸"；有台阶之义，如"襄岸夷涂"（《西京赋》）；还有头饰高戴，前额外露的意思，如"岸帻"，意为"把头巾掀起露出前额，表示态度洒脱，不拘束"。

引申："岸"在古时同"犴"。"犴"是长江流域河姆渡先民的图腾。犴舞是河姆渡先民在社会生产和生活中，为表达对犴图腾的崇拜而衍生出来的一种民间舞蹈，它起源于先民对犴神话的崇敬，是河姆渡稻作文化的产物，是先民模糊集合思维的产物。

隔岸观火

故事：隔岸观火，比喻见人有危难不援助，采取观望的态度。袁尚、袁熙兄弟投奔公孙康，曹操诸将进言平服辽东，捉拿二袁，曹操大笑说公孙康自会将二袁的头送来，后下令班师，静观局势。而公孙康暗自思量，如留二袁，必有后患，且收容二袁会得罪曹操；但若曹操进攻辽东，只得留二袁，共御曹操。当他探听到曹操已回许昌，并无攻打辽东之意时，认为留二袁有害无益，于是割下二袁首级，送到曹操营中。这便是曹操听从郭嘉之计，隔岸观火，兵不血刃便达到目的的故事。

熬

金　文	篆　文
熬	熬

字形： 熬，形声字。由一个代表煎迫的
"火"和一个代表因痛苦而哀号的"敖"构
成。表示因难以忍受火刑煎迫而嗷嗷叫。

字源： 此字来源于古时人们对生活的
感受。古时常用的刑法有一种叫做火刑，罪大恶极的人往往被处以极为残忍的刑
法，这便是其中之一。人们在受罚时往往因痛苦而哀号，为了描述这一景象而创造了
"熬"字。

含义： 作动词，难忍煎刑而嗷叫，如"我心兮煎熬"（《楚辞·怨上》）；还可
指用小火煮，如"太宗遣使取熬糖法"（《新唐书·摩揭陀传》）；还有忍受，坚持之
义，如"二则口渴难熬"（《水浒》）。

引申： "熬"文化，是从古至今都存在的一个文化。释迦牟尼以生活熬炼自身，
割肉喂鹰；司马迁熬受宫刑，书写不朽史书；现在的生活，多数人秉持着"熬"的
意念。"熬"是一种精神，一种品质，一种埋藏在血液里的传承。"熬"得过寂寞，
"熬"得过痛苦，才能"熬"出赢家。

焦熬投石

故事： 临武君和孙卿子在赵孝成王面前一同议论兵事。孙卿子在探讨何为优
势时谈起王朝兴衰定数，说道："故齐之技击不可以遇魏氏之武卒，魏氏之武卒不
可以遇秦之锐士，秦之锐士不可以当桓、文之节制，桓、文之节制不可以敌汤、武之
仁义，有遇之者，若以焦熬投石焉。"这便是"焦熬投石"的出处，"焦熬"指受煎熬
而变焦发脆之物，成语意为拿非常脆的东西去碰石头，比喻事情一定失败。

被

字形：被，形声字，"衣"为形旁，"皮"为声旁。造字本义：由兽皮制成、睡卧时用于遮盖保暖的床上用品。《说文解字》解释为睡觉时盖的厚衣物，规格是一个半身高的长度。

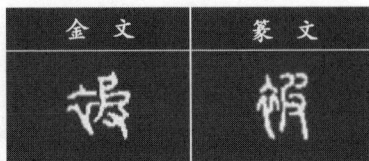

金 文	篆 文
𬱓	𬱓

字源：上古时期生产力低下，物质匮乏，有时捕猎得到的兽皮，白天披在身上即为衣，晚上盖在身上就是被。

含义：本义为被子，引申为动词覆盖，如"成归，闻妻言，如被冰雪"（《促织》）；动词，施及，加于……之上，如"光被四表"（《尚书·尧典》），意为君王要像阳光一样给四面八方带来光明；遭受，蒙受，如"秦王复击轲，被八创"（《荆轲刺秦王》）；表被动，如"信而见疑，忠而被谤"（《屈原列传》），意为诚信而被怀疑，忠诚而被毁谤；通"披"，穿在身上或披在身上，如"将军身被坚执锐，伐无道"（《陈涉世家》）；分散，散开，如"屈原至江滨，被发行吟泽畔"（《屈原列传》），意为屈原到达了江滨，披头散发，在江畔边走边吟咏。

引申：衾，被。先秦时，作卧具的"被子"不用"被"表示，小被称"寝衣"，大被称为"衾"。

扇枕温被

故事：汉代的黄香以孝闻名，其母早逝，他知书达理，在炎炎夏日用扇子扇凉席子让父亲睡，凛冽寒冬则先钻进被窝温热被子让父亲睡。他当魏郡太守时当地遭遇洪灾，他拿出自己的俸禄和家产救济灾民。人们称他：天下无双，江夏黄香。后用"扇枕温被（衾、席）"来形容对父母十分孝敬。

鄙

甲骨文	篆文

字形：鄙，形声字，字形采用"邑"作形旁，采用"啚"作声旁。中国周代地方组织单位之一，五百家为一鄙。

演变：右边的包耳旁是表示"居住的地方"的"邑"（yì）字。但是甲骨文和金文中，"鄙"并没有右边的这个包耳旁，表示人们居住的地方的"邑"是后来加上去的。甲骨文中的"啚"上面是方框，表示一个区域，下面的部分像粮食堆积的样子，上面是茅草屋顶，下面是两个土墩，整个字表示设在田野的临时谷仓。后来，表示临时谷仓的这个部分加上表示房子的"广"（yǎn）和表示粮食的"禾"，就写成了"廪"（lǐn），表示粮仓。而"啚"的"田野的临时谷仓"的含义消失以后，小篆的啚加了一个"邑"字另造了一个"鄙"来代替，表示垦荒种粮的农村边邑，强调这个字与所在地方有关。

含义：本义为地方组织单位，周代都鄙距国都五百里，为王公子弟、公卿大夫采地。因离京城远，引申为边远的地方，如"蜀之鄙有二僧"（《为学》）；鄙陋，鄙俗，如"鄙贱之人，不知将军宽之至此也"（《廉颇蔺相如列传》）；轻贱，"人贱物亦鄙，不足迎后人"（《孔雀东南飞》）；鄙薄，轻视，"孔子鄙其小器"（《训俭示康》）；谦词，"敢竭鄙诚"（《滕王阁序》），意思为（斗胆）竭诚奉上我的一片真心。

引申：鄙本为周代的一个地方组织单位，鄙师是设于鄙的官名，职掌同于乡师、遂师。为治理"遂"及居住在"遂"的"野人"之官。《周礼·遂人》记载，五家为邻，五邻为里，四里为酂，五酂为鄙，五鄙为县，五县为遂。

鄙吝复萌

故事：东汉学者黄宪出身贫寒，从小学识超人，名士荀淑见了他，发现14岁的黄宪居然可以当自己的老师。时人把黄宪与功曹袁阆比较，认为他超出袁阆。曾被陈仲举赞誉为"治国之器"的东汉人周子居常说："我如一段时间见不着黄宪，那么浅俗欲利的念头便又萌生了。"他高度赞扬了黄宪的德行。后用"鄙吝复萌"指庸俗的念头又发生了。

拜

字形：拜，会意字。金文左为手，右为面向左而立的头的形象，意为叩拜致礼。

金　文	篆　文

籀文为两手合掌之形，小篆在右手下加一指示性符号，表示叩头时双手按地。

字源：无论是手还是头，拜都是用肢体语言来表示恭敬的一种礼仪。古人席地而坐，双膝着地，臀部坐在脚后跟上，伸直腰臀部离开脚后跟，叫跪，再前倾直至头着地为拜。

含义：本义是古代表示恭敬的礼仪，如"哙拜谢，起，立而饮之"（《鸿门宴》）；拜见、谒见为引申义，如"上堂拜阿母"（《孔雀东南飞》）；再引申为用一定的礼仪授与某种名义、职位或形成某种关系，如拜官就是授予官职，如"以相如功大，拜为上卿"（《廉颇蔺相如列传》）。

引申：《周礼》中"正拜"是叩拜礼最基本的类型，包括稽首、顿首和空首。稽首是古人最隆重的礼节，用于臣子拜见君王和祭祀神灵、先祖。拜者屈膝跪地，双手在膝前按地，再缓缓叩首至地，并停留一会儿才能起来。顿首是指头在双手前的地上叩一下即起，头触地时间短；头不叩地仅至手即止叫空首。

解剑拜仇

故事：汉代许荆兄长的儿子许世曾经杀了人，与他结仇的人将要杀许世，许荆就跪拜在结仇人面前，说："兄长早死，只有一个孩子，希望您放过他，用我这条命来换他的命吧！"仇人说："您在郡中被称为贤士，怎么敢侵扰您呢！"于是仇人解下剑离开了。后"解剑拜仇"指息争释怨。

卜

甲骨文	金 文	篆 文
㆑　㆑	㆑　Ｙ	㆑　㆑

字形：《说文解字》："卜，灼剥龟也，象灸龟之形。"卜是象形字，像龟甲烧过后出现的裂纹，其造字本义就是占卜。

字源：古时生产力不高，有些大事能不能做要根据上天的指示来决定，占卜即应运而生。甲骨文就是古人占卜后记录下来的文字。古人先在龟甲上钻洞，后用火艾灼烧龟壳，根据裂纹分布特点推断吉凶，再决定是否去做，殷代政治、军事、田猎、生产乃至日常生活等，都有占卜的记载。

含义：本义占卜，烧灼龟甲，根据烧后的裂纹预测凶吉，如"尔卜尔筮，体无咎言"（《诗经·氓》）；后引申为估计、预测，如成语"生死未卜"。

引申：周代设有"太卜""占人"的官职，还设"龟人"专门养龟以备占卜所用。《礼记》中把"麟凤龟龙"称为"四灵"，只有龟是真实存在的。在中国自古就有"天人合一"的思想，人事的兴衰会通过自然的变化表现出来，而这种征兆在占卜中通过有灵性的龟壳的裂纹显示出来。古人还用另一种占卜模式，通过蓍草数目的变化，求得一定的卦象，然后根据卦象及卦爻辞预测吉凶，这种方法叫占筮。"卜"是指龟卜，用于大事；"占"多指蓍占，作为龟卜的补充。

未卜先知

故事：未卜先知，没有占卜便能事先知道，形容有预见。《宋代事实类苑》第四十九卷记载，邓公与寇准一起到相国寺游玩，请一术士看相。术士说他们面相都生得好，将来都会做宰相。又碰上张齐贤与王相公也来找这个术士看相，于是四人一起来到术士那里。术士一看之下，大惊，说："没想到一日之内，竟然看到了四位宰相！真是奇了怪了！"邓公、寇准等四人后来真的都做了宰相。邓公还想给这位术士作传，后来却再也没有打听到他的消息。

病

字形: 病,疾痛加重后形成的症状。形声字,字形采用"疒"作形旁,采用"丙"作声旁。"丙"

甲骨文		金 文	篆 文
			疒病

本义为"鼎足而立"。"疒"与"丙"联合起来表示"在体内自然发生的身患"。

演变: 古人"疾"与"病"是两个不同的概念。"疾"表示疾病,"病"表示重病,合起来表示"病了,并且病得很重"。

含义: 病加重,"子疾病,子路请祷"(《论语·述而》);重病,"君之病在肌肤"(《扁鹊见蔡桓公》);生病,"相如每朝时,常称病"(《廉颇蔺相如列传》);疲劳、困苦不堪,"向吾不为斯役,则久已病矣"(《捕蛇者说》);弊病、毛病、缺点,"人皆嗤吾固陋,吾不以为病"(《训俭示康》);羞辱、伤害,"非独见病,亦以病吾子"(《答韦中立论师道书》);担忧、忧虑,"君子病无能焉,不病人之不己知也"(《论语·卫灵公》)。

引申: 古代环境恶劣,故古人疾病多,中医药学便应运而生。祖先发现一些动植物可以解除病痛,积累了一些用药知识,之后开始有目的地寻找防治疾病的药物和方法,所谓"神农尝百草""药食同源"。春秋战国时期,扁鹊提出"望、闻、问、切"四诊合参的方法,奠定了中医临床诊断和治疗的基础。秦汉时期中医典籍《黄帝内经》,系统论述了人的生理、病理、疾病以及"治未病"和疾病治疗的原则及方法,形成了中医药理论体系框架。

病入膏肓

故事: 病入膏肓,膏,心尖脂肪为膏;肓,心脏与隔膜之间为肓;膏肓之间是药力不到之处,意为病情严重,无法医治,借以比喻事情到了无法挽救的地步。春秋时期,晋景公病重,他恍惚中梦见两个小孩说话,一个说:"高明的医生就要来了,我们躲去哪里呢?"另一个小孩说:"我们躲到肓的上面,膏的下面,无论他怎样用药,都奈何我们不得。"秦国名医医缓诊断后,说:"这病没法治。疾病在肓之上,膏之下,用灸法攻治不行,扎针又达不到,吃汤药,效力也达不到。"

兵

甲骨文	金　文	篆　文

字形：兵，会意字，从廾，从斤。甲骨文字形，上面是"斤"，表示短斧之类，下面是"廾"，表示双手，合起来表示手持战斧作战的士卒。

字源：在远古冷兵器时代，军人所使用的武器，代表军人的级别与地位，身在前线用小型战斧作战的叫"兵"。

含义：本义是"兵器""武器"，如，"收天下之兵，聚之咸阳"（《过秦论》）；引申为"以兵器伤害人"，如"左右欲兵之"（《史记·伯夷列传》）；军事、战争，如"兵者，国之大事"（《孙子兵法·计篇》）；军队，"不战而屈人之兵"（《谋攻》）；兵士，如"可汗大点兵"（《木兰辞》）。

引申：兵符，指古代传达命令或调兵遣将所用的凭证。用铜、木或玉石制成，作虎形，又称为虎符。制成两半，右半存于国君，左半交给统帅。调发军队，必须在符验合后，方能生效。

草木皆兵

故事：草木皆兵，把山上的草木都当作敌兵，形容人在惊慌时疑神疑鬼，出自《晋书·苻坚载记》。东晋时秦王苻坚作战时望见晋军队伍整齐，士气高昂，再北望八公山，错将山上的一草一木看作了晋军，以为晋军兵力强大，心中十分慌张，最后败给晋军，这便是史上著名的以少胜多的战例"淝水之战"。

比

字形：比，会意字。甲骨文字形像两人步调一致，比肩而行。它与"从"字同形，只是方向相反。

甲骨文	金　文	篆　文

演变：由强调空间距离近演变为强调时间间隔短。

含义：并列、挨着，"天涯若比邻"；勾结，"朋比为奸"；近来，如"比得软脚病"（《祭十二郎文》）；等到、及，如"比去，以手阖门"（《项脊轩志》）。

引申：比丘，佛教语，梵语的译音，为佛教出家"五众"之一。指年满二十岁，受过具足戒的男性出家人。比丘尼，俗称尼姑，满二十岁出家，受了具足戒的女子。中国第一个比丘尼是净检，在东晋升平元年（357年）受了具足戒，正式成了比丘尼。

笑比河清

故事：《宋史·包拯传》："立朝刚毅，贵戚宦官为之敛手，闻者皆惮之。人以包拯笑比黄河清。"由于包拯铁面无私，一年时间就把开封治理得井井有条，权贵们都收敛了许多，一听到包拯的名字就害怕，说要看到包公的笑脸比看到黄河水变清还难。成语"笑比河清"，形容态度严肃，难见笑容。

倍

金文	篆文
倍	倍

字形: 倍,形声字,字形采用"人"作形旁,采用"音"作声旁。表示背向、背着,后引申为数量重叠(一倍)。"音"既是声旁也是形旁,是"呸"的本字,表示唾弃、不接受。

演变: 由本义"唾弃",程度加重即为"加重刑罚",由动词演变为量词"等量增加的次数",这种用法现常用。

含义: 一倍,加倍,更加,如"每逢佳节倍思亲"(王维《九月九日忆山东兄弟》);背向,背着,引申为违背,背叛,反叛,如"愿伯具言臣之不敢倍德也"(《鸿门宴》)。

引申: 倍依,指朝会时背对天子座后的斧文屏风。《史记·鲁周公世家》:"周公之代成王治,南面倍依以朝诸侯。"亦作"负扆"(fù yǐ),背靠屏风的意思,也指皇帝临朝听政。

倍日并行

故事: 春秋时期,魏国与赵国联合攻打韩国,韩国向齐国求救。齐国派田忌率领军队前去救援,径直进军大梁。魏将庞涓听到消息后,率军撤离韩国赶回魏国,田忌采用孙膑的计谋,命令齐国军队进入魏国境内后先设十万个灶,过一天设五万个灶,再过一天设三万个灶。庞涓行军三天,非常高兴,说:"我本来就知道齐军怯懦,进入魏国境内三天,士兵已经逃跑了一大半。"于是丢下了他的步兵,只和他的轻装精锐的骑兵日夜兼程地追击齐军。后庞涓被射杀,死在马陵,孙膑也因此名扬天下,后世社会上流传着他的《孙膑兵法》。后用"倍日并行"表示日夜赶路。

本

字形: 本, 指事字, 造字本义为树的根部。

演变: 金文在"木"的根部加三点指事符号, 表示树在地下的营养器官。籀文在树的下方加倒三角, 表示扎入地下的根系。篆文将根部的三点简写成一横。

金 文	篆 文

含义: 草木的根或茎干, 如"摇其本以观其疏密"(《种树郭橐驼传》); 引申为根源, 来源, 如"乐者, 音之所由生也, 其本在人心之感于物也"(《礼记·乐记》); 根本, 基础的东西, 如"盖亦反其本矣"(《齐桓晋文之事》); 在古代特指农桑业, 如"今背本而趋末, 食者甚众"(《论积贮疏》); 活用为动词, 推究本源, 如"抑本其成败之迹, 而皆自于人欤"(《伶官传序》); 形容词, 本来的、原来的, 如"此之谓失其本心"(《孟子·鱼我所欲也》); 副词, 本来, 原来, 如"本在冀州之南, 河阳之北"(《愚公移山》); 自己的, 一边的, 现今的, 如"本人""本年"等。版本, 底本, 如"已后典籍皆为板本"(《活板》), 此后, 重要书籍都是用底本印出来的; 臣下给皇帝的奏章或书信, 如"修本""奏本"。

引申: 拓本, 凡摹拓金石、碑碣、印章之本, 皆称为"拓本", 即用纸紧覆在碑碣或金石等器物的文字或花纹上, 用墨或其他颜色打出其文字、图形来的印刷品。按用墨分, 可分为墨拓本、朱拓本。按拓法分, 可分为乌金拓、蝉翼拓。拓本实物最早见于唐代。

舍本逐末

故事: 战国时期, 齐国使者去拜见赵威后, 赵威后先问齐国的收成和百姓, 后问齐王。赵威后不先问齐王, 齐使者觉得很奇怪。赵威后解释道:"假如没有好收成, 那老百姓靠什么活下去呢? 假如没有老百姓, 又哪里有大王呢? 不这样问, 便是舍本逐末。"赵威后认为收成、百姓和君王这三者, 收成才是最重要的。后用"舍本逐末"比喻不抓根本环节, 而只在枝节问题上下功夫。

才

甲骨文	金　文	篆　文

字形： 才，象形字。甲骨文字形，上面一横表示土，下面像草木的茎（嫩芽）刚刚出土、其枝叶尚未出土的样子。又说是房柱与房梁的象形，即远古简易建筑中的像树杈的房柱上架着横木（横梁）。

演变： 商代甲骨文和西周金文均像草木自"–"（象征地面）钻出之形。为便于锲刻，甲骨文将其轮廓化，其写法在先秦文字中最为常见，逐渐演变为后世的楷书。

含义： 造字本义有二：一是才，草木初生的样子；二是立柱架梁，开始建屋。"才"的"梁柱"含义消失后，篆文再加"木"另造"材"代替。在房架（才）之上加尖圆的屋顶，就是远古简易的独柱式房屋"余"。才力、才能是"才"的常用义，如"虽才高于世，而无骄尚之情"（《后汉书·张衡传》），"况刘豫州王室之胄，英才盖世"（《资治通鉴》）。

引申： 四大才子又称"吴门四才子"，是指明代时生活在苏州的四位才华横溢的文化人。一般认为是对唐寅（即唐伯虎）、祝枝山、文徵明、徐祯卿四人的合称。

才高八斗

故事： 才高八斗，形容曹子建文才出众。后世以此比喻才智高超者。南朝宋国谢灵运，是我国古代著名的山水诗鼻祖，东晋名臣谢玄之孙。他善于刻画自然景物，开创了文学史上的山水诗一派。每逢诗篇一出，人们就竞相抄录，流传很广。宋文帝很赏识他的文学才能，把他的诗作和书法称为"二宝"。谢灵运一向高傲冷蔑，自命不凡，但却极推崇曹植，说："魏晋以来，天下的文学之才共有一石（一石等于十斗），其中曹子建（即曹植）独占八斗，我得一斗，天下其他的人共分一斗。"

臭

字形： 臭，形声字，从自从犬。"臭"是"嗅"的本字。臭，甲骨文写作"自"，即鼻子（"自"是鼻的象形字）；犬，亦即狗，表示犬鼻辨味。

甲骨文	金文	篆文

字源： 气味无形，可闻于鼻而不可见于目。可是古人凭狩猎生活的经验知道，狗的嗅觉对于气味最为敏感，故以"犬""自"（鼻）会意，引起人们从有形到无形的联想。

含义： 造字本义指狗用灵敏的鼻子辨识气味。臭是气味的总称，后常用为气味，如铜臭、无声无臭、乳臭未干。后来在词义的演变过程中，词义缩小，单指难闻的气味，如臭名远扬。

引申： 臭老九，早可见于赵翼《陔余丛考》："元制，一官，二吏，三僧，四道，五医，六工，七匠，八娼，九儒，十丐"。"老九"这两个字，要从蒙元时期说起。蒙元是一个等级森严的社会，蒙元政府依据社会地位把人划分为高低贵贱不同的等级，读书人被划分为第九个等次，称为"老九"。到了"文革"时期，认为仅此还不足以表达对知识分子的蔑视厌恶之情，就将这个早已消弭的概念又揪出来并在前面再加个"臭"字。

铜　臭

故事： "铜臭"，意为铜钱的臭（气）味，用来讽刺唯利是图的人。"铜臭"的故事来源于《后汉书·崔烈传》。东汉末年桓、灵二帝在位时，上至公卿下至郎吏都标有明价，崔烈通过汉灵帝的傅母（相当于幼时保姆），用五百万钱买了个相当于丞相的司徒官职。由于司徒与太尉、御史大夫合称"三公"，是掌握军政大权、辅助皇帝的最高长官，因地位尊崇，汉灵帝刘宏亲自给"三公"颁发印绶。后来人们虽对崔烈的丑行议论纷纷，但当他面谁也不敢谈及此事。一天崔烈问儿子崔钧（虎贲中郎将）："吾居三公，于议者何如？"意思是说，人们对我当上三公有何议论。崔钧据实相告："如今你已经当了司徒，天下人却对你失望，嫌弃你有铜臭。"崔烈大怒，举起手杖要打崔钧，崔钧仓皇而逃。

朝

甲骨文			金 文		篆 文

字形：朝，会意字。甲骨文字形，从日在草中，从月。字写成太阳已从草丛中升起而残月尚未隐没的样子。其甲骨文为"早"的异形字。

字源：古人发现太阳从草丛灌木中升起，有时月亮还挂在天空中，用"朝"字来反映早晨日月同时出现的现象。

含义："朝"除了本义"早晨"外，还有"朝廷""朝代"" 朝拜"等意思。

引申：在古代，有通过道士向天神朝拜祈福的仪式。在朝仪中，道士通过祝将跪奏，卷帘烧香，通疏进词，代斋主忏悔过失，步虚礼方，将斋主或祈求赐福延龄，或祈求消灾息祸，或祈求度化亡魂等朝拜的目的，上达天神。

朝秦暮楚

故事：朝秦暮楚，比喻人反复无常。出自宋·晁补之《鸡肋集·北渚亭赋》："托生理于四方，固朝秦而暮楚。"

春秋战国时期，秦楚两个诸侯大国相互对立，经常作战。有的诸侯小国为了自身的利益与安全，不得不时而倾向秦，时而倾向楚。关垭是名副其实的"朝秦暮楚"之地，因为处于秦楚夹缝中，战争的最前线，常常秦人早晨占领了关垭内的楚地，到晚上，楚人又夺回了失地，如此反复，使得居住在关垭一带的原巴国百姓，为了生存，不得不朝秦暮楚。据说生活在这块土地上的人，当秦军打来的时候，就插上秦国的旗子，穿上秦人的衣服，晚上楚军打来，则换上楚国的旗子，穿上楚人的衣衫。

常

字形：常，形声字。尚既是声旁也是形旁，表示崇尚的、流行的。常，篆文，由"尚"（崇尚、流行）和"巾"（布）构成，表示人们崇尚的服饰。

字源："常"代表着经验，代表着熟识，代表着心安。源自中国人自古不爱冒险，习于安常守旧的本性。

含义："常"的本义指人穿在下身的类似裙子一样的衣物（上身称"衣"），而"常"因是人们平时天天要穿的，于是引申为恒久、经常之义，如"天行有常，不为尧存，不为桀亡"（《天论》）；还用来指法典、伦常等。"常"字早期还指旗帜，古代还有专门管理旗帜的官员，称为司常。还可表示为长度单位，古制八尺为寻，倍寻为常，如"人之两臂为寻，八尺也"（《说文》）。

引申：三纲五常，出自《礼纬·含文嘉》：三纲，谓君为臣纲、父为子纲、夫为妻纲矣。"三纲"要求为臣、为子、为妻的必须绝对服从于君、父、夫，同时也要求君、父、夫为臣、子、妻作出表率。它反映了封建社会中君臣、父子、夫妇之间的一种特殊的道德关系。"五常"即仁、义、礼、智、信，是用以调整、规范君臣、父子、兄弟、夫妇、朋友等人伦关系的行为准则。

常侍登床

故事：常侍登床，形容人不拘礼法，性行疏狂。《太平御览》记载：唐太宗时，刘洎任散骑常侍（古时官名），他性情狂放，忠正直言，在皇帝面前也无所避讳。唐太宗喜欢摩习王羲之的书法，"飞白"字体写得尤为传神。有一次，太宗在玄武门邀集了三品以上的官员参加宴会，并当场作飞白书赐群臣。有的大臣乘着酒兴从太宗手里抢字，刘洎索性登上皇帝的御床（坐具）抓住太宗的手抢了一幅。本是僭越之举，太宗却大笑，无丝毫不悦。

窗

甲骨文	金 文	篆 文

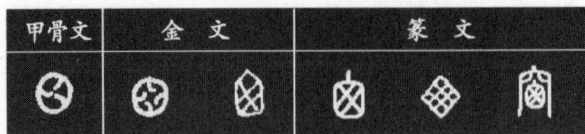

字形：窗，会意字。凿"穴"作"囱"。

字源：古人为了引进光线以改善室内照明，于是在屋顶上开凿"天窗"（囱）。因此，《论衡》说："凿窗启牖，以助户明也"。

含义：古人称开凿在"屋顶"上的孔穴为"窗"（或囱），并称开凿在墙上的孔穴为"牖"，因此，东汉许慎说："在墙曰牖，在屋曰囱（窗）。"到了后来，牖渐渐少用，一律统称为窗，如窗户、窗格、窗帘、窗口等。

引申：古代的中国，称呼富贵人家的窗户是绮窗、朱窗、雕窗；称呼贫困人家的窗户就叫绽（破）窗、草窗、纸窗等等，不一而足。季节不同，对窗户的称呼也不尽相同，春谓东窗，夏谓南窗，秋谓西窗，冬谓北窗。而在一天之中，一早一晚对窗户的称谓也是各异，早谓晨窗和晓窗；晚上则称灯窗及暗窗。建筑所处的地形不同，窗户的叫法也是多种多样，住在山上叫松窗、岩窗；住在水边就称之为水窗和溪窗。

东窗事发

故事：东窗事发，比喻阴谋已败露，将被惩治。出自明朝田汝成《西湖游览志余·佞幸盘荒》："可烦传语夫人，东窗事发矣。"传说秦桧杀害岳飞时，曾与妻子王氏在东窗下定计。秦桧的阴谋败露后，被捕入狱，在牢狱里受苦，王氏给他做道场，并派道士去探访他。他对道士说："请告诉夫人，东窗下的密谋已经暴露了。"

醋

字形： 醋，会意字。"酉"（酒）和"昔"（过去）组合，表示过时的酒。

字源： 古人酿好的酒，若因保存环境不佳，酒与空气中的酸菌结合后就会酸化变成醋，篆体"昔""酉"，也就是过时的酒。古人深知酒倒出来就要及时饮用，否则会变酸。因此，《扬子法言》中说："日昃不饮酒，酒必酸。"

含义： 造字本义是用于烹饪、调味的酸味液体，由食物通过微生物发酵而成。如"好食醋味者，肝不足也"（张君房《云笈七签》）；作形容词时指滋味复杂的，嫉妒的。

引申： 封建社会读书人又被称为"酸文人"。相传，唐代前后，新郑东郊有不少读书人，虽有知识，但穷苦潦倒，难入仕途，为生活计，只好酿醋卖醋。这些人用驴驮醋，到城区叫卖。因衣冠楚楚，不同于一般商人，也不同于平民百姓，人们叫他们为"醋子"，俗称"酸文人"。由此，"酸"就成为了旧时不得志的读书人的标签，"酸文人""酸秀才""酸儒腐丁"也约定俗成，成了潦倒文人的代名词。

吃醋

故事： 据记载，唐太宗为了笼络人心，要为当朝宰相房玄龄纳妾，房夫人出于嫉妒，横加干涉，就是不让。太宗无奈，只得令房夫人在喝毒酒和纳小妾之中选择其一。没想到房夫人确有几分刚烈，宁愿一死也不在皇帝面前低头，于是端起那杯"毒酒"一饮而尽。当房夫人含泪喝完后，才发现杯中不是毒酒，而是带有甜酸香味的浓醋。由此，吃醋便成了嫉妒的代名词。

篆 文

苍

金文	篆文
𤇾	蒼

字形：苍，形声字。仓，既是声旁也是形旁，表示田间临时屯粮的尖顶圆形建筑。

字源：古代将脱粒后的稻草分组扎尾，中空撑开，有如尖圆仓顶，一个个簇立在田间，以便被不同方向的阳光晒干晒透。

含义：本义为圆锥形立在田间曝晒的稻草，本义现已消失。古人常以"草"来描写"荒芜"景象，因此，"苍"便代表荒芜的粮仓，引申为衰败、老迈、白色（衰老的颜色）、青色（杂草的色），相关用词如苍老、苍白、苍天等。

引申：点苍派是武侠小说中经常出现的门派，位于云南大理苍山。该门派存在现实中，宋元时期的"苍山剑派"经常成为小说原型，点苍派的角色大多以柳姓为主。点苍派甚少行走江湖，而且地处僻远，少与中原武林往来，因此少有记载。点苍派的武功以剑法和轻功而名扬天下，轻功轻灵飘动，专走轻、柔、快、变等路线。点苍武功苍劲有力，大气坦荡。

苍生

故事："苍生"的典故出自李商隐《贾生》"可怜夜半虚前席，不问苍生问鬼神"。汉文帝素爱谈鬼神之事，对国家社稷则不思进取，贾谊是当时有名的学士，学识渊博，天地万物无所不通。有一次，汉文帝在研究国家大事的"宣室"召见贾谊，不问天下苍生、国计民生大事，却问起鬼神之事，而且越听越专注，情不自禁地向前挪出席子（听得出神时不自觉的动作）。此诗借贾谊故事，尖锐地指出统治者不能真正地重视人才，让他们在政治上发挥应有的作用。汉文帝史称有道明君，尚且如此，其他君主自然更勿论。李商隐把从古以来贤才不得重用的叹息与自身流落不遇的感慨，通过贾谊的典型事例抒写出来。

创

字形: 创, 象形兼形声字。"刀"表意, 仓表声。"刅"是"創"的本字。刅, 金文在刀刃上再加一点指事符号, 表示用锋利的刀刃砍斫。

金 文

字源: 古代, 人们要建造自己的住所, 用刀斧建造粮仓, 由此产生了创。又有说饥饿的灾民持"刀"攻破粮仓。纣王末年, 到处饥荒, 他却不开粮仓赈济, 武王号召饥饿的百姓群起而攻, 《越绝书》记载: 武王"发太仓之粟", 赢得百姓的拥戴。"创"是描写一群饥饿的灾民持"刀"攻击粮"仓", 在粮仓门与墙上留下不少刀痕。

含义: 本义为劈斫。"创"引申为伤痕, 相关用词如创伤等。此外, 由于京城粮仓往往是执政者的最终防线, 粮仓被饥民攻破常象征改朝换代的开始, 于是"创"又引申为重新开始, 相关用词如开创、创造、创新等。

引申: 创与草有个共同的意项"创造、创立"。如: 草, 造也(《广雅》)。又如: 草立(创立)、草律(创制法律)、草诏(草拟诏书)。草创, 指开始创建, 开始进行, 如"汉兴, 方纲纪大基, 庶事草创, 袭秦正朔"(《汉书·律历志上》)。

痛自创艾

故事: 痛自创艾, 指彻底地改正自己的过错, 重新做人。创艾, 因受惩治而畏惧, 戒惧。张居正在《素庵戴公墓志铭》中记载这样一件事, 乡里有个年轻人殴打母亲, 戴公和年轻人的父亲准备押这个不孝子去公堂, 年轻人十分害怕, 磕头流血请罪, 戴公答应暂时放过他。后来这个年轻人果真痛改前非, 成了乡里的好人, 被乡里人敬重。

床

字形：床，象形字。甲骨文写作"爿"，从爿（筑土墙用的夹板），像有两个脚架支撑着床板的床。

字源：穴居时期的人们为了避免潮湿，常把茅草、兽皮铺在地上，这就是最原始的"床"。渐渐地，人们用"木板"代替了"茅草"，并最终演变成了如今带有床架的"床"。关于床的发明，《广博物志》中曾有"神农氏发明床，少昊始作篑，吕望作榻"的记载。

含义：本义为筑土墙的木板。《说文解字》：床，一种可以安卧的坐具。后引申为供睡卧的木制台式家具"床"。床在古代还表示井栏，井栏又叫银床。李白《长干行》中"郎骑竹马来，绕床弄青梅"中的"床"，即为井栏之意。现代很多学者认为，《静夜思》中"床前明月光，疑是地上霜"中的"床"也应该作"井栏"解。

引申：春秋以来，床往往兼作其他家具。人们写字、读书、饮食都在床上放置案几。另外还出现一种四足的高床，但床仍未成为睡卧的专用家具。汉代"床"字使用范围更广，不仅卧具，连坐具也称床。如梳洗床、火炉床、居床、册床等。西汉后期又出现了"榻"的名称，专指坐具。榻大多无围，所以又有"四面床"的称呼。汉代少数民族的"胡床"，是一种高足坐具，隋朝"胡床"变称"交床"，唐朝又变称"绳床"，宋代又变称"交椅"或"太师椅"。宋代真正的卧具称"四面床"，大多四面无围子。辽、金、元时期，床发展成有三、四面围栏的床榻。

东床快婿

故事：东晋时期，郗鉴太尉貌美如花的女儿希望能在王丞相家子弟中择婿。郗府管家看来看去，最后相中了靠墙的床上一个袒腹仰卧的青年人。郗府管家回到府中，对郗太尉说："王府的年轻公子二十余人，听说郗府觅婿，都争先恐后，唯有东床上有位公子，袒腹躺着若无其事。"郗鉴说："哈哈，我要选的就是他了！"郗鉴来到王府，见此人既豁达又文雅，才貌双全，当场下了聘礼，择为快婿。这人即为后来大名鼎鼎的王羲之。"东床快婿"后来成为女婿的代称。

呈

字形：呈，形声字。字形采用"口"作形旁，"壬"作声旁。站在土地上的凡人向上天或天子请愿或报告。

甲骨文			金　文		篆　文

字源：古代的统治者每遇大事都会告祭上天，例如《尚书》记载周武王领受天命去攻打商纣王，等到打败殷商之后，便焚柴祭天并向上天"呈报"战果。

含义："呈"的本义是向天禀报，引申为向首领或上级禀报、下对上的请愿或报告，相关用词如呈报、呈请等。

引申：呈，下级机关送交公文给上级机关的一种敬词。如呈报（即呈文上报）、呈告（即上报）、呈送（即上送）、呈阅（即送上审阅）等，主要用于上行文，就是下级机关向所属上级机关的发文，如请示、报告。

龙凤呈祥

故事：龙凤呈祥，指吉利喜庆的事。相传唐朝初年，精通星相学的袁天罡从京师长安南下入蜀，于端阳节这天到达利州城。当时嘉陵江里正在举行龙舟竞赛，利州都督武士彟一家也坐在官船上观看，突然从江水深处窜出一条乌龙，摇头摆尾向西山飞去；几乎是同时，一只凤凰也伴着彩霞飞来，在东山顶上长鸣一声，然后向北方飞去。众人和武都督夫妻都被眼前的景象惊着了，惟有袁天罡大笑，说："这叫龙凤呈祥，此地必出贵人。"

第二年正月间武都督妻子生下一个女孩，就是后来中国唯一的女皇帝武则天。据说武则天两岁时，武都督还请袁天罡看过相。当时武则天身穿男孩服装，由奶妈抱着。袁天罡端详一会儿后，惊叹道："日角龙颜，龙睛凤项，伏羲之相，贵人之极也。"当得知是个女孩时，还是断言："是女，亦当主天下。"

瞋

篆 文

字形：《说文解字》：瞋，张目也。从目，真声。瞋，目，看；戌，武力威胁，表示面对武力威胁，怒目圆睁。篆文异体字用"真"代替"戌"（武力），表示眼神谨慎、克制。

字源：人面对各种情况会有不同的反映，或喜悦，或恐惧。"瞋"是人面对危险或威胁时睁大眼睛的表情。

含义：本义为受到冒犯时克制地瞪眼，表示不满。

引申：佛教认为有十恶，"瞋"是其中之一，是指由于仇视、嫉妒、伤害等引起的愤恨之心。由于贪、瞋、痴（也称"三毒"）等烦恼的驱使，众生才做出种种业障，导致自己不断地受业报、不断地生死轮回。

瞋目案剑

故事：瞋目案剑，形容带剑者怒目圆睁的样子，出自《史记·郦生陆贾列传》"郦生瞋目案剑叱使者曰：'走！'复入言沛公，吾高阳酒徒也"。秦朝末年，刘邦驻守陈留县，当地穷书生郦食其才学过人，却穷困潦倒，性格不羁，人称"狂生"，听说刘邦来此，便前去投奔刘邦，刘邦听说来者是儒生就不接见。郦食其气愤地握剑对侍者说自己是高阳酒徒，刘邦一听赶忙接见。后来郦食其成了刘邦的得力谋士，为刘邦一统天下出谋划策。

车

字形：象形字，其甲骨文是将车形与字形完美结合，两个轮子上安着一个车棚。

甲骨文	金 文	篆 文

字源：据《周易》中"大车以载"的文字表述，可以推知"车"最早是一种运输工具。车最早是两轮的，后简化为一轮，就成为車，再后来简体楷书利用草书字形整体简化，"田"字形的车轮消失，于是便有了如今的"车"字。

含义：本义为车子，即陆地上有轮子的运输工具，如"晓驾炭车碾冰辙"（《卖炭翁》）中的车便是用来装炭的运输工具，另外，车还有牙床之意，读"jū"音，如"辅车相依，唇亡齿寒"（《左传·僖公五年》）中的"辅车相依"的意思是牙床和颊骨相互依存，用来比喻事物相互依存。

引申：下车，旧指新官刚到任，后比喻带着工作任务刚到一个地方，出自《礼记·乐记》"武王克殷，反商，未及下车而封黄帝之后于蓟"。商朝末年，周武王姬发率军攻打商军，占领商朝的首都朝歌，灭了商朝。周武王在进城的车上迅速分封诸侯，封黄帝后代于蓟，封舜帝后代于陈，封夏禹的后代于杞，有利于社会的稳定，被封的官员都是坐驿车去上任，于是文告中用下车伊始指刚上任。

螳臂当车

故事：螳臂当车，出自《庄子·人间世》"汝不知夫螳螂乎，怒其臂以当车辙，不知其不胜任也"，意思是螳螂举起前肢企图阻挡车子前进，比喻做力量做不到的事情，必然失败。齐庄公出猎，有螳螂举起脚，准备和他马车的车轮搏斗。问其御者是何虫，御者回答说是一只知道进不知道退、不估计一下力量对比就轻率和敌方对阵的螳螂。庄公却说："这虫子如果是人，必定是天下勇士。"于是让车绕道避开了它，后来勇士们知道这个事后，都投奔了庄公。后用"螳臂当车"比喻不自量力。

潮

金　文	篆　文

字形: 潮,形声字。从水,从朝,朝亦声。"朝"指"早上"。"水"与"朝"联合起来表示"早上的涌水"。

字源: 源自海水因为受了日月的引力而定时涨落的现象。

含义: 早晨的河海涌水。本义指由潮汐引起的水流运动,引申义为流行趋势的动向,比喻社会变动或发展的趋势。

引申: 潮汐是沿海地区的一种自然现象,指海水在天体(主要是月球和太阳)引潮力作用下所产生的周期性运动,习惯上把海面垂直方向涨落称为潮汐,而海水在水平方向的流动称为潮流。我们的祖先为了表示生潮的时刻,把发生在早晨的高潮叫潮,发生在晚上的高潮叫汐。这便是潮汐名称的由来。

心血来潮

故事: 心血来潮,旧指所谓神仙心里突然为某种预兆所动,后多形容心里突然产生某种念头。出自明代许仲琳《封神演义》:"但凡神仙,烦恼、嗔痴、爱欲三事永忘……心血来潮者,心中忽动耳。"

商纣王荒淫无道,逼死了黄飞虎妻子,摔死了黄飞虎妹妹西宫娘娘,黄飞虎去投奔西岐姜子牙。一路历尽艰辛,闯过了五关,不料在汜水关前被韩荣抓获。韩荣将他们黄家几百口人全部押解去见纣王请功。这天太乙真人在乾元山金光洞静坐,忽然心血来潮,叫来徒弟哪吒,说:"黄飞虎父子有难,你下山救他,送出汜水关。"哪吒奉师命下山,在汜水关前打败了韩荣,救了黄飞虎全家。

禅

字形：禅，形声字。《说文解字》："禅，祭天也。"字形采用"示"作形旁，"单"作声旁。单，原是一种原始的武器，用一段树桠在两端缚上石块制成，表示大力。合起来表示大力祭天、盛大祭天。也有说法：单，既是声旁也是形旁，是"戰"的省略，表示战争。禅，金文写成"示，祭祀，祈求"加"单（戰的省略，战争）"，表示祈求息战。

金 文	篆 文
禅	禅

字源：古代天子巡守，到了四岳，则封泰山而祭天，禅小山而祭山川。"禅"字和祭祀有关，就由此产生了。

含义：造字本义是祭天求神，免于争端与战乱，赐予和平安宁，本义只见于古文。后来演变为和平转换王位，如封禅、受禅；简单无为、自然率性，如禅机、禅宗、禅坐。

引申：茶禅文化。茶禅兴佛寺，茶兴则禅兴。我国茶道的兴盛时期是唐朝，唐朝也是中国佛教禅宗发展的鼎盛期，由于禅师坐禅中闭目静思，极易睡着，所以坐禅中"唯许饮茶"。因此在我国古代凡是禅宗丛林，寺必有茶，禅必有茶；特别是在南方禅宗寺庙，几乎出现了庙庙种茶，无僧不茶的嗜茶风尚。佛教禅师认为茶有三德，即"坐禅时通夜不眠；满腹时帮助消化；交友时以茶为媒广结善缘"。这就是佛教禅师提倡茶道的原因之一。

禅让

故事：中国古代有禅让美德，传说中国原始社会后期尧、舜、禹时代实行一种"民主推荐，先考核后任免"的选拔部落联盟领袖的原始民主制度，史称"君位禅让制"。相传尧为部落联盟首领时，四岳（四方部落首领）推举舜为继承人，尧命舜摄政并对舜进行了三年考核，尧死后，舜即位。舜又把位置禅让给治水有功的禹。但后来世袭制取代了禅让制，我国也从此进入奴隶制社会。

春

甲骨文	金　文	篆　文
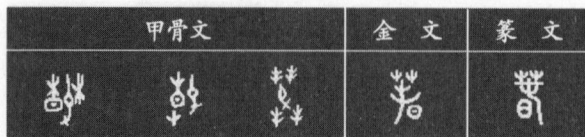		

字形：春，会意字。甲骨文中，春的字形由"艸、屯、日"构成，意为阳光照耀的日子草木胚芽从田野中破土而出，生机盎然，即为春天。

字源：一年有四季，不同的季节对应不同的气候特征，在古时的农耕社会，为了方便顺应这类气候的变化并进行相应的劳作，古人便创造出"春"来指代万物复苏的季节。

含义：《公羊传·隐公元年》："春者何，岁之始也。"春即指一年四季中的第一季。

引申：春联，起源于桃符（周代悬挂在大门两旁的长方形桃木板）。据《后汉书·礼仪志》所载，桃符长六寸，宽三寸，桃木板上写着降鬼大神"神荼""郁垒"的名字。"正月一日，造桃符着户，名仙木，百鬼所畏。"所以，清代《燕京时岁记》上记载："春联者，即桃符也。"五代十国时，宫廷里，有人在桃符上题写联语。《宋史·蜀世家》记录了后蜀主孟昶令学士辛寅逊题桃木板，"以其非工，自命笔题云：'新年纳余庆，嘉节号长春'"，这便是中国的第一副春联。

一场春梦

故事：一场春梦，比喻过去的一切转眼成空，也比喻不切实际的想法落了空。宋代赵令畤《侯鲭录》记载："有老妇年七十，谓坡云：'内翰昔日富贵，一场春梦。'坡然之。里中呼此媪为春梦婆。"宋朝时期，大文豪苏东坡被贬到海南昌化，他背着一个大瓢在田野间步行，不时哼着曲调，遇到一个70多岁的老婆婆，她知道苏东坡的坎坷经历，十分感慨地说："昔日内翰的荣华富贵只不过像一场春梦罢了。"故有了成语"一场春梦"，老婆婆也由此被称作"春梦婆"。

辞

字形： 辞，会意字。繁体"辭"，左半部分意为用双手解开乱丝，表示理清案情，还原真相，而右半部分"辛"则表示在公堂上。

甲骨文	金　文	篆　文

字源： 中国从古代起，不公平、犯罪的事情就数不胜数。因此，罪犯与受害者免不了要对簿公堂。于是，"辞"便产生了，"辞"字反映了中国古代社会公堂的真实形态。

含义：《说文解字》解释：辞，讼也。法官听取诉讼双方正式的陈述和辩论，理清案情，即为"辞"。还引申为推却之义，如孙权对吕蒙说："卿今当涂掌事（当权管事），不可不学！"吕蒙辞以军中多务。孙权劝吕蒙学习，他以军中事务多推辞不学，不过，在孙权的劝导下，吕蒙开始学习，不多久，便"士别三日，即更刮目相待……"，获鲁肃惊赞。

引申： 辞布指市场上为钱物而引起的争讼。郑司农云："辞布，辞讼泉物者也。"孙诒让解释："因争泉物而辞讼，谓之辞布。"

欲加之罪，何患无辞

故事："欲加之罪，何患无辞"，要想加罪于人，不愁找不到罪名。指随心所欲地诬陷人。春秋时期，晋献公病重，他把最信任的大夫荀息叫到床前，嘱咐他好好辅佐奚齐当国君。晋献公一死，晋国陷入一片混乱之中。大夫里克原为太子申生副将，为申生报仇，杀掉了已登上君位的奚齐。后又杀死了国君卓子。这时候，流亡秦国的夷吾回国当上了国君，这就是晋惠公。晋惠公刚当上国君，就想杀掉里克。他对里克说："你杀掉了两个国君和一个大夫，我如果不杀你，别人就不会服我。你受死吧。"里克明白他的意思，悲愤极了，说："如果我不杀他们，能轮到你来当这个国君吗？你既然已经打定主意把罪名加到我头上，还怕找不到理由吗？"于是伏剑而死。

词

| 金　文 | 篆　文 |

字形：词，形声字。从言，司声。司，既是声旁也是形旁，表示掌管、服务。

字源：古人在没有文字的情况下交流很困难，只能用一些简单的声音来沟通。文字出现后，词成为人与人沟通的最小的语言单位。

含义：本义"言词"，是古人称的最小表义单位即语言中最小发音和表义单位。在较古的时代，一般只说"辞"，不说"词"，称由句子组成的完整表达为"辞"。汉代以后逐渐以"词"代"辞"。词也指中国一种诗体，起于南朝，形成于隋唐，盛行于宋代。

引申：词是一种诗的别体，萌芽于南朝，是隋唐时兴起的一种新的文学样式。到了宋代，经过长期不断地发展，进入到词的全盛时期。词最初称为"曲词"或者"曲子词"，别称有近体乐府、长短句、曲子、乐章、琴趣、诗余等，是配合宴乐乐曲而填写的歌诗，词牌是词的调子的名称，不同的词牌在总句数、每句的字数、平仄上都有规定。

大放厥词

故事：大放厥词，出自《昌黎先生集·祭柳子厚文》。柳宗元自幼刻苦勤学，10 岁以后，他的诗文就受到人们的称赞，20 岁中进士。柳宗元文学成就很高，是"唐宋八大家"之一，47 岁时病死在柳州。他死后第二年，即公元820年，唐朝著名文学家韩愈写了《祭柳子厚文》，其中用"玉佩琼琚，大放厥词"两句来赞扬柳宗元的文采才华，意思是说文笔秀美，尽力铺陈辞藻，美如晶莹净洁的玉石，赞扬柳宗元写出了大量的有文采的文章，含褒义。后来，清代赵翼也用"至东坡益大放厥词，别开生面，成一代之大观"赞扬苏东坡豪放、笔力纵横的才华。再后来，人们在运用这个典故时，语义有了变化，常用来讽刺人大发议论，多用于贬义。

赐

字形：赐，形声字，从贝，从易，易亦声。"易"指"双向交流""交换"。"贝"指有价值的物品或劳务。"贝"与"易"联合起来表示"君臣之间交换有价值的物品或劳务"。

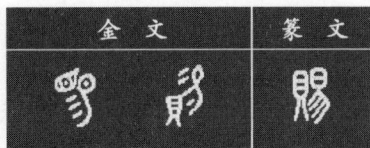

金　文	篆　文

字源：在古代，将军出征把敌酋人头拿到手，回国后向君主献上敌酋首级，君主则赏以田产。君主和将军进行价值品交换。也可君主先给钱，臣属后立功，然后君臣之间完成交换。"赐"字就是在这样的背景下产生的。

含义：本义指君臣之间的等价交换；给予，上给予下为赐。

引申：赐祝，对人前来祝贺的敬辞；赐问，谓赐予慰问，称人来信的敬辞，谓请师长教诲；赐垂，对皇帝的敬辞，谓垂恩赐允；赐临，称人来到的敬辞；赐听，是请人听从自己意见的敬辞。

赐绢羞臣

故事：赐绢羞臣，以羞代罚，警悟官吏廉洁守法。《新唐书·长孙顺德传》记载，唐时外戚左骁卫大将军长孙顺德接受他人赠送的丝绢，事情败露，被有司揭发弹劾。唐太宗考虑到外戚重臣当有羞耻，非但不处罚他，还在大殿中当众赠送几十匹丝绢，希望用羞辱他的方式代替惩罚，让他警醒，"以羞代罚"，达到教育挽救的目的。

除

篆文

字形: 除,形声字。从阜,余声。"阜"表意,表示与地形地势的高低上下有关。除,篆文写作"阜,石阶""余,简易屋舍",表示屋前台阶。

字源: 古人建房为了防潮,一般先建台基再造房,"除"即为升入堂屋的通道。

含义: 本义为宫殿或屋舍门前的台阶,如"自前殿南下椒除";也用作动词,指在皇宫的台阶上拜授官职,如"予除右丞相兼枢密使,都督诸路军马"(文天祥《指南录后序》);今义多用作动词,指去掉,删去,排斥。

引申: 古人有关官职任免有很多固定称谓,"除"和"拜"都有授予官职的意思,但二者有差别。"除"是除去旧职以任新职,"拜"没有官职而授予官职。

斩草除根

故事: 斩草除根,意思是除草时要连根除掉,使草不能再长。比喻除去祸根,以免后患。出自《左传·隐公六年》。郑庄公请求与陈国讲和,陈桓公不答应。五父劝谏说:"亲近仁义而和邻国友好,您还是答应郑国的请求吧!"陈桓公还是拒绝了郑国的和好之请。后来,两国交战,陈桓公吃了败仗,其他邻国也因陈国长期作恶事而坐而不救。后来周任评价:"治理国和家的人,见到恶,就要像农夫急于除杂草一样,挖掉它的老根,不要使它再生长,那么善的事物就能发展了。"

晨

字形：晨，会意字。从臼，从辰。辰，时也。

字源：甲骨文中晨与农同源，晨的甲骨文表示手持

甲骨文	金文	篆文
𦥑	𦥑	晨

石锄在田野劳作。造字本义为远古时代的人们用石器在林野里垦荒生产，日出而作，日入而息。金文强调早起忙活，手脚并用。

含义：本义，星名，即房宿，是农民早起耕作的时间参考，荷锄出工为"晨"。引申为晨曦，指晨光，如晨钟暮鼓引申为晨曦，指晨光，如晨钟暮鼓。

引申：晨省，早晨向父母问安，亦指昏定晨省之礼。古人非常注重礼节，注重对孩子的教育，《礼记·曲礼上》："凡为人子之礼，冬温而夏清，昏定而晨省。"这是古人对为人子女的一种基本要求，认为对父母的孝要表现出来，今天看来仍有积极意义。

牝鸡司晨

故事：牝鸡司晨，指母鸡打鸣报晓。雄鸡报晓是常理常态，而牝鸡司晨则是有悖常规的怪异现象，古人认为是不祥之兆。故旧时常用以比喻女人当政乱国。殷商时期，暴君纣王荒淫无度，对忠臣们的话毫不理会，只听信爱妃妲己，比干因为进忠言却被杀，还被开胸挖心。公元前1046年，周武王带兵讨伐纣王，在距离朝歌七十里的牧野誓师时说："过去说雌鸡没有晨鸣之道，雌鸡代替雄鸡打鸣则家尽，妇人夺取丈夫的政权则国家要亡，纣王一味地听信妲己的谗言胡乱施政，是纣王亡国的根本。"纣王收到武王反叛的消息，便带着七十万人马迎敌，可是这些手下早就对他恨之入骨，纷纷阵前倒戈。

尘

字形：甲骨文由两只鹿组成会意字，表示鹿群奔跑蹄下溅起的土灰。《说文解字》：麈，鹿群奔行时蹄子扬起的如烟似雾的粉状细土颗粒。楷书另造会意字，由"小""土"会意，强调埃土颗粒极小。

字源：古人狩猎，鹿、野猪等野生动物受惊后快速逃跑，身后扬起灰尘，灰尘由细小颗粒组成，不能在空中停留很久，最后又飘落大地。

含义：本义为鹿群飞奔扬起的细埃土灰，如"户庭无尘杂，虚室有余闲"（陶渊明《归园田居》）；也指俗世，意即非空灵清净的人间，如"误落尘网中，一去三十年"（陶渊明《归园田居》）。

引申：古籍中"尘"与"埃"近义，但有所不同，飞土为"尘"，落尘为"埃"。

步人后尘

故事：步人后尘，"后尘"指走路或行车时后面扬起的尘土，成语指跟在人家后面走，比喻追随模仿，学人家的样子，没有创造性。出自唐代杜甫《戏为六绝句》诗："窃攀屈宋宜方驾，恐与齐梁作后尘。"意思是学诗要爱古人但也不能鄙薄今人，如要在内心里追攀屈原、宋玉，应当具有和他们并驾齐驱的精神和才能，否则就会沿流失源，堕入齐、梁时期那种轻浮侧艳的后尘了。就是说要继承和借鉴，但并不妨碍诗人自己的创造，否则就步人后尘了。

从

字形： 从，会意字。甲骨文字形，像二人相从形。一人在前，一人在后紧紧跟随。

甲骨文	金　文	篆　文
从　从	从　从	从

左边的"人"为主导，右边的"人"是随从，表示跟从，体现了一主一仆、一前一后的跟从关系。

字源： 即使在原始社会，也存在高低之分，少数服从多数，愚人向往智者，从，作为对追随的概括，便因此而产生了。

含义： 本义是随行，跟随，表意很直接。"从"字的含义很多，最常见的有顺从、采取、由、跟随、跟随的人等。

引申： "纵"由"纟，绳索""从，听任"组成，表示解绳给予被缚者自由。意即解开绳索，听任被俘被捕者逃跑，如"纵虎归山""放纵"。

投笔从戎

故事： 投笔从戎，出自南朝宋范晔《后汉书·班超传》"家贫，常为官佣书以供养。久劳苦，尝辍业投笔叹曰：'大丈夫……安能久事笔研间乎？'后立功西域，封定远侯"，是说东汉将军班超因家境穷困，在官府做抄写工作挣钱养家，日子久了，曾经掷笔（即投笔）长叹说，大丈夫应当在边疆为国立功，哪能老在笔砚之间讨生活呢！后来，他当上一名军官（即从戎），在对匈奴的战争中取得胜利，后来又出使西域，以机智和勇敢，克服重重困难，联络了西域的几十个国家，断了匈奴的右臂，使汉朝的社会经济保持了相对的稳定，也促进了西域同内地的经济文化交流，终于因立功被封为定远侯。

诚

金 文	篆 文
𧮫	誠

字形：诚，形声字。"言"字旁，代表诺言；"成"代表实现、达到，意即是遵守诺言。《说文解字》："诚，信也。从言，成声。"

字源：人把内心的想法用语言表述出来，强调这些语言是真心实意的。

含义：本义信守诺言的，真心实意的。基本字义真心，诚意。意思是人们要诚实讲信用，不搞鬼鬼祟祟的把戏和阴谋诡计。

引申：《礼记·中庸》："诚者天之道也，诚之者人之道也。"认为"诚"是天的根本属性，努力求诚以达到合乎诚的境界则是为人之道。"诚"，是与人交往中体现出的一种美好的品质，反映了中华民族的传统美德。

诚惶诚恐

故事："诚惶诚恐"的典故出自《后汉书·杜诗传》中《乞退郡疏》"奉职无效，久窃禄位，令功臣怀愠，诚惶诚恐"，原为封建时代奏章中的套语，表示臣下对皇帝威严的敬畏，后用来形容小心谨慎以至达到害怕不安的程度。

东汉时的杜诗少年时就胸有大志，才能不凡，后官至侍御史。当时将军萧广放纵士兵，欺压百姓，杜诗多次劝诫，他还是不改，于是一怒之下杀了萧广并将其罪行公布于众，以平民愤。光武帝刘秀得知后，召见杜诗，赐以戟，表示赞赏。后杜诗在河东为官3年，治理有方，并升为南阳太守，当地老百姓都很感激这位太守。可是杜诗却自认为是无功受禄，向光武帝上书要求到小郡任职，书中说自己是小官之材，因受大恩而做了太守，长时间占据高位，实在是诚惶诚恐，但是光武帝很信任他并坚持让他继续做太守。

差

字形：差，会意字。"羊"代表羊群，其特点是聚集在一起，"工"指工程、工地。

字源：中国古代生产及工业水平低下，往往需要大量劳动力才能进行一项工程，在工程中需要对劳动力进行分工，任命，即"差遣"，古人根据会意创造"差"并且流传至今。

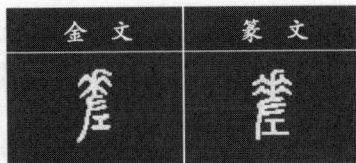

金 文	篆 文
䞹	䇓

含义：本义指群体劳动，各有分工。"差"在漫长的发展演变过程中，不仅演变出众多含义，甚至多种发音。

引申：差官，指朝廷临时派遣的官员或听候高官差遣的小官吏。

相差一字丢官印

故事：清末，左宗棠任两江总督时，原湘军中一个姓武的下级军官，性情憨直，作战勇敢，左宗棠举荐他任华亭县令。武某行伍出身，不通文墨。有一次逢县考，上级发下试题，为了保密，他将之藏在自己的靴筒里。临考当天，却忘记试题藏在哪，手下人说，请老爷回忆一下，或许能想起试题内容来。他想了想说："我只记得第一个字是'马'字。"后来找到了，众人一看，是"焉知来者之不如今也"的"焉"。此事反映到总督府，左宗棠觉得自己用人不当，就写了一首打油诗："焉作马时马当焉，恰似当年跨马前。冲锋陷阵猛于虎，何必荐其弄笔尖。"于是罢其县令，调回军中。

城

金 文		篆 文
𩆜	𢦏	城

字形：城，形声字。右边"成"字，既是声旁又是形旁，表示用武力夺取天下。左边"土"字，表示用土堆砌城墙。

字源：古代"三里为城，七里为郭"。"城"为内城，指城邑的墙壁。由于城墙是四面相围用土堆垒而成的，"城"字由此而来。

含义：城，在古代是城市的一种防御工事，用于防御外敌。城为外敌的防御措施之一。城被攻破，国亦危矣，故"城"也常用来表示为国家，如"土国城漕，我独南行"（《诗经·邶风·击鼓》）。

引申：城隍，有的地方又称城隍爷，是中国宗教文化中普遍崇祀的重要神祇之一，为儒教《周官》记载的八神之一，也是中国民间和道教信奉的守护城池之神。城隍是冥界的地方官，职权相当于阳界的县长。因此城隍就跟城市相关并随城市的发展而发展。城隍本指护城河，祭祀城隍神的例规形成于南北朝时期，唐宋时城隍神信仰滋盛，宋代列为国家祀典，元代封之为佑圣王。明初，大封天下城隍神爵位，分为王、公、侯、伯四等，岁时祭祀，分别由国王及府州县守令主之。

城下之盟

故事：城下之盟，指战败国在敌人兵临城下（或大军压境）的严重威胁下被迫订立的屈辱性条约。绞国是春秋时代的一个小国，它的近邻是当时强大的楚国。据《左传》记载，有一次，楚国侵略绞国，集中兵力攻打绞国国都的南门。绞国人坚决保卫，严守不出。楚军后来采取诱骗的办法引诱他们出城，预先设下埋伏，一面堵住北门，一面伏兵齐起，大败绞国，并强迫绞国订立了"城下之盟"。另据《左传》记载，楚国攻打宋国，宋国国都被楚军重重包围。宋国人无粮无柴，派出使者对楚国主将说："我宋国已到了粮空柴尽的地步，但你们若要逼迫订立城下之盟，也是绝对不会答应的。" 楚军主将见使者如此之说，只好答应撤军，平等谈判，友好结盟而非订立城下之盟。

达

字形：达，形声字。"辶"（chuò）为形，"大"为声。达的繁体"達"也是形声字，"辶"为形，"奎"（dá）为声。

甲骨文	金 文	篆 文

字源：从一地到另一地有几条路，一般而言，大路平整，走得较顺畅，"达"即反映这种状态。

含义："达"的本意是在大路上行走，如"达，行不相遇也"（《说文解字》）。含有大道宽畅，行人互不相遇，通达、畅通之意，如"挑兮达兮"（《诗经》）；到达，达到的意思，如"指通豫南，达于汉阴"（《列子·汤问》）；通达事理、见识高远的意思，如"有达于理者，得不恐而畏乎？"（《送薛存义序》）；显达，地位显赫的意思，如"不求闻达于诸侯"（《出师表》）。

引申：传统儒家思想信奉"穷则独善其身，达则兼善天下"，这句话最早出自于《孟子》，寓意为穷达都是身外事，只有道义才是根本，所以能穷不失义，达不离道。

欲速则不达

故事：子夏是孔子的学生。有一年，子夏被派到莒父去做地方官。临走之前，他专门去拜望老师，向孔子请教怎样才能治理好一个地方。孔子告诉子夏治理地方，是一件十分复杂的事。可是，只要抓住了根本，也就很简单了。孔子向子夏交代了应注意的一些事后，又再三嘱咐说："无欲速，无见小利。欲速，则不达；见小利，则大事不成。"子夏表示一定要按照老师的教导去做，就告别孔子上任去了。后来，"欲速则不达"作为谚语流传下来，经常被人们用来说明过于性急图快，反而适得其反，不能达到目的。

殆

字形: 殆,会意字。"台"的篆文像一个婴儿在肚子里,表示胎儿,"歹"的甲骨文像带有裂缝的残骨,表示死亡。

字源: "台"是"胎"的省略,而"歹"通常表示死亡的意思,所以"殆"便表示胎死腹中。

含义: "殆"的本义是胎死腹中,今本义已消失。"殆"作为动词有灭亡、死亡的意思,其只见于古文,如"三守不完,则国危身殆"(《韩非子·三守》);也可引申为危险,如"知己知彼,百战不殆"(《孙子·谋攻》);作为副词,有几乎、差不多、大概的意思,如"女心伤悲,殆及公子同归"(《诗经·豳风·七月》)。

引申: "殁""殇""殉"等的偏旁均为"歹",和"殆"一样,都有死亡的含义,而"殇"主要指未成年而死或为国战死,"殉"主要指为某种目的而牺牲生命。

知止不殆

故事: 汉宣帝时期,太傅疏广对少傅疏受说:"我听说,知道满足的人不会受辱,知道适可而止的人不会遇到危险。而今,我们做官已到二千石高位,功成名就,再不离去,恐怕将来会后悔。"于是,叔侄二人当天就以身体患病为由,上书汉宣帝请求退休。汉宣帝批准所请,加赐黄金二十斤,刘年也赠送黄金五十斤。叔侄二人回到家乡,变卖黄金,宴请族人、旧友、宾客等人共享恩赐。有人劝疏广用黄金为子孙购置一些产业,疏广说:"我家原本就有土地房屋,子孙们勤劳耕作就足够饮食穿戴,如再增加产业,使有盈余,只会使他们懒惰懈怠。贤能的人,如果财产太多,就会磨损他们的志气;愚蠢的人,如果财产太多,就会增加他们的过错。"疏广、疏受"知足不辱,知止不殆"以及散金的为官之道,对后世影响很大。

单

字形：单，象形字。其甲骨文由上下两部分组成，上部像丫杈，两个分叉顶端各有一个圆圈，代表可用于敲击猎物的石块，下部代表绑在杈柄上的用于捕鸟捞鱼的网兜。

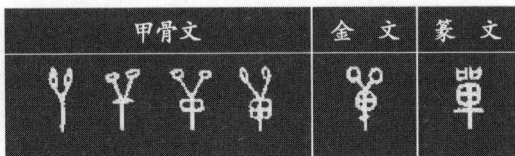

	甲骨文			金 文	篆 文

字源：冷兵器时代，古人为了增加武器的攻击力，而发明的机械装置。

含义："单"的本义是一种狩猎或战斗工具；后来，因为"单"这种工具狩猎往往只能捕到一只鸟、一只兔子或一条鱼，所以"单"字就被引申为"一"，"单，一也"（《汉书·枚乘传》）；经过发展，"单"又可作奇数讲；也可作为"单独、孤立"，如"形单影只"；也能形容衣物等单薄或是单层的，"可怜身上衣正单，心忧炭贱愿天寒"（《卖炭翁》）。

引申：单皮：类似小鼓的一种单面蒙皮的打击乐器，戏曲演出时用来指挥其他乐器，因系单面蒙皮，故得名。单皮是戏曲及民间吹打乐中的重要乐器。

单刀赴会

故事：单刀赴会，指一个人冒险赴约，有赞扬赴会者的智略和胆识之意。

关羽为了荆州之事只身过江，与鲁肃会面。酒过三巡，鲁肃迫不及待地直奔主题，索还荆州。关公以其他话题叉开，鲁肃步步紧逼。后来关羽变色而起夺过周仓手中大刀，假装怒叱周仓，实为针对鲁肃。接着，关公推醉，右手提刀，左手挽住鲁肃，准备告辞。鲁肃被他一提，吓得魂不附体，暗藏的刀斧手也只好望洋兴叹。到了船边，关公才放了鲁肃，拱手道谢而别，鲁肃半晌才缓过气来。故事赞扬了关羽过人的智略和胆识。

刀

甲骨文	金文	篆文
𠄌 𠄌	𠃌 𠃌 ⟶ 𠃌	刀

字形：刀，象形字。甲骨文字形像有锋刃的长柄工具或兵器。

字源：在原始社会，古人就用石头、蚌壳、兽骨打制成各种形状的刀。刀轻便锋利，适于砍削器物。同样古人不仅用刀作为劳动工具，还随身携带作为防身自卫的武器。

含义：本意为切、割、削、砍、铡用的工具。因为古代有钱币形似刀，故刀也可指钱币。

引申：中国古代有"十八般武艺"之说，其实是指十八种兵器。一般是指弓、弩、枪、棍、刀、剑等。而中国武术中的兵器远不止十八种，如果加上各种奇门兵器和形形色色的暗器，其总数恐不下百种。所谓短兵器，是指其长度一般不超过常人的眉际，分量较轻，使用时常单手握持的兵器。最常见的短兵器是刀和剑。长兵器中最常见的是枪、棍、大刀三种。索击类暗器有绳镖、飞爪、软鞭等。

关公门前耍大刀

故事：三国时期赵云帐下的周仓，刀法了得，经常拍着胸脯吹嘘。有个士兵见他吹得太过，就故意让他与关公比试。周仓被激后就立即去找关公一较高低。最初关公不以为意，可周仓故意用言语侮辱他。关公大步跨出府门顺手从门卫手中拿了一条长枪，以枪代刀，可仍使周仓惨败。周仓这才知道天外有天，非常佩服关公。他当即跪在关羽面前，把手中的青龙宝刀捧过头顶，恳请追随关公。"关公门前耍大刀"这句俗语，也就这么流传下来，意为不自量力，在比自己才能高的人面前自我卖弄。

道

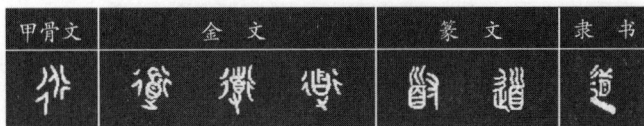

字形：道，形声兼会意字。由"辶"和"首"组成，"辶"是"辵"的简化，指"乍走乍止，走走停停"，"首"指"头领"，二者结合表示头领引领走在前行的路上。

甲骨文	金 文	篆 文	隶 书

演变：金文字形由一只眼睛和十字路口组成；小篆时期，十字路口演变为"辵"；隶书时期，"辵"已接近于"辶"，眼睛用"首"代替。

含义：引路，"乘骐骥以驰骋兮，来吾道夫先路"（《楚辞·离骚》）；引导，"道之以政，齐之以刑，民免而无耻"（《论语·为政》）；四通八达的大路，"履道坦坦"（《周易·履》）；方法，"闻道百，以为莫己若者，我之谓也"（《庄子·秋水》）；正义，"得道多助，失道寡助"（《孟子·公孙丑下》）。

引申：在古代，"道"与"德"始终联系紧密，老子说："道生之，德畜之，物形之，器成之。是以万物莫不尊道而贵德，道之尊，德之贵，夫莫之命而常自然。"其中"道"指自然运行与人世共通的自然规律，"德"指在不违背自然规律的前提下，去改造自然，发展社会和自己的事业，所以说，行道而得之于心，称为德。

道听途说

故事：道听途说：路上听来的，路上传播的话。泛指没有根据的传闻。出自《论语·阳货》："道听而途说，德之弃也。"

战国时期，艾子从楚国回到齐国，刚进都城便遇到了爱说空话的毛空。毛空告诉艾子："一只鸭子一次生了一百个蛋。"艾子不相信。毛空又说："是两只鸭子生的。"艾子还是不相信。毛空又说是三只鸭子生的，艾子也不相信……最后一直增加到十只鸭子，艾子就是不信。过了一会儿，毛空又告诉艾子："上个月天上掉下一块三十丈长、二十丈宽的肉。"艾子不信，毛空又缩短到二十丈长、十丈宽，艾子依然不信。艾子问毛空："你刚才说的鸭子是谁家的？肉掉到什么地方？"毛空说："我说的话都是在路上听别人讲的。"于是，艾子对他的学生们说："你们可不要像毛空那样道听途说！"

得

甲骨文	金文	篆文
𰀀 𰀁	𰀂	𰀃

字形：得，象形字。最早的"得"由一只手和一块贝壳组成。后演变为有"彳"旁的"得"，篆文中基本确定了"得"字字形。

演变："得"最初表示中原人长途跋涉到湖海之滨寻觅拾捡贝壳，所以手持贝壳的字形来源于"捡到贝壳，获得财富"，而与行相关通常采用"彳"作偏旁，为了与常被误写的"贝"作区别，篆文开始加上"彳"旁。

含义："得"有实现、完成、结束之意，如"积善成德，而神明自得"（荀子《劝学》），"似诉平生不得志"（白居易《琵琶行》）；也有导致，招致之意，如"赵岂敢留璧而得罪于大王乎？"（《史记·廉颇蔺相如列传》）；作助动词时意为能够，可以，如"未得与项羽相见"（《史记·项羽本纪》）；作副词时意为必须，应该，如"吾得兄事之"（《史记·项羽本纪》）。

引申：将"得"字的"彳"换成"石"就成了"碍"，石字表示岩障或悬崖阻挡去路，突出路障对于远行探索的干扰。无法得到，就成了阻碍。

得鱼忘筌

故事：得鱼忘筌，语出《庄子·外物》"筌者所以在鱼，得鱼而忘筌"。

古代一渔夫到河边捕鱼，他把竹器筌投进水里，全神贯注观看浮标，终于一条红鲢鱼上筌了，他十分高兴取下鱼，却把筌抛在一边，匆忙赶回家吹嘘自己的功劳。妻子说这是筌的功劳，问他筌到哪里去了，渔夫这才想起忘记带筌回家了。后用"得鱼忘筌"比喻事情成功以后就忘了本来依靠的东西。

德

字形： 德，会意字。"德"字的左边是"彳（chì）"形符号，是表示道路，亦是表示行动的符号，"直"用眼睛直视的样子，表示正直，后又加上了心，这就是"德"。

甲骨文	金文	篆文
𢔟 彴	徝 徲	德

演变： 甲骨文时期"德"字还没有心和一横，寓意看清道路的方向，没有困惑迷误，大道坦然直行。金文时期"德"字加上心，寓意心胸坦荡。篆字时期，加了一横，寓意合乎天道，顺应自然之势。秦篆之后，字形演变为"德"，增加了"善、恩"等意，发展至今天，引申为思想品质。

含义： "德"的本义是看清方向，大道直行，如"德，得也"（《广雅·训诂三》）；含有合乎天道的，自得自在之意，如"是故用财不费，民德不劳，其兴利多矣"（《墨子·节用上》）；还含有符合是非标准的思想品质之意，如"愿伯具言臣之不敢倍德也"（《史记·项羽本纪》）。

引申： 八德指中国封建社会表彰的八种德行，即孝、悌、忠、信、礼、义、廉、耻。这中间再次恢复了管仲提出的四维，去掉了仁，增加了孝与悌，将家族道德置于首位。随着中国农业社会的发展，以家庭为本位的农业经济日益稳定与发展，家对于农业经济的发展，对于社会的祥和与稳定等功能日益突出，因此齐家也就显得日益重要了。

德高望重

故事： 北宋时期出身贫寒的读书人富弼26岁踏上仕途，竭尽全力为朝廷尽忠。他始终以朝廷及百姓的利益为重，先后担任仁宗、英宗、神宗三朝宰相，在处理外交、边防及赈济灾民方面取得显著成就，司马光称颂他为"三世辅臣，德高望重"。后来"德高望重"指道德高尚，名望很大。

地

金　文	篆　文

字形: 地, 会意字。金文中, 由"阜"、倒写的"人"、被捆绑的"人"等甲骨文组成。

字源: 远古时代用于抛葬的深谷深坑, 虫蛇赖以穴居的墓穴。其由"土"和"也"组成, 客家方言至今仍称"墓"为"地", 称"扫墓"为"告地"。

含义: 本义是指远古时期的简单墓穴, 也可指空间, 处所, 如"此地空余黄鹤楼"(《黄鹤楼》); 也指广大疆野, 如"地崩山摧壮士死, 然后天梯石栈相钩连"(《蜀道难》); 还指领土, 如"而安陵君以五十里之地存者"(《战国策》)。

引申: 封地。封地是指古代中央王朝分封给王室成员及大臣、诸侯的土地, 君主分封给诸侯, 诸侯再向下面分封土地。土地所有者享有这块土地的税收、征兵等权利。

置之死地而后生

故事: 西汉时期, 韩信和张耳率军攻打赵国, 赵王歇和大将陈馀率大军迎战。陈馀不听谋士李左车的建议, 与韩信硬拼, 韩信故意在称为死地的河边列阵, 士兵们背水一战, 越战越勇, 最后, 杀死陈馀, 活捉赵王歇。后用"置之死地而后生"比喻事先断绝退路, 就能下定决心, 取得成功。

典

字形：典，会意字。甲骨文中，其字形的上面描绘的是用牛皮条或绳子将刻着字的竹

甲骨文	金文	篆文

片、木片或甲骨片穿起来，成为一册书，下面是一双手，表示用双手恭恭敬敬地捧着书册。

字源：其字形表示双手奉持权威古籍，但在有的金文中加上等号，来表示先贤著作等于评判标准，强调圣贤古籍是非评判的意义。隶书将篆文的"册"字形状写成"册"。

含义：本指重要的文献、典籍，如"惟殷先人，有册有典"（《尚书》）；也指法律，如"掌建邦之三典"（《周礼》）；还可指重要的礼仪，如"邦家用祀典，在德非馨香"（《望岳》）；又指准则，如"哲人日已远，典刑在夙昔"（《正气歌》）；还有主持，抵押等意思。

引申：典当，是人类最古老的行业之一，可以称得上现代金融业的鼻祖，始于南北朝，它是以财物作质押，有偿有期借贷融资的一种方式。杜甫《春江二首》"朝回日日典春衣，每日江头尽醉归"所载之事便与典当有关。

数典忘祖

故事：数典忘祖，原指忘本，也可指对于本国历史的无知。后比喻忘掉自己本来的情况或事物的本源。语出《左传·昭公十五年》，晋大夫籍谈出使周王室，宴席间，周景王问籍谈，晋国为什么没有贡物，籍谈回答道，晋国从未受过王室的赏赐，何来贡物。周景王就列举王室赐晋器物的旧典，并责问籍谈，身为晋国司典的后代，如何能"数典而忘其祖"，也就是说列举古代的典制而忘了祖先的职掌呢？

鼎

甲骨文	金文	篆文

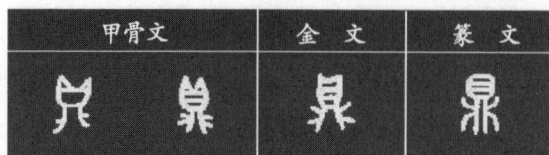

字形：鼎，象形字。甲骨文字形，上面部分像鼎的左右耳及鼎腹，下面像鼎足，是古代烹煮用的器物。

字源：中国古代封建社会，君王对于权利地位十分重视。传说夏禹曾收九牧之金铸九鼎于荆山之下，以象征九州，并在上面镌刻魑魅魍魉的图形，让人们警惕，防止被其伤害。自此，鼎就从一般的炊器而发展为传国重器。

含义：鼎本义为烹煮肉和盛贮肉类的器具。"鼎"又被视为传国重器、国家和权力的象征，它被赋予"显赫、尊贵"之义，如"高门鼎贵"（《吴都赋》）；鼎还有"变革"之义，如"鼎新麾一举，革故法三章"（《赠送前刘五经映》）。

引申：鼐，本义大鼎。字从鼎，从乃，"乃"义为"重复""再度"，引申为"一系列"。"乃"与"鼎"联合起来表示"同一系列的青铜鼎"。周代天子用九鼎，诸侯用七鼎，大夫用五鼎，元士用三鼎，士用一鼎，平民百姓无权用鼎。

问鼎

故事：问鼎，语出《左传·宣公三年》，楚庄王为讨伐外族入侵者来到洛阳，在周天子境内检阅军队。周定王派大夫王孙满去慰劳，楚庄王借机询问周鼎的大小轻重。王孙满说："政德清明，鼎小也重。国君无道，鼎大也轻。周王朝定鼎中原，权力天赐。鼎的轻重不当询问。"楚庄王问鼎，大有欲取周王朝天下而代之的意思，结果遭到定王使者王孙满的严词斥责。后来就把图谋篡夺王位叫做"问鼎"。

东

字形：东，会意字（又有说法称象形字）。

字源：在甲骨文中，"东"字像两头扎起来、装满了货物的大口袋；金文多了许多线条，就更像口袋装满了东西；而在小篆中的字形，则似"日"与"木"的结合体。

甲骨文	金文	篆文
東	東	東

含义："东"的本义为"东西"，代指物件；"东"作为"东方"讲，为假借义，又因古时主人之位在东，所以主人也称为"东"，"若舍郑以为东道主"（《左传》）；也可为人姓氏。

引申：《鸿门宴》记载"项王、项伯东向坐；亚父南向坐——亚父者，范增也；沛公北向坐，张良西向侍"，这是因为古人座位需分尊卑，而项王地位最高，亚父其次，沛公再次，张良最卑，于是按此而坐。

东山高卧

故事：东山高卧，比喻隐居不仕，生活安闲。东晋时期，贤人谢安坚决辞去官职到会稽附近的东山隐居，经常有文人前来拜访他，与他饮酒赋诗，从不过问朝政。征西大将军桓温请他担任司马，中丞高崧开玩笑说："你多次违背朝廷的旨意，高卧东山，你考虑过天下苍生吗？"后来，前秦南侵，东晋危在旦夕，谢安临危受命，当了东晋的宰相，率军在淝水成功打败前秦军队，并趁机率军北伐收复失地。

斗

甲骨文	金 文	篆 文

字形：斗，象形字。"斗"是盛物的器皿，其甲骨文形似带有长柄的勺，但比勺大得多。

字源：《诗经·大雅·行苇》："酌以大斗，以祈黄耇"中"斗"便是以酒器的身份出现，后来逐渐演变为一种容器，多用于称量粮食。常用竹制或木制，有方形的，也有鼓形的。

含义："斗"的出现是华夏文明礼仪逐步发展成熟的一个重要标志，"斗"作为最常用的称量单位，广泛运用于贸易，推动了两河流域的经济发展，标志着中华文明的繁荣昌盛。

引申："斗"字因为其奇特的外形，常常出现在记录文献中，被用于命名与其相似的一类事物，如"北斗星"因其形似"长斗"得以命名，"斗笔"则因其将笔头安装在一个斗形部件里，上安笔杆而得名。

斗酒十千恣欢谑

故事："斗酒十千恣欢谑"表现了唐代诗仙李白的狂傲。作为当世最负盛名的大诗人，李白的仕途却一路坎坷，虽有昔日"贵妃捧砚，力士脱靴"的风光，但那也只是表面上的"重视"。因此，李白虽热衷仕途，甚至一生为此奔波，但他内心的狂傲只有自己能懂。开元二十三年，应元演之邀，李白与友人元丹丘、岑勋在嵩山南麓颍阳山置酒相会，《将进酒》即为此时所作，写尽了李白一生的狂傲。

豆

字形： 豆，象形字。其甲骨文字形是一个形似高足盘的器皿，器皿顶端有盖。

甲骨文	金　文	篆　文
豆	豆	豆

字源： 新石器时代晚期开始出现。古代社会，人们正被逐步教化，不再过茹毛饮血的生活，于是装载食物的容器便应运而生——"豆"便是其中的一件。"豆"出现于商周时，盛行于春秋战国；豆也作为礼器常与鼎、壶配套使用，构成一套原始礼器的基本组合。豆多陶制，商周时期，也有木制涂漆豆和青铜豆。

含义： "豆"最初作为古代食器存在，后世人们也渐渐将其作为测量仪器。再后来，"豆"被作为重量单位被广泛运用着。汉代以后，"豆"才逐渐代替"菽"成为豆类的总称。随着时代变迁，豆作为容器的意思渐渐弃置不用。在人们普遍印象中，"豆"作为豆类植物总名的意项成为主流，广泛应用于生活中，如豆腐、大豆、刀豆等。

引申： 豆氏，源于芈姓，出自祝融氏后代熊氏王族俞豊氏，属于以先祖名字为氏。据史籍《通志·氏族略》记载：俞豊氏，芈姓，楚公子食采于南阳豊亭，因氏焉。其后裔有取姓氏为俞氏者，后其中有人改为喻氏；也有取姓氏为豊氏者。豊氏的后裔子孙传至汉朝时期，有个著名的大臣叫豊如意。秦王嬴政二十四年（公元前223年），楚国被秦国所灭。荆楚地区的"豊"字即古"豆"字，是借用中原文化的字，但非指华夏族的"礼"字，因此有族人简笔为豆氏。

煮豆燃萁

故事： "煮豆持作羹，漉豉以为汁。萁在釜下燃，豆在釜中泣。本是同根生，相煎何太急？"《七步诗》由三国时期诗人曹植所作，其兄长曹丕因其才华横溢而对其怀恨在心，想借作诗杀死曹植。可没想到曹植七步成诗，并且在诗中以浅显的比喻说明兄弟本为手足，不宜互相猜忌与怨恨，晓之以大义，令文帝曹丕羞愧万分，无地自容。

度

篆文

字形：度，会意字。是"庶"的上半部，既是声旁也是形旁，表示石块。度，表示建筑施工时设计师或石匠测量、评估石料。

字源：古人造屋多用石块做地基，借助手或其他简单的工具对石块进行测量。

含义：本义为动词，测量、评估石料之义。作动词，推测，思虑，如"度我至军中，公乃入"（《史记·项羽本纪》）；测量，丈量，如"度然后知长短"（《孟子》），"同律度量衡"（《虞书》）；越过、度过，如"黄鹤之飞尚不得过，猿猱欲度愁攀援"（《蜀道难》）；还可作名词，dù，心思、心胸、大脑，度量、风度、气度、态度，如"群臣惊愕，卒起不意，尽失其度"（《战国策·燕策》）。

引申：度也可作为姓氏，在史籍《前汉书·律历志》中解释："度者，分寸尺丈引也。"显然，度人的职责就是监督和处罚那些克扣尺寸的奸商，例如布帛、丝绸、木材、家具等等。在度人的后裔子孙中，有以先祖官职称谓为姓氏者，称度人氏，后省文简化为单姓度氏，读音作dù。

普度众生

故事：相传观音菩萨深受大家的尊敬，但是为什么没有成佛呢？其实以观音菩萨的修为是可以成佛的，但是和地藏王菩萨一样，因为想要普度众生而放弃了成佛，观音菩萨的宏愿是要渡尽天下之人，在宏愿达成前是不成佛的。现用来指大众营营扰扰，如溺海中，佛教、道教以慈悲为怀，施宏大法力，尽力救济他们以便登上彼岸。

多

字形： 多，会意字。甲骨文中的"多"是两个肉块的形状，金文和篆文中承续甲骨文字形，现在的"多"与最初的"多"没有多大的区别。

甲骨文	金文	篆文

字源： 在物质匮乏的原始共产平分时代，人们均分物用，尤其是均分肉食，一人独占双份就是超额，超额也就是多。

含义： 多的本义为"一人独占双份肉食"，《说文解字》中有"多，重也。从重夕，会义。重夕为多，重日为叠"；作为动词时，"多"有"大量，富有"的意思，如"多愁善感"，也作"超过，超出"之义；作为副词时，"多"有"大量的，大多的"意思，如"以是人多以书假余"（宋濂《送东阳马生序》）；作形容词时，意为"超额的，大量的"，如"名与身孰亲？身与货孰多？"（《老子》）。

引申： "叠"与"多"同字源，皆与肉食有关，"多"本义为独占双份肉食，"叠"本义为堆积大量肉食，隶书中的"叠"字形将"夕"（肉块）改为"月"。随着汉字的发展，"多"与"叠"与肉块相关联的本义皆消失不用。"叠"字作为动词保留了"堆积"的意思，引申为"重复进行"，如左思《吴都赋》中有"虽累叶百叠，而富强相继"。

淮阳多病

故事： "淮阳多病"来自西汉时期名臣汲黯的故事。汲黯在历史上被称为是唯一一个汉武帝能容忍其犯上的臣子，他性格倨傲且礼数不周。皇帝曾任命他为淮阳太守，汲黯以多病为由"难以胜任太守之职"，多次辞谢不肯接印，皇上以为汲黯看不上太守一职，于是说想借助汲黯的威望治理淮阳。汲黯明白了皇上的言外之意，临行前去探望大行令李息说"黯弃居郡，不得与朝廷议也"，并揭露了张汤的谄媚行径，才去治理淮阳郡务，一如往昔作风。淮阳从此政治清明，后人引"淮阳多病"来表示自己多病，如杜牧《初冬夜饮》中有"淮阳多病偶求欢，客袖侵霜与烛盘"。

而

甲骨文		金 文		篆 文

字形：而，象形字，小篆字形中写成胡须的形状。上面的"一"表示鼻端，"l"表示人中；下面分内外两层，外层像两腮的胡子，内层像生在嘴下的胡子。

字源：面部是人的重要器官，"而"是下巴长出的胡须，也属于面部。体现了古人的自我中心意识。

含义：本义为颊毛。《说文解字》中说："而，颊毛也"。

引申："耐"的本义是古时一种剃掉胡须两年的刑罚，"而"指面颊，"寸"指法度、刑法。

三十而立

故事：儒家学说创始人孔子的"三十而立"。子曰："吾十有五而志于学，三十而立，四十不惑，五十而知天命，六十而耳顺，七十而从心所欲，不逾矩。"孔子认为人到了三十岁就应该承载起社会责任并立足社会，学有成就。这个有所成就，不单指知识学问，还指人生观、世界观、价值观和人格。他在30岁那年，创办了我国历史上第一所私塾，开始立志弘道，也就在30岁时，齐国国君齐景公和齐国有名的大臣晏婴亲自到鲁国拜访孔子。孔子倡导"有教无类"，只要是诚心来学习，不分贵贱，孔子都用心教导。由于孔子知识渊博，而且课也讲得好，所以他的弟子越来越多，即所称的"弟子三千"。其中的"七十二贤人"指的是"身通六艺者七十有二人"，这"孔门七十二贤"，是孔子思想和学说的坚定追随者和实践者，也是儒学的积极传播者。后来也用"而立"指人三十岁，又称"而立之年"。

尔

字形： 尔，象形字。在甲骨文中"爾"之形，像络丝用的架子，现在人们将它称作篗子。它应该是一个近似锥形顶、柱形身的竹架或木架，以便转动以后将蚕丝绕在一起，就像我们现在看到的放风筝用的车线子。上部是锥形的圆顶，是为了能够将其固定于车架上；下部则像蚕丝缠绕交挂于丝架上的样子。

甲骨文	金　文	篆　文

字源： 古时候，战事频发，尔是描写作战时的情景：从对方射来的"箭"，分散开来像密布的"网"一般。两军作战，与"我"方争战的对方称为"尔"，此两字都以武器来表示，"我"的甲骨文是一个手持干戈的人。显然，古人是以争战中的两方来表达你、我。

含义： 本义是集茧用的架子。尔是描写作战时，对方射来的箭如雨下，布满了天空，自远而近，因此"尔"具有"满""近"的含义。后来，这两种意义分别以"弥""迩"替代，"尔"则引申为你或你们，如"盍各言尔志？"

引申： 尔辈，也称汝辈，古汉语中常用为第二人称复数，"你们这些人，你这一辈的这些人"的意思，也可只指你这个人。"尔等"意思上同它差不多，不过"尔等"口语化色彩更浓一些。

尔虞我诈

故事： 尔虞我诈，形容互相欺骗。春秋时，楚庄王率领军队攻打宋国，因久攻不下决定撤军。这时替庄王驾车的申叔时献计在宋国土地上建房种田，表示出要长久驻扎的意思，宋国就会屈服。宋国得知后，立刻派大臣华元前去告诉楚军主将子反，虽然宋国已经到了吃孩子充饥、拿人骨头当柴烧的地步，但也绝不会听命于楚国。最后，两国签订了盟约。盟约中写到：楚军后退三十里，两国和平相处，我无尔诈，尔无我虞（意即两国互不欺骗）。

耳

甲骨文	金　文	篆　文

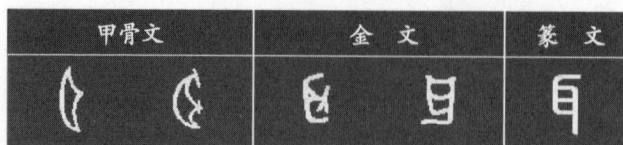

字形：耳，象形字。甲骨文中，其字形像是被切下的蘑菇状的人类听觉器官的外廓。楷书发生变化，它的蘑菇形、手形消失，字形基本不变。

字源："耳"是"取"的本字。有的甲骨文加又字，表示手抓割下的听觉器官，即杀人夺命。在远古战场上，士兵割下死敌的耳朵作为评价战绩的依据，后世叫作"取"。甲骨文另造"取"代替。

含义：本义指割下死敌的耳朵，以示战功。也指而已，如"止增笑耳"（《狼》）；还指雨后的芽，如"禾头生耳黍穗黑"（《秋雨叹三首》）；还是语气词，如"死即举大名耳"（《陈涉世家》）；还特指事物的两边位置，如"耳房"便是此意。

引申："耳顺"是六十岁的代称。出自《论语·为政》"吾十有五而志于学，三十而立，四十而不惑，五十而知天命，六十而耳顺，七十而从心所欲，不逾矩"，指人六十岁时听别人言语便可判断是非真假，听得进逆耳之言，詈骂之声也无所谓，无所违碍于心。顺，就是通达不违碍，入耳即入心。意思是指个人的修行成熟，没有不顺耳之事，是孔子对自己在60岁时所达到人生状态的自我评价。

掩耳盗铃

故事：掩耳盗铃，比喻自己欺骗自己，出自《吕氏春秋》。春秋时候，世家范氏被灭。有人到范氏家里行窃，想偷走由青铜所铸成的大钟，但钟笨重，他便想把钟敲碎偷走。但用锤砸钟时，钟却发出巨响。他心中害怕，便捂住自己的耳朵，并用布团把耳朵塞住，认为自己听不见，别人也会同样听不见，然后放心砸钟。官差闻声而来，抓获了他。

后来，唐高祖李渊闻听此事，说："此可谓掩耳盗铃也"，也由此引申出成语"掩耳盗铃"。

饿

字形：饿，形声字。形旁为食，声旁为我。

演变：古时，"饿"是会意字，从"食"，表示肚子里空无食物，从"我"，表示肚子饿只有自己知道。而后，"餓"简化为"饿"。

篆文

含义：饿的基本字义是"肚子饥饿，想吃东西"，与"饱"相对，"饿，饥也"（《说文解字》）；"使受饿、感到饥饿"，"饿其体肤"（《孟子·告子下》）；"贫困、缺少"，如"干田饿水"。

引申：在古代，"饥"与"饿"存在着程度上的差别。"饥"指一般的肚子饿；"饿"是严重的饥饿。"飢"和"饑"本是不同的两个字，今皆简化为"饥"。

饿死首阳

故事：伯夷、叔齐是商末孤竹君的两个儿子。相传其父遗命要立季子叔齐为继承人。孤竹君死后，叔齐让位给伯夷，伯夷不受，叔齐也不愿继位，先后都逃往周国。周武王伐纣，二人扣马谏阻。武王灭商后，他们耻食周的粮食，采薇而食，最后饿死于首阳山。这就是"饿死首阳"的故事，表现了伯夷、叔齐"不降其志，不辱其身"的气节，广为后世传诵。

法

金 文	篆 文
(金文字形)	(篆文字形)

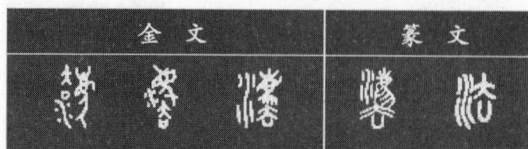

字形：法，会意字。从"水"，表示法律、法度公平如水，所以触不真者，去之从"去"。

字源：金文中写作"灋"，表示古代参天察地的高人在野外活动时，从流水顺其自然的特性、麋鹿等动物的灵巧自由中，领悟到符合自然规律的生存之道。后来被简化为"法"，保留了原来的"水"和"去"，而把"廌"字给简省去了。

含义："法"可表示原则、标准、策略、方式、技术，如"凡用兵之法"（《孙子·九变》）；必须遵守的戒律、刑律、律令之意，如"失期，法当斩"（《史记·陈涉世家》）；仿效，如"法，则效也"（《字汇·水部》）。

引申：谈起"法"就会想起古代一种名叫"獬豸（xièzhì）"的神兽，它形似山牛，只有一角，能辨别曲直，在审理案件时，它能用角去触理屈的人。

约法三章

故事：公元前206年，刘邦率领大军攻入关中，到达离秦都咸阳只有几十里路的霸上。刘邦进咸阳后，本想住在豪华的王宫里，但他的心腹樊哙和张良告诫他别这样做，免得失掉人心。刘邦接受他们的意见，下令封闭王宫，并留下少数士兵保护王宫和藏有大量财宝的库房，随即还军霸上。为了取得民心，刘邦把关中各县父老、豪杰召集起来，郑重地向他们宣布道："秦朝的严刑苛法，把众位害苦了，应该全部废除。现在我和众位约定，不论是谁，都要遵守三条法律。这三条是：杀人者要处死，伤人者要抵罪，盗窃者也要判罪！"父老、豪杰们都表示拥护约法三章。接着，刘邦又派出大批人员，到各县各乡去宣传这三条法律。

反

字形： 反，象形字。甲骨文（厂，石崖）（又，抓），表示攀岩、攀崖。

甲骨文	金 文	篆 文
反	反 反	反 反

金文承续甲骨文字形。有的金文加"彳"（彳，行进），突出登山主题。

字源： 古时"反"与人攀岩翻山的动作相关。

含义： 本义作动词，攀岩翻山之意，后本义由"扳"代替。动词，翻转，逆转，回还，"反，覆也"（《说文》）；动词，不顺从，对抗，回击，"日夜望将军至，岂敢反乎！"（《史记·项羽本纪》）；形容词，与正面相对的，背面的，"反以我为雠"（《诗经·邶风·谷风》），"君子成人之美，不成人之恶，小人反是"（《论语·颜渊》）；副词，在背后，逆向地，"知不足，然后能自反"（《礼记·学礼》）。

引申： "反"也是姓氏，周宣王公元前806年封小弟反谬于郑（陕西省华县东），史称反谬。反郡公元前769年东迁新郑，于公元前375年为韩国所占据，反人奔于陈、宋之间，以原郡名为氏，就得反氏。

出尔反尔

故事： 据《孟子·梁惠王下》载，春秋时，邹国与鲁国发生战争，邹国人民都不愿为国家效命，邹穆公向孟子问政，孟子告诉他说："你的人民之所以如此，是因为他们遭遇饥荒时，官吏们对朝廷隐瞒灾情，任由灾民流离失所，老弱病残死去，健壮的人四散逃去。现在他们当然会用这样的态度回报。曾子不是曾警惕人说：'你现在所做的事情，将会同样的回报在你身上。若是您从此施行仁政，未来人民一定也会有相对的报答。'"

"出尔反尔"由此而来，用来比喻你怎么对待别人，别人也会怎么对待你。今多比喻人的言行前后反复，自相矛盾。

方

甲骨文			金 文	篆 文
𤰔	𤰔	方	𤰔	方

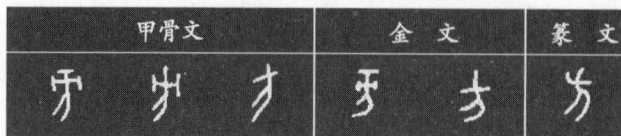

字形：甲骨文中"方"字形为一个剃发刺字的犯人套上一具锁颈的枷械，造字本义为"将罪犯剃发刺字，发配边疆"，金文承续简体甲骨文字形，篆文中将枷形简化为一横，隶书中"人"字形消失，"方"的字形基本形成。

字源：流放之刑的起源很早，远古时期零星出现，秦汉时期形成制度。人们根据流放犯人的身体形态造出"方"字。当"方"的流放犯人本义消失后，另加打击之义的"攴"成为"放"，表示刑罚驱逐。

含义："方"有本义"放逐"，如"维鹊有巢，维鸠方之"（《诗经·召南·鹊巢》）；后引申为名词，有"边塞，边境"的意思，再演变出与中央相对的行政区域之义，如"有朋自远方来，不亦乐乎？"（《论语·学而》）；作副词时，意为"正，刚，才"，如"方今之时，臣以神遇而不以目视"（《庄子·庖丁解牛》）。

引申："方"是"旁"的本字，"方"的本义消失后，在"人"形罪犯头部上方再加上刺字和木枷，"旁"的本义为"刺字披枷，流放到边远之地"；"旁"也有"边，侧，端"的意思，如《晋书·王猛传》中有"扪虱而谈，旁若无人"。

方枘圆凿

故事：方枘圆凿，方枘装不进圆凿，后被世人用于比喻格格不入，不能相合。出自宋玉《九辨》"圆凿而方枘兮，吾固知其龃龉而难入"。

宋玉出生于贫寒之家，为了谋求政治上的出路，曾在楚王的身边做了文学侍从，但宋玉不善为官，不合于时，与他老师屈原一样难以忍受世俗污浊，最终离开朝廷，重归乡野。屈原的《离骚》中有"何方圜之能周兮？夫孰异道而相安"。

非

字形：非，指事字。在甲骨文中，字形在向背的两个人背上各加一横指事符号，而"非"在金文

甲骨文	金 文	篆 文

中作"兆"，像"飞"字下面相背展开的双翅形，双翅相背。

演变："非"是"排"的本字。它最早是兽骨上所刻画的符号，当"非"的"排斥"本义消失后，甲骨文在"非"字基础上再加双手另造"排"代替，强调"排"的手部行为特征。从本义上看，时日恰当为"是"，相互抵制为"非"。

含义：造字本义指思想相背者之间互相抵制、排挤，相互攻击、责难，如"今诸生不师今而学古，以非当世"（《史记·秦始皇本纪》）；后又指错误的，如"实迷途其未远，觉今是而昨非"（《归去来兮辞》）；也可指并非，如"非独贤者有是心也"（《孟子·告子上·鱼我所欲也》）；还指不，如"非特其未见而已"（《史记·平原君虞卿列传》）。

引申：含非的短语有很多，如"非意相干"指没事寻衅，无故制造事端；"非钱不行"指有钱才能成事，讥讽民风不淳，世人仅知逐利；"非常异义"指违背经文正义的异说；"非义之财"是指不应得的财物。

无可厚非

故事：无可厚非，指说话做事虽有缺点，但还有可取之处，应予谅解。出自东汉班固《汉书·王莽传》："莽怒，免英官。后颇觉悟，曰：'英亦未可厚非'。复以英为长沙连率。"新朝时期，王莽推行一些改革措施，都大夫冯英上书劝他不要劳民伤财。王莽罢免了他，后又觉得冯英的做法无可厚非，又重新任命冯英作长沙连率一职。

风

篆　文			隶书	楷书
鳳	鳳	鳳	凰	風

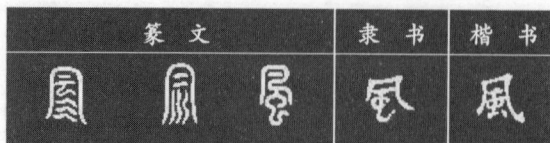

字形：风，形声字。从虫，凡声。"风动虫生"，故字从"虫"。

演变："风"甲骨文假借"凤"。古人尚不能认识到风是冷热空气对流造成的，古人以为气流来自于高天。将甲骨文字形中表示"天"变形后写成"凡"，并加"云"和"气"，强调天空中与云、气相似的物质状态。有的篆文省去"云"或"气"，加上"日"，表示"风"的产生与日出、日落有关。而将篆文中"云"写成"虫"，已经不再是风字的本义。

含义："风"的本意是空中使鸟类得以飞翔的气流，如"大风起兮云飞扬"（《大风歌》）；含有流行作法、民俗之意，如"移风易俗"（《荀子·乐论》）；有一贯做法，态度之意，如"亦尝侧闻长者之遗风矣"（《报任安书》）；有自由地，无所不往地，无根据地之意，"或出入风议，或靡事不为"（《诗经·小雅·北山》）。

引申：说起"风"，就会想到八方的风。东风叫"明庶风"，南风叫"景风"（亦名"凯风"），西风叫"间阊风"，北风叫"广莫风"，东北风叫"条风"（又叫"融风"），东南风叫"清明风"，西北风叫"不周风"，西南风叫"凉风"。

风马牛不相及

故事：《左传·僖公四年》记载："四年春，齐侯以诸侯之师侵蔡，蔡溃，遂伐楚。楚子使与师言曰：'君处北海，寡人处南海，唯是风马牛不相及也，不虞君涉吾地，何故'？"。楚国不向齐国朝贡，齐桓公就派兵攻打楚国，楚国使臣说："你们齐国与楚国一南一北，相距很远，风马牛不相及，为何要发动战争呢？"后遂用"风马牛不相及"比喻事物之间毫不相干。

封

字形：封，会意字。在甲骨文中，是土堆之上栽种一棵树苗的样子，金文字形左边像土上长着丰茂的树木形，右边是一只手，后来写作"寸"，表示聚土培植。

甲骨文	金 文	篆 文

演变："丰"是"封"的本字。丰，甲骨文加上"土"，表示种在土埂上的树木。当"丰"主要作为名词使用后，甲骨文再在"丰"字基础上再加"又"另造"封"代替，强调执苗种树。

含义：本指堆土植树为界，后指疆界，如"既东封郑，又欲肆其西封"（《烛之武退秦师》）；还指闭合，如"籍吏民，封府库，而待将军"（《史记》）；也指帝王将土地赠赐给功臣，如"以赂秦之地，封天下之谋臣"（《六国论》）；也可引申为单位量词"件"。

引申：古代帝王祭天地的最隆重的典礼叫作"封禅"，一般都是帝王亲自到泰山上举行的。古时认为泰山是五岳之长，称其为岱宗。泰山高，离天近，所以要先到泰山顶上举行祭天的仪式，以报答天之功，叫作"封"。然后到泰山南部的一座小山——梁父山上举行祭地的仪式，以报答地之功，叫"禅"。

封狼居胥

故事：封狼居胥，指建立显赫武功，这是中华民族武将的最高荣誉之一，出自《汉书·霍去病传》。在西汉武帝元狩四年春，霍去病率军北进，越过离侯山，渡过弓闾河，打败匈奴左贤王部，并在狼居胥山举行了祭天封礼，在姑衍山举行了祭地禅礼，兵锋直逼瀚海。《永遇乐·京口北固亭怀古》中"元嘉草草，封狼居胥，赢得仓皇北顾"便是用这个典故。

福

甲骨文	金文	篆文
甲骨文福	金文福	篆文福

字形: 福,会意字。甲骨文中,它的左半部上面为"酉",是盛酒的容器,左下半部为两只"手",表示双手捧着一个酒樽;它的右半部分是"示"字,代表祖先的神主。整个字的意思是双手捧着一樽酒在祖先的神主前祭献,求得神主保佑。

字源: 福字最早与祭祀有关,祈祷上天降福。

含义: 古称富贵寿考等齐备为"福",与"祸"相对,如"祸兮福所倚,福兮祸所伏"(《老子》);又有"赐福、保佑"的意思,如"小信未孚,神弗福也"(《曹刿论战》);"福"通"副",意为"相称、符合",如"仰福帝居,阳曜阴藏"(张衡《西京赋》)。

引申: 在中国传统文化中,由于"蝠"与"福"谐音,所以蝙蝠一直是福气、长寿、吉祥、幸福的象征。如五只蝙蝠称"五福临门";童子捉蝙蝠放到瓶中,为"平安五福";蝙蝠飞到纸上停留,是"引福归堂"等等。

福无双至,祸不单行

故事: 王羲之是大书法家,人人都想要他的墨宝,所以每到过年,王家的春联一贴上门,还未粘好就立即会被人偷去,王羲之常为此事苦恼。有一次在茶馆听闻有人做生意赔了本,儿子又失足掉进井里死了,正是祸不单行。王羲之灵机一动,回家写了一副半截春联:福无双至,祸不单行。此联一贴出后,立即就有许多人围观,但并没有人想要偷这不吉利的春联,王羲之在和一家人开开心心吃完团年饭后,见春联已经牢牢粘在门上,便提笔在春联的下半截各添了几个字,将春联变成:福无双至今日至,祸不单行昨夜行。有远离灾祸,福气临门的美好寓意。

辅

字形：辅，形声字。辅由车和甫组成，车作形旁，甫作声旁，表示扶助。

字源：古代车轮外旁增缚夹毂的直木，每轮二木，用以增强轮辐载重支力。贵族在花圃里驱车观赏，由于直木是额外捆缚在轮辐上，在车轮滚动时，会钩挂路边盆栽，等车停后，会发现车轮布满枝叶。此情景造字"辅"，即夹直木毂的直木。

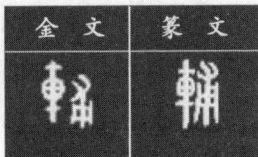

金文	篆文
輔	輔

含义：甫，本义为马车座位旁边的护栏，只见于古文，如"其车既载，乃弃尔辅"（《诗经·小雅·正目》）；也指护卫之意，如"城阙辅三秦，风烟望五津"（《杜少府之任蜀州》）。

引申：辅常让人想到《张衡传》中的"衡少善属文，游于三辅"。三辅，又称"三秦"，本指西汉武帝至东汉末年期间，治理长安京畿地区的三位官员京兆尹、左冯翊、右扶风，同时指这三位官员管辖的地区京兆、左冯翊、右扶风三个地方。

辅车相依，唇亡齿寒

故事：辅车相依，唇亡齿寒，比喻利害密切相关。春秋时期，晋国想吞并邻近的虢、虞两小国，但攻打虢国要先经过虞国。晋国为攻打虢国，采纳大将荀息的建议，把晋王的玉石与宝马送给虞王，向虞国借道攻虢。虞国大夫宫之奇知道了荀息的来意，便劝虞公不要答应晋军，说道："虢虞两国，一表一里，唇亡齿寒，辅车相依，如果虢国灭亡，虞国也就要保不住了。"虞王不接受宫之奇"辅车相依，唇亡齿寒"的观点，允许晋国借道攻打虢国，结果晋灭虢三年后就消灭虞国，夺回宝物。

父

甲骨文		金 文		篆 文

字形：父，指事字。"父"像是一只手拿着一把石斧，表示从事劳动的男人。

字源：远古时代利用工具进行体力劳动，对开创生活具有重大意义，受到特别尊重，因此"父"就作为对从事劳动的男子的尊称。

含义："父"的本意为手持石具，猎捕或劳动，今本义已消失。作为名词，意为有才德的男子的美称，如"维师尚父，时维鹰扬"（《诗经·大雅》）；"父"还意为老年人，如田父，渔父；今一般作为对生身男性以及亲族中男性长辈的称呼，如父亲、祖父、伯父。在古文中，"父"还可以读作"fǔ"，动词，通"捕"，意为捕捉，捉拿，如"徒以而富之，父系而伏之"（《管子·侈靡》）。

引申："父"加上"多"，就变成了"爹"字。一般在我国北方，过去的时间段内称呼父亲为爹的较多，或者城市工农阶层称父亲为爹的也较多，或者农村称父亲为爹较多。但在南方，鄂皖苏赣等地，称呼祖父为爹的较多。

庆父不死，鲁难未已

故事：庆父不死，鲁难未已，指不清除制造内乱的罪魁祸首，国家不会安宁。公元前662年，鲁庄公死去，公子般当了国君。庄公的异母弟弟庆父，是个贪婪残暴、权欲熏心的人，企图使自己成为国君，公子般即位不到两个月，便被他派人杀死，并另立阁公当国君。由于他制造内乱，激起了鲁国百姓极大的愤慨。齐桓公派大夫仲孙湫到鲁国去了解情况。不久，仲孙湫把了解到的鲁国情况向齐桓公作了报告，并下结论说："如果不除去庆父，鲁国的灾难是不会终止的!"事实果然如此。过了一年，庆父又杀死了鲁阁公。鲁国的局势陷入了严重的混乱之中，百姓们对庆父恨之入骨。庆父之后便逃往莒国。鲁僖公继位后，便请求莒国把庆父送回鲁国。庆父自知罪孽深重，便在途中自杀了。

负

字形：负，象形字。金文中，"负"字上半部分表示人，下半部分表示贝，整个字代表人驮贝。

金 文	篆 文

字源：在还未发明交通工具之前，运送物品只能靠人或牲畜，"负"就是一种运输方式。

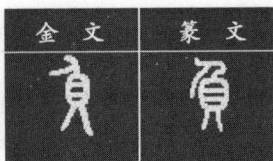

含义：负的本义为驮载捡拾的贝壳而归，作为动词使用，现本义已消失，多引申为以下的动词意思：把重物放在背上，如"颁白者不负戴于道路矣"（《孟子·梁惠王上》）；承受，遭受，承担，如"均之二策，宁许以负秦曲"（《史记·廉颇蔺相如列传》）；依靠，凭借，仰仗，如"昔秦人负恃其众，贪于土地，逐我诸戎"（《左传·襄公十四年》）；同时还引申为形容词使用，表示反面的，与正面相对的。

引申："赖"字。束，囊袋；负，欠款，强调比"负"欠更多的钱财，以至于无法偿还，干脆无理拖欠、拒不完成。如"无赖"，形容蛮不讲理的人。无，身无一文；赖，欠一屁股债，无力偿还，于是无理拖欠。

负石赴河

故事：负石赴河，意为背着石头跳进黄河，比喻人以死明志。出自《荀子·不苟》："故怀负石而赴河，是行之难为者也，而申徒狄能之。"申徒狄是商代贤人，商汤王曾经想把天下传给他。申徒狄认为汤不是把天下的道义传给自己而是把天下传给自己，这是对自己的侮辱，觉得很羞耻，于是背着石头跳进黄河。

腹

甲骨文	金　文	篆　文

字形：腹，形声字。从肉（月），表示腹是人体一部分；复声，复有返回，重复义，表示腹中的肠子回环往复。

字源："腹"的甲骨文字形由"身"（挺着肚子的孕妇）和"复"（众多出入口）组成，表示人体中部众多器官相连的部位。因为孕妇的肚子高高隆起，古人遂用孕妇肚子代表"腹"的特征。

含义：造字本义为人体中部众多内脏器官相连的部位，在胸与骨盆之间。作名词有肚子之意，如"坤为腹"（《周易·说卦传》），"入于左腹"（《周易·明夷》）；还有内心的意思，如"腹诽而心谤"（《汉书·灌夫传》）；作动词，怀抱，"先姒出入操作必腹之"（《王处士墓表》）；容纳，"巴蛇腹象，足觌厥大"（《天对》）。

引申：心腹，因其在人体中所处的特殊部位，引申为要害部位，机要重任；特指亲信，亲随，在身边参与机密的人物，能够把秘密与重任托付之人；也可指衷情，真情。

剖腹藏珠

故事：剖腹藏珠，意为破开肚子把珍珠藏进去，比喻为物伤身，轻重颠倒。唐太宗议政时曾给侍臣们讲过一则故事："西域有个商人，偶然得到一颗珍珠，是见所未见的无价之宝。他非常喜爱，生怕被人盗去，搁在哪儿都不放心。后来，他剖开自己的肚子，把珍珠藏在里面。这样倒是相当稳妥了，可是他的命也就没了。你们说真会有这样的人吗？"侍臣们说："恐怕有。"唐太宗说："人们都知道，这个商人爱珠而不爱身的行为愚蠢可笑，但是有些官员因贪赃受贿而丧命，有的皇帝因追求无休止的享受而亡国，难道不是和他一样的愚蠢可笑吗？"

过

字形：过，形声字。繁体字为"過"，字形采用"辵"作形旁，表示与行走有关，"咼"作声旁。

字源："咼"表示残骨，借代死亡。古人认识到人都会死亡，随时光流逝，生命在岁月的行进中化为枯骨。

金 文	篆 文

含义：本义作动词，走过，经过，如"雷霆乍惊，宫车过也"（《阿房宫赋》）；引申为名词，经历，过程，如"常惠请其守者与俱，得夜见汉使，具自陈过"（《苏武传》）；动词，超出，胜过，如"力能扛鼎，才气过人"（《史记·项羽本纪》）；动词，来访，探望，前往拜访，如"于是乘其车，揭其剑，过其友"（《战国策》）；动词，怪罪，责难，如"闻大王有意督过之"（《鸿门宴》）；名词，错误，如"则知明而行无过矣"（《劝学》）；副词，过分，太，甚，如"以其境过清，不可久居，乃记之而去"（《小石潭记》）。

引申：易经中有一个卦叫"大过"。结合卦象及字形来看，应该不是指"骨"，而是指"S"形弯曲的旋涡。"過"字中的"咼"与"呙"字形极为相似。另外，从大过卦卦象看，阳为动（快），阴为静（慢），卦象的图形显示出一个中心快、边缘慢的"旋涡"之象。可见，"过"的本义应该是在旋涡边行走。

人非圣贤，孰能无过

故事：春秋时期，晋灵公十分残暴，滥杀无辜，大臣赵盾和士季进宫劝谏，晋灵公态度冷淡，不情愿地认错。士季说："人谁无过，过而能改，善莫大焉。"晋灵公根本听不进，于是派人暗杀了赵盾。人们奋起反抗，将穷凶极恶的晋灵公杀死。"人非圣贤，孰能无过"即出于此，意指一般人不是圣人和贤人，谁能不犯错误？错了能够改正，没有比这更好的了。

国

甲骨文	金 文	篆 文
叹	國	國　國

字形："或"是"域"和"國"的本字，表示古代诸侯封地而建的、有武力守卫的相对独立的城邦。

演变：囗，既是声旁也是形旁，是"郭"的省略，表示城邑外围武力守卫的护墙。"或"甲骨文表示用武力护卫，当"或"的"疆域"本义消失后，金文再加"囗"另造"國"代替。篆文异体字在"囗"里加"王"，强调"国"是"王的领地"。《汉字简化方案》中的简体楷书"国"中写成"玉"，表示"四境之内皆为王土"。

含义：国家，"故治国无法则乱"（《察今》）；周代诸侯国以及汉以后侯王的封地，"察邻国之政，无如寡人用心者"（《寡人之于国也》）；国都、京都，"则有去国怀乡，忧谗畏讥"（《岳阳楼记》）；地方、地域，"逝将去女，适彼乐国"（《硕鼠》）。

引申："邦"和"国"是有区别的。《周礼·太宰》中曾记录："大曰邦，小曰国。"当时周天子统治的整个"天下"被称为"邦"，其他各个诸侯所管理的地方就叫"国"。

倾国倾城

故事：汉武帝时音乐家李延年诗"北方有佳人，绝世而独立，一顾倾人城，再顾倾人国。宁不知倾城与倾国，佳人难再得。"这位佳人就是他的妹妹，武帝闻此曲后，遂纳其妹为妃，即史上所称的"李夫人"。李夫人貌美如花，通音律，善歌舞，很受武帝宠爱。后因病重，武帝时常前往探望，而李夫人怕有损在武帝心中的美好形象，始终背对武帝。李夫人死后，武帝很长一段时间都对她怀念不已。"倾国倾城"现形容女子容貌十分漂亮、艳丽。

果

字形：一说为会意字，从田从木。"田"指"粮食"，"木"指"木本植

甲骨文		金文	篆文

物"。"田"与"木"联合起来表示"树木上面长出来的可以填饱肚子的东西"。二说为象形字即甲骨文的构字法"一棵果树"演变而来。

字源：先民为温饱而战，最初采集野果而食，后从自然变化中懂得农业种植，开辟田地种植农作物取代野果。

含义：本义是果实，如"凡长安豪富人为观游及卖果者，皆争迎取养"（《种树郭橐驼传》）；成为现实、实现，如"未果，寻病终"（《桃花源记》）；充实、饱，如"三餐而反，腹犹果然"（《庄子·逍遥游》）；坚决、果敢，"言必信，行必果"（《论语·子路》）；果真、果然，"骊姬果作难，杀太子而逐二公子"（《国语·晋语一》）；究竟，如"夫当今生民之患果安在哉"（《教战守策》）。

引申：民以食为天，最初的祭祀以献食为主要手段。鲜嫩的果品在民间祭祀是常用的祭品，佛教传入中国后，"斋祭"中果品更丰。在诸多食物中，尤以肉食为最。古代用于祭祀的肉食叫"牺牲"，指马、牛、羊、犬、鸡、豕（猪）等，后被世人称为"六畜"，鱼兔野味也用于祭祀但不属于"牺牲"。古代祭祀所用牺牲，行祭前需先饲养于牢，故这类牺牲称为"牢"；根据牺牲搭配种类不同有太牢和少牢之分。天子祭祀社稷用太牢，指牛猪羊各用一头；诸侯祭祀用少牢，指猪羊各一头。

掷果盈车

故事：《世说新语·容止》有个"掷果盈车"的故事，西晋时的潘安人长得很美，驾车走在街上，连老妇人也为之着迷，把水果往潘安的车里丢，都将车丢满了。比喻女子对美男子的爱慕与追捧。

归

甲骨文	金 文	篆 文
𣄰	𠂤	歸

字形：归，会意字。字形由"帚""止"作偏旁，"𠂤"（堆的本字）作声旁。"帚"是"妇"的简体，大意为妇止，即表示出嫁。

字源：甲骨文意为边远势力停止战争向中央朝廷归顺，篆文意为女子出嫁。古代女子把夫家作为自己的家，女子出嫁就是回到家，即顺从丈夫。

含义：本义表示女子出嫁，"之子于归，宜其室家"（《诗经·周南·桃夭》）；后引申出"返回，回去"，"妇人生以父母为家，嫁以夫为家，故谓嫁曰归"。古人认为夫家才是女子自己的家，从娘家来到夫家，犹如返回自己的家，所以"归"是回去的意思；用于物品则表"归还"，如"臣请完璧归赵"（《史记·廉颇蔺相如列传》）；还可表示"结局，归宿"，如"天下同归而殊途"（《周易·系辞》）；也可表"死亡"，如"当时虽觭梦幻想，宁知此为归骨所耶？"（袁枚《祭妹文》）；此外，依古代礼制"既嫁从夫"，"归"含有"顺从，依附"的意味，以此又引申为"归向，归聚"，如"众士慕仰，若水之归海"（《资治通鉴》）；又或"归依，归附"，如"樊将军以穷困来归丹"（《荆轲刺秦王》）；称赞、称许，如"一日克己复礼，天下归仁焉"（《论语》）。

引申：归宁，古时流传下来的礼俗，又可称为做客、返外家（闽南语用法）或三朝回门，是指新婚夫妻在结婚的第三日，携礼前往女方家里省亲、探访，女方家人此时亦须准备宴客（通常于中午，称作归宁宴或请女婿）。新婚夫妇或当日返回，或留住数日，若留住时，则不同宿一室。归宁为婚事的最后一项仪式，有女儿不忘父母养育之恩，女婿感谢岳父母及新婚夫妇恩爱和美等意义。

返璞归真

故事：返璞归真，意为去掉外饰，还其本质，比喻恢复原来的自然状态。出自《战国策·齐策四》："归真反璞，则终身不辱。"意思是，人们若能像璞那样回到其本来的自然形态，恢复其纯真的本来面目，便终身都不会受到毁誉羞辱。

盖

字形： 盖，形声字，从艸，从盍，盍亦声。"盍"意为"皿中食物已散去"，即"皿空""空皿"。"艸"指干草编织物。"艸"与"盍"联合起来表示"以干草编织物遮盖空器皿"。

金　文	篆　文

本义作名词，用芦苇或茅草编成的覆盖物。

字源： 古人的盖子最初用植物编织而成，后才有陶器，现代人仍在使用草编的盖子。

含义： 本义是用草编的覆盖物，引申为器物的盖子，如"庭有枇杷，吾妻死之年所手植也，今已亭亭如盖矣"（《项脊轩志》）；又可以指车盖，如"日初出大如车盖"（《两小儿辩日》）；作动词，遮蔽、掩盖，如"枝枝相覆盖"（《孔雀东南飞》）；从上往下盖，也就是胜过、超过的意思，如"力拔山兮气盖世"（《垓下之战》）；作副词，大概，如"盖其又深，则其至又加少矣"（《游褒禅山记》）；连词，连接上句或上一段，表示推论原因，如"忠志之士忘身于外者，盖追先帝之殊遇，欲报之于陛下也"（《出师表》）；句首语气词，如"盖儒者所争，尤在于名实"（《答司马谏议书》）；通"盍"，何不，如"盖亦反其本矣"（《齐桓晋文之事》）。

引申： 古代车辆上避雨遮阳的车盖也有等级之分，平民乘车只许用青布盖，官吏两百石以下用白布盖，三百石以上用皂布盖，千石以上方可用皂缯覆盖。于是车盖连同冠服合称"冠盖"，也成了仕宦的代称。

倾盖如故

故事： 孔子的嫡孙孔伋随孔子去郯，在路上遇到了一个叫程本子的人，停车交谈，双方一见如故，车盖往一起倾斜。过后，孔子还命自己的学生子路赠送束帛给程本子。后成语"倾盖如故"指偶然结识的新朋友却像友谊深厚的旧交一样。

故

金文	篆文
故	故

字形: 故,形声字,从攴,古声。本义是人为结束老人生命。

字源: 古人医疗条件差,很多病无法医治,很多老人由于身体原因死前不得不忍受痛苦,为了缩短这种痛苦,别人取器械杖击老人,提前结束生命,类似于现代的安乐死。

含义: 缘故,原因,如"扶苏以数谏故,上使外将兵"(《史记·陈涉世家》);事、事故,如明朝宗臣"乡园多故,不能不动客子之愁"(《报刘一丈书》);形容词为过去的、原来的、旧的的意思,如"温故而知新,可以为师矣"(《论语·为政》);可引申为名词,老朋友,如故交、故友;副词有"故意"的意思,如"广故数言欲亡"(《史记·陈涉世家》);动词为老死,死亡的意思,如"目今其祖早故,只有个儿子"(《红楼梦》)。

引申: 故宫位于北京市中心,也称"紫禁城"。这里曾居住过24个皇帝,是明清两代(1368~1911)的皇宫,现辟为"故宫博物院"。故宫的整个建筑金碧辉煌,庄严绚丽,被誉为世界五大宫(北京故宫、法国凡尔赛宫、英国白金汉宫、美国白宫、俄罗斯克里姆林宫)之一,并被联合国教科文组织列为世界文化遗产。

故剑情深

故事: 故剑情深,指不喜新厌旧。汉宣帝刘询本来是个平民,后来在霍光等人的极力拥护下得以登基为皇帝。以霍光为首的大臣们都请奏以霍光之女霍成君为皇后,宣帝深爱结发之妻许平君,但迫于霍光的势力,又不好直接拒绝迎娶霍成君。于是他下了一道"寻微时故剑"的诏书,要寻找穷困、没有发迹时的一把旧剑。朝臣们见风使舵,便联合奏请立许平君为后,"故剑情深"便由此而来。

顾

字形： 顾，形声字，从页（xié），表示与头有关，雇声。"顧"的本义是每年迁徙的候鸟定期来访，主人给水喂食，用心照看。

字源： "雇"是"顧"的本字，"雇"由户和鸟两个部件构成，表示迁徙的候鸟天鹅降落家园。在天人合一的思想普遍流行的远古时代，纯朴的先民将"人"字阵型迁徙的候鸟视为神物加以崇拜，相信它们有特殊而神奇的力量，每当候鸟访问家园，则给水喂食，用心照看，以确保候鸟短暂休整之后可以继续远徙。"雇"的"来访、照看"本义消失后，篆文加"页"造"顧"代替，"页"表示与头相关，这里强调用脑、用心。

含义： 回头看，"荆轲顾笑武阳"（《荆轲刺秦王》）；看，"拔剑四顾心茫然"（《行路难》）；关心、照顾，"三岁贯女，莫我肯顾"（《诗经·硕鼠》）；表轻微转折，只是、不过，"吾每念，常痛于骨髓，顾计不知所出耳"（《荆轲刺秦王》）；反而、却，"人之立志，顾不如蜀鄙之僧哉？（《为学》)"

引申： 顾命大臣是指帝王临终前托以治国重任的大臣。中国历史上从秦朝的赵高开始，一直有"顾命大臣"摄政一说。摄政，是指代替皇帝掌管朝政的人，他（她）可能是太后、皇后，也可能是摄政王、外戚权臣、辅政大臣，其权势应在当朝皇帝之上，甚至可以决定皇帝的废立。能被选中做"顾命大臣"的人，才能、品德一般都是文官中的翘楚，再加上没有裙带关系做后台，他们一般都比较小心谨慎，整体表现远好于外戚。

周郎顾曲

故事： 三国吴周瑜字公瑾，是孙权手下的重要将领，年二十四即任建威中郎将，时人呼为"周郎"。他年轻时曾专心研究音乐，造诣颇深，即使饮酒微醉之时，如果所奏曲子有误，他也能听出来，一定回头去看奏曲的人。因而当时人传语："曲有误，周郎顾。" 周郎顾曲，原指周瑜精于音乐，后泛指精通音乐戏曲的人。

固

金 文	篆 文
固	固

字形：固，形声字，从囗（wéi），"围"的古体字，像四周围起来的样子，四周阻塞不易进出，古声，本义是坚、坚固。

字源：古人防守要么借助天险，如大江、高山等；如果没有天险，就需修筑防御工事，把四周围起来，敌人就不易进入。

含义：坚固，特指地形险要和城郭坚固，"秦孝公据殽函之固，拥雍州之地"（《过秦论》）；褒义引申为坚决、坚持，"蔺相如固止之"（《廉颇蔺相如列传》）；贬义引申为固执、顽固，"汝心之固，固不可彻"（《愚公移山》）；还引申为固定、稳固，"君臣固守以窥周室"（《殽之战》）；鄙陋，"鄙人固陋，不知忌讳"（《上林赋》）；本来，"人固有一死"（《报任安书》）；通"故"，所以，因此。

引申：清代段玉裁解释《说文解字》的"固"："国所依阻者也。国曰固。野曰险。"固与险不同：固，是人的行为而导致的结果，城池稳固靠的是人去修建，而非借助自然天险；险，是山路自身的属性而非人为。三国时的东吴依靠长江来抵御北方的曹操，这只能说据险而守。

固若金汤

故事：固若金汤一词，源自于《汉书·蒯通传》："边城之地，必将婴城固守，皆为金城汤池，不可攻也。"词语中的"金汤"，就是指金汤寨。商朝时，这里叫小金庄，是北部边界的军事要寨。驻守大将名叫金汤，因城防坚固，易守难攻，因而长期安定，经济繁荣。商王为表其功，依据大将的名字和小金庄三面环水之势，命名此处为金汤寨，并赞扬说："大商边防均固若金汤大将所守村寨，将万世无忧。"后经逐步演变，"固若金汤"就用来形容城防坚固，牢不可破。

观

字形："雚"是"觀"的本字。甲骨文"雚"画的是一只大鸟，夸张醒目的"眉毛"下面睁着两只大眼睛，整个字形类似猫头鹰的大眼睛之

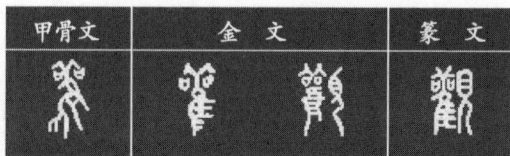

甲骨文	金 文	篆 文

类的猛禽。造字本义是猫头鹰瞪大锐利的眼睛警觉察看。"雚"的"大眼睛猛禽瞪大眼睛察看"本义消失后，有的金文加"见"另造"觀（观）"代替，强调猛禽夸张的大眼"无所不见"的洞察力。

字源：鸟的感官灵敏度远超于人，一有危险即飞走，人们希望自己也能像鸟那样具有敏锐的观察力。

含义：仔细看、看、观察，如成语"察言观色"，留意观察别人的话语和神情，多指揣摩别人的心意；观赏或值得观赏的景物或景象，"而世之奇伟、瑰怪、非常之观，常在于险远"（《游褒禅山记》）；认识、看法，如"观点"；各种建筑物，如宗庙或宫廷大门外两旁的高建筑物、宫廷中高大华丽的楼台、道教的庙宇等。

引申：观占，即占卜，原始民族对于事物的发展缺乏足够的认识，因而借由自然界的征兆来指示行动。但自然征兆并不常见，必须以人为的方式加以考验，占卜的方法便随之应运而生。通过微观与宏观的联系为原理，用龟壳、铜钱、竹签、纸牌或占星等手段和征兆来推断未来的吉凶祸福，为咨客分析问题、指点迷津。

隔岸观火

故事：乾康和齐己都是唐朝的僧人。齐己在湘西道林寺时，乾康前去拜会。门人说："和我师父交往的都是会作诗的人，请作一首绝句作为门刺。"乾康说道："隔岸红尘忙似火，当轩青嶂冷如冰。烹茶童子休相问，报道门前是衲僧。"人们从中引申出成语"隔岸观火"，隔着河看别人忙碌，比喻对别人的危难不去帮助，在一旁看热闹。

孩

篆 文

字形: 孩,会意字。甲骨文在"人"的头部加一横指事符号,表示头重脚轻的婴孩。有的甲骨文在婴孩的颈部再加上指事符号,表示发声的喉部。

字源: 起初没有"孩"这个字,它是从"咳"字分化来的,《说文解字》里"咳"的解释是"小儿笑也",而孩的解释是"古文'咳',从子",小孩总是"咳咳"地笑,所以就用"咳"来表示孩子。在早期,咳和孩是同一个字的不同写法,都表示孩子。后来咳才改为指咳嗽。

含义: 本义指幼儿在未学会语言之前,从喉部发出清亮的"呵呵"笑声,如"婴儿之未孩"(《老子》);也指抚养,如"明罚以纠诸侯,申恩以孩百姓"(《北齐书》);也有幼小,幼稚的意思,如"孩,少也"(《广雅》);还指幼儿,如"生孩六月,慈父见背"(《陈情表》)。

引申: 古代对孩子的称谓丰富,如赤子,刚生的婴儿,比喻热爱祖国,对祖国忠诚的人;襁褓,未满周岁的婴儿;孩提,初知发笑尚在襁褓中的幼儿;总角,代指人的幼童阶段;童龀(chèn),指人的儿童少年时期。

倒绷孩儿

故事: 宋仁宗时期,有个叫苗振的读书人,科举考试考中了第四名,不久朝廷又召他来考"史馆"一职,朝丞相晏殊让他温习功课,苗振说岂有做了老娘三十年却"倒绷孩儿"的,结果苗振在考试中把"普天之下,莫非王土"写成"普天之下莫非王"而落选。苗振见到晏殊时觉得十分羞愧。"倒绷孩儿"指接生婆把初生婴儿裹倒了,比喻一向做惯了的事因一时疏忽而弄错了。

还

字形: 还,甲骨文。表示被发配边境的犯人对家乡眷念回望。金文省去甲骨文"方",用"罢"代替甲骨文,强调远行者"眷念回望"含义。

甲骨文	金 文	篆 文

演变: 篆文承续金文字形。隶书将篆文的"辵"写成"辶"。俗体楷书依据草书字形将正体楷书的"罢"简化成"不"。

含义: 本义作动词,还顾、还视,离家远行者眷念回望,音huán,如"肆行非度,无所还忌"(《左传·昭公二十年》);作动词,往回走,回家,如"还部白府君"(《玉台新咏·古诗为焦仲卿作》);还有回归原处之意,归属原主;回复,回应。作副词,表示多种时态和语气,音hái,如"往往取酒还独倾"(《琵琶行(并序)》)。

引申: 《国风·齐风·还》是中国古代第一部诗歌总集《诗经》中的一首诗。这是一首猎人互相赞美对方的小诗。全诗三章,每章四句,第一句四言,第二句七言,后两句六言并都用"兮"字结尾,读起来轻快爽利,犹如猎人矫健的身手。

买椟还珠

故事: 有一个在郑国卖珠宝的楚国人,他用名贵的木兰雕了一只装珠的匣子,将盒子用桂椒调制的香料熏制,用珠宝点缀,用美玉联结,用翡翠装饰,用翠鸟的羽毛连缀。有个郑国人把匣子买了去,却把匣子里面的珠子还给了他。"买椟还珠"后用来形容目光短浅,取舍不当的人。

寒

甲骨文	金　文	篆 文

字形:寒,会意字。金文外面是"宀"(mián),即房屋,中间是"人",人的左右两边是四个"草",表示很多,下面两横表示"冰"。整个字形,像人踡曲在室内,以草避寒。

字源:寒冷是一种感觉,人们虽能感觉到,但是却看不见。于是古人就用"宀""人""茻""仌"四个字符创造"寒"字,用它来表示天气寒冷。

含义:"寒"字的本意为寒冷,如"寒,冻也"(《说文解字》);后也引申为"贫困"之意,如寒门薄宦(穷家小吏)、寒畯(贫寒的读书人);"寒"常常出现在诗赋文章中,被赋予"冷清"之意,如寒山(冷落寂静的山,寒天的山);也常常作谦词用于自我介绍,如寒第(对自己家的谦称)。

引申:寒食节。据史籍记载:春秋时期,晋国公子重耳为躲避祸乱而流亡他国长达十九年,大臣介子推始终追随左右、不离不弃,甚至"割股啖君"。重耳励精图治,成为一代名君——晋文公。但介子推不求利禄,与母亲归隐绵山,晋文公为了迫其出山相见而下令放火烧山,介子推坚决不出山,最终被火焚烧而死。晋文公感念忠臣之志,将其葬于绵山,修祠立庙,并下令在介子推死难之日禁火寒食,以寄哀思,这就是"寒食节"的由来。

寒窑爱情

故事:唐朝时,宰相王允的三女儿王宝钏反抗封建婚姻争取婚姻自由,忠于爱情,在寒窑苦守十八年,受尽人间苦难,终于等到丈夫薛平贵荣归长安与她团聚。王宝钏故事深受老百姓喜爱、同情和敬仰,体现了中华民族文化传统美德。

旱

字形： 旱，会意字。"日"像一个太阳，"干"含有干燥的意思，"日"在上，"干"在下，表示持久照射的太阳使大地干枯。

字源： 在古代，天气久晴不下雨，会妨碍庄稼的生长，"干"表示妨碍的意思，"旱"就表示维持长久烈日无雨的天气，影响生产生活。

含义：《说文解字》："旱，不雨也。"旱的本意是久晴无雨的，现也意为无水的，不需要水的，如旱冰、旱烟、旱鸭子。

引申： 把"旱"字下部分的"干"替换成"者"，就变成了"暑"字。"者"即为"煮"，"暑"的意思为天热如煮，即天气灼热。酷暑的天气容易出现旱情。

旱魃为虐

故事： 神话传说中，蚩尤经过长期准备，向黄帝发起攻击。黄帝派长着翅膀的应龙发动滔天洪水围困蚩尤，还派了天女魃参战。魃身穿青衣，能发出极强的光和热。一番大战之后，黄帝终于擒杀了蚩尤。应龙和魃建立了奇勋，但也丧失了神力，再也不能回到天上。应龙留在人间的南方，从此南方多水多雨。而魃留居北方，从此北方多干旱，她无论走到哪里，都被人们诅咒驱逐，称为"旱魃"。

好

甲骨文	金 文	篆 文

字形：好，会意字。其字形是相拥的"女"字和"子"字。"女"者，女子也；"子"者，男子也。在甲骨文中，男女亲密相处，相悦相求，便是"好"。

字源：上古时期，黄帝为了制止部落"抢婚"事件，专门挑选了品德贤淑、性情温柔、面貌丑陋的丑女（封号嫫母）作为自己第四妻室。人们听了议论纷纷，十分不解。唯有风后、仓颉理解黄帝的用意。于是仓颉连夜给黄帝造了一"好"字。他说，男子和女子不论长相如何，只要情投意合，天长日久，便是"好"。

含义：《诗经·周南·关雎》"窈窕淑女，君子好逑"中的"好"字就是"男女之间，相悦相求"，因而"好"字便有了美好幸福的意味；同时，"好"也表现了女子的美丽。子曰："敏而好学，不耻下问"（《论语·公冶长》），意思是不以向地位、学问较自己低的人请教为耻，形容谦虚好学。故而好也有喜好，爱好的含义。

引申："好"，与"好"形近，同样有着美丽、聪慧的意思。"婕妤"，汉代宫中女官名，也是帝王妃嫔的称号，一直沿用到明代。

一床两好

故事：古代毗陵有一个成郎中，其貌不扬而脸上有许多胡须。准备再娶时，岳母看不起他，取笑他说："我女菩萨乃嫁一麻胡！"要他作诗，成郎中立即写道："一床两好世间无，好女如何得好夫。高卷珠帘明点烛，试教菩萨看麻胡。"后用"一床两好"比喻夫妇两人情投意合。

和

字形：和，形声字。是由代表说话的"口"以及代表吹奏多管的排笛，造成谐音振的"禾"构成。表示不同人的言论相呼应、协调和拍。

金 文		篆 文

字源：最早的文字记载是甲骨文，在早期甲骨文中，"和"作"龢"。"和"源于"龢"，又源于"龠"。"和"字的产生乃源于上古的乐器及音乐。"和"是从古代乐器及其演奏的音乐中发源的。这一点亦可从中国古代的音乐理论和儒家的"乐教"中看出端倪。

含义：不同声音、言论交相呼应，协调合拍，如"倚歌而和之"（《前赤壁赋》）；协调的，无冲突的，如"君子和而不同"（《论语·子路》）；与，跟，表示并列，如"八千里路云和月"（《满江红》）；连同，共同，如"数声和月到帘栊"（《捣练子·秋闺》）。

引申：《论语》有说"礼之用，和为贵"。以和为贵是自古以来的处世智慧。和为贵，乃中国文化的优秀传统和重大特征。佛教反对杀生，主张与世无争；道家倡导"不争"，以"慈""俭""不敢为天下先"为"三宝"；墨家主张"兼相爱，交相利"，尤其反对战争。

曲高和寡

故事：有一次，楚襄王问宋玉："先生最近有行为失检的地方吗？为什么有人对你有许多不好的议论呢？"宋玉若无其事地回答说："引商刻羽，杂以流徵，国中属而和者，不过数人而已。是其曲弥高，其和弥寡。"意为引其声音为商音，压低其声为羽音，夹杂运用流动的徵声时，都城里跟着应和的不过几个人罢了。这样看来，歌曲越是高雅，唱和的人也就越少。这便是"曲高和寡"的出处了，它比喻言论或作品不通俗，不能为多数人所了解或欣赏。

何

甲骨文	金　文	篆　文

字形：何，会意字。在甲骨文中，其字形非常形象，是士卒肩扛戈戟，在盘问过路的行人。因此"何"常作为疑问词。

字源：在中国古代社会，人们以农耕为主，人们手握锄具，用肩扛锄，向前走去，这便出现荷。而何是荷的古字，故何字出现，有负荷之意。

含义：何的本义是士卒盘问过路的行人，只见于古文，其词性为动词，如"信臣精卒陈利兵而谁何"（《过秦论》）；除此之外，"何有于我哉？"（《论语》），意思是"哪一点我有呢？"这里何用作疑问代词，哪一点；何也作疑问副词，如"拔剑割肉，壹何壮也"（《汉书·东方朔传》）。

引申："何"总让人想起"奈何"一词，表达一种无奈的情感。"无可奈何花落去"：对春花的凋落感到没有办法。形容留恋春景而又无法挽留的心情，后来泛指怀念已经消逝的事物的惆怅心情。

奈何桥

故事：奈何桥，说的是人死后要经过黄泉路，投胎转世要经过奈何桥，奈何桥上有位慈祥的老奶奶叫"孟婆"，不停地在煮着一锅以"遗忘"为调料的汤。凡是要投胎转世的人必须喝下孟婆煮的汤，喝了这碗孟婆汤，就会将前世的一切忘得干干净净。所以，人总是不记得上辈子的事。还有传说，那碗孟婆汤的汤料为转世投胎的人所流下的这一世的眼泪，所饮时将前尘往事一一尝过，然后便会遗忘。

亨

字形: 亨,象形字。在甲骨文中,其字形像一座高

甲骨文	金 文	篆 文

大的台基,然后在台基上建有宫殿里才有的殿堂形状。这种建筑象征祭祖用的宗庙。

字源: 古代社会,社会的生产力低下,君王百姓敬畏自然天神,因此他们祭献神祖,以求安宁。而祭祀神祖必须烧制祭品,而"亨"字就是煮烧食品奉献给祖神东西,所以它又像个盛装食物的器皿。

含义:《周易·乾》"元亨利贞"中的"亨"字就是"通达"之意。古人用"亨"字来表示烧制食物祭祀神祖,由鬼神来享用祭品,则说明人与鬼神相通,因此有"通达、顺利"之意,比如"万事亨通"。

引申: "烹",在"亨"字上加了个表义符"火"字,即在下面四点而写作"烹"。后用"烹"专门表示煮食物。《史记·韩信传》记有"狡兔死,猎狗烹。高鸟尽,良弓藏。敌国破,谋臣亡"。

神宗选年号

故事: 相传宋神宗在选择年号的时候,有大臣以"丰亨"进献,宋神宗却认为不尽人意,主要是"亨"字。他说:"'亨'者,为子不成,何论江山?"他的意思是说:"亨"字下半部分是个"了"字,这"了"字少了一横,成不了"子"字。"为子不成",也就是断绝子孙,后继无人啊。

衡

金　文	篆　文
(字形)	(字形)

字形： 衡，会意字。"衡"在金文中由"行"字中间一个人上举着一个装货物的包裹，表示将东西带到集市。

字源： 古人运送物品方式简单，用人或牲畜驮运。"衡"一说为人运送物品，另一说借助牛运送物品，牛角有时易伤人，所以在牛角上绑一横木。

含义： "衡"的本义是横木，如"秋而载尝，夏而福衡"（《诗经·鲁颂》），"加之以衡扼"（《庄子·马蹄》）；又有秤杆，秤之意，如衡石、衡库、衡玑、衡鉴、衡权等，再如"衡不同于轻重"（《韩非子·扬权》）；作动词时意为称量，如"犹衡之于轻重也"（《礼记·经解》）；还有衡量，评定之意，如"衡之于左右"（《淮南子·主述训》）；"衡"也有违逆的意思，如衡命即为违抗命令，而衡道即指违背道义；作形容词时通"横"，有蛮横之意，如"一人衡行于天下，武王耻之"（《孟子·梁惠王下》）；或通"横"，梗塞，不顺之意。

引申： 在古代，台衡是三台星和玉衡星的合称，它们都在紫微星（帝座）之前，故用以比喻宰辅重臣。如"不逾十稔居台衡，门前车马纷纵横"（白居易《劝酒》）。

荆衡杞梓

故事： 荆衡杞梓，原意为荆山、衡山上的好木材。西晋文学家陆机、陆云出身名门，祖父陆逊为三国名将，父亲陆抗死时陆机14岁，与其弟陆云分领父兵。陆机20岁时，吴亡，陆机与陆云隐退故里，十年闭门勤学。晋武帝太康十年，陆机和陆云来到京城洛阳，时任太常的著名学者张华颇为青睐，于是二陆名气大振。时有"二陆入洛，三张减价"之说，《晋书·陆机陆云传论》中有"观夫陆机陆云，实荆衡之杞梓，挺珪璋之秀实，驰英华于早年。"后"荆衡杞梓"引喻为优秀的人才。

鸿

字形：鸿，形声字，鸿字由江和鸟组成。"江"本指"人工水道"，特指鲁西地区一带的水系。"鸟"与"江"联合起来表示"沿着鲁西地区五湖水系南北迁徙的大雁"。故鸿的本义为雁。

甲骨文	金文	篆文

演变：鸿在甲骨文中写法表示大型鸟类，在金文至隶书中写法有差别，但意义相同。而在楷书中开始出现"水"偏旁，表示可越过大江大川的大型飞禽。

含义：鸿的本意作名词，为大雁，高飞迁徙的大型飞禽，如"燕雀安知鸿鹄之志哉"（《史记·陈涉世家》）；作形容词，巨大的，如"谈笑有鸿儒，往来无白丁"（《陋室铭》）。

引申："来鸿"，由鸿雁传书引申而来，来鸿就是来信。鸿雁是大型候鸟，每年秋季南迁，常常引起游子思乡怀亲之情和羁旅伤感。鸿雁传书指通信，也有以鸿雁来指代书信。

鸿鹄高飞，一举千里

故事：出自西汉司马迁《史记·留侯世家》，意思是天鹅高高飞翔，一飞千里，指人有雄才大略。西汉时期，刘邦当上皇帝后立吕后的儿子刘盈为太子，因为宠幸戚夫人而想改立刘如意为太子。吕后听从张良的主意，让太子刘盈请出商山四位贤士。刘邦看到太子有商山等四位贤士辅佐，羽翼已成，对戚夫人唱道："鸿鹄高飞，一举千里。羽翮已就，横绝四海。"于是打消了另立太子的念头。

侯

甲骨文	金文	篆文
（字形）	（字形）	（字形）

字形： 侯，象形兼会意字。在甲骨文字中，其形由两部分组成，上面是"厂"字形符号，形似一顶帐篷；下面是径直射向帐篷的箭，表明这帐篷就是用来射箭的"箭棚"。

字源： 最早人们练习射箭时，将箭射在山壁上，然后逐渐诞生了箭靶，"侯"字也随之产生。

含义： "侯"作名词时的本义是箭靶，如"终日射侯，不出正兮"（《诗经·齐风·猗嗟》）；也可以是"矢"与"厂"联合起来表示"一箭之程"，意思是以箭程确立新建诸侯国的四至，即四境；作动词时，义为"封侯"，如"俾侯于鲁"（《诗经·鲁颂·閟宫》），意即封（其）为鲁侯。

引申： "候"，"侯"字最初用作动词表示在山崖林间埋伏狩猎，加上"亻"（人），就是"候"，即一个人躬身拿着箭矢等待时机，表达等待之意。"侯"后来也变成了官职的等级。《礼记·王制》："王者之制禄爵，公、侯、伯、子、男凡五等。"大意是：天子制定的俸禄和爵位，共分为公、侯、伯、子、男这五等。

王侯将相宁有种乎

故事： "王侯将相宁有种乎"语出《史记·陈涉世家》。公元前209年7月，陈胜、吴广等九百人被朝廷征调去戍守渔阳，因天下大雨误期，按照秦朝法令都要斩首，于是陈、吴号召众戍卒，以"王侯将相宁有种乎"掀起了我国历史上一次大规模的农民起义，这就是著名的大泽乡起义。

乎

字形：乎，会意字。字的下部表声，上部是三竖画，代表吹奏的气流通过号角发

甲骨文	金文	篆文
乎	乎	乎

出的声音，是声音的上扬。与"兮"字只有微小差异。

字源：甲骨文"乎"由三竖和"丂"字组成，"丂"字是橡子上挂东西的绳子的象形表示，三竖代表东西散落，整个字说明绳子上挂的东西散落在地上，它由此成为叹词。人们对于绳子上的东西散落必然有疑问，由此产生疑问的含义。挂在绳子上的东西掉下来，对于人来说是不同寻常的事，由此产生"对于"的含义。"乎"字就在表达这些含义的背景下产生。

含义："乎"本义是吹号示警，招集部落，由"呼"代替。也可用在句末，表示疑问或感叹语气，"学而时习之，不亦说乎"（《论语》）；亦可作介词，作用与"于"相当，表示在、被、比，"吾独穷困乎此时也"（屈原《离骚》）；还可用作动词、形容词的词缀，凑足双音节，"宜乎众矣"（《爱莲说》）。

引申：在中国古代，号角吹不出任何声音叫"丂"；号角吹得"嘘嘘"无力叫"兮"；号角高亢并紧急叫"乎"（"呼"，部落紧急召集的号角）；号角吹得音调悠长、稳定、没有起伏变化叫"平"。

运用之妙，存乎一心

故事：《宋史·岳飞传》记载，1125年，金兵在灭了辽国后，大举南侵，渡过黄河扑向宋都汴京，岳飞奉命率军迎敌。由于岳飞机智善战，多次挫败金兵，副元帅宗泽送他一幅古阵图。岳飞婉转地说："阵而后战，兵法之常，运用之妙，存乎一心。""运用之妙，存乎一心"的意思是在战争中，指挥作战要灵活地运用战略战术，而其中的巧妙，就是善于思考和判断。

胡

金　文	篆　文
古月	胡

字形：胡，形声字。"古"既是声旁也是形旁，拟声词"咕"的省略，即"咕咕"响，"月"（肉）代表喉咙，意为动物从喉咙里发出含混的声音，也指兽颈下的垂肉。

字源：古人发现声音从颈部发出，那种含糊的声音即为"胡"。有时牛的喘息声很响，人们由牛颈下垂的肉联想到那种含糊的声音。

含义："胡"泛指古代来自北方和西方少数民族的东西，"胡琴琵琶与羌笛"（《白雪歌送武判官归京》）；随意乱来，如胡说、胡闹、胡扯；作疑问词，意为为什么，何故，如"田园将芜胡不归"（《归园田居》）；古代可指兽类颈下垂肉，如"狼跋其胡，载疐其尾"（《诗经·豳风·狼跋》）。

引申：湖。"湖"以"胡"为声旁，"水""胡"为形旁。"胡"字从古从肉，意为"古人身体上长满了毛发"，引申为"人脸面上的须发"。"水"与"胡"联合起来表示"水面充满了像胡子般的水草"。

胡服骑射

故事：根据《史记》记载，赵武灵王召肥仪商议，决定励行改革，推行胡服骑射，改变军队中宽袖的最初正规军装，逐渐改进为后来的盔甲装备。赵国所用的"胡服"，因为衣短袖窄，类似于西北戎狄之服，所以被俗称"胡服"。"胡服骑射"减弱了华夏民族鄙视胡人的心理，增强了胡人对华夏民族的归依心理，缩短了二者之间的心理距离，奠定了中原华夏民族与北方游牧民族服饰融合的基础，进而推进了民族融合。

壶

字形：壶，象形字。字形像圆形盛器的样子，采用"大"作偏旁，"大"像盛器的盖子。

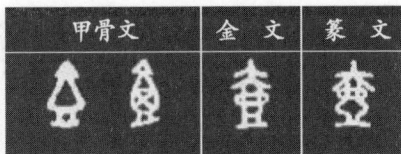

字源：壶的产生年代很早，甲骨文上就已经发现壶字。壶在诞生之初是陶器的一种，有盛水、盛酒之用，后来发展为铜器，兼作一种盛酒的礼器，有圆壶、方壶两种。在历史发展中，"壶"也成为盛放液体的大肚器皿的代称，发展出汤壶、喷壶、油壶等有别于水壶的器皿。

甲骨文	金文	篆文

含义：本义指古代盛器，如"箪食壶浆"（《三国志·诸葛亮传》），"炉上有壶"（《核舟记》）；也指古代滴水计时的器具，如"狄人出壶"（《礼记·丧大记》）；同时也通"瓠"，瓠瓜，也叫葫芦，"七月食瓜，八月断壶"（《诗经·豳风·九月》）。

引申：投壶。来源于射礼，在一些宾主宴乐之地，由于客观条件而不便在厅室进行射箭，便采用以手投箭入壶、用壶代替箭靶的游戏方式。《醉翁亭记》中"射者中，弈者胜"的射指的就是"投壶"这个游戏。

扣壶长吟

故事：《晋书·王敦传》有这样一段记载，晋朝才子王敦怀才不遇，不得志时经常在酒后吟唱曹操"老骥伏枥，志在千里，烈士暮年，壮心不已"的诗句，边吟诵边用铁如意敲唾壶，以此来抒发自己的不平心情，时间一长唾壶全都缺了边。"扣壶长吟"由此而来，后借指抒发壮怀或不平之气。

户

甲骨文	篆　文

字形： 户，象形字。甲骨文中，其字形像一块有转轴的木板，是门的一半，指的是装在建筑出入口、可以开关的单扇门板。一般房间的入口只有单扇门板，大厅的入口才有两扇门板。

字源： 远古时期，人们刚刚学会搭建简易的住房，为了防止野兽的侵害并且保护自身的安全，于是便发明了用树枝，木棍，草梗等做成栅栏门，但这种门不够严实，后随着生产力的提高，特别是贫富分化后，有钱人便将其改成了结实的双扇门。

含义： 本义是指门，如"当户理红妆"（《木兰诗》）；又指住户，如"千门万户曈曈日，总把新桃换旧符"（《元日》）；也可指屋室，如"户庭无尘杂，虚室有余闲"（《归园田居》）；还可以作为量词，用以计算户数。

引申： 户与门有所区别，"户"指的是单扇门，而"门"则是指双扇门。在古时，书中所说的豪门、侯门都是指统治阶级，而猎户、农户指劳动人民，门户之间有明显差别，"门户之见"便是这个意思，如"朱门酒肉臭，路有冻死骨"中的"门"便不能更改为"户"，直到明代，它们的差别才淡化。

三户亡秦

故事： 《史记·项羽本纪》记载，秦朝末期，项梁率军攻秦。范增去拜见项梁说："秦灭六国，楚国最冤，楚南公说过楚国即使只剩下三户人家都会报仇雪恨消灭秦国的。"于是项梁立楚怀王的孙子熊心为楚怀王，得到楚人的拥护而迅速壮大实力，后覆灭秦国。后用"三户亡秦"比喻正义而暂时弱小的力量，对暴力的必胜信心。

华

字形："华"是"花"的本字，金文的字形像一朵花的样子，小篆以后开始加"草字头"。

甲骨文	金 文	篆 文

演变：金文中，它的上半部分就像花儿的形状，下半部分是表示"花蒂"或"花茎"。小篆的形体沿袭了金文形体而来。楷书的繁体"華"字发生了讹变，由原来的象形字变成了上加"艹"的形声字。"华"是现在通行的简化字。

含义："华"的本义是花，如"桃之夭夭，灼灼其华"（《诗经·周南·桃夭》）；华丽，光彩美丽，如"服章之美，谓之华"（《春秋左传正义》）；灰白的，如"故国神游，多情应笑我，早生华发"（《赤壁怀古》）；光辉，光彩的，如"日月光华，旦复旦兮"（《尚书大传·卿云歌》）。

引申：古籍中将"华""夏"作为中原，称四方为"夷蛮戎狄"，"华夏"最初仅为一文化概念，也是周王朝的自称，汉代以后逐渐成为九州及汉民族的代称，带有民族概念。

华亭鹤唳

故事：华亭鹤唳，表现思念、怀旧之意；亦为慨叹仕途险恶、悔入仕途、人生无常之词。西晋时，陆机文采出众，为一代名士。成都王司马颖爱才，重用陆机，讨伐长沙王司马乂时，用陆机为主帅，统领兵士二十余万。陆机请辞，成都王不允。部将见这个南方主帅书生气十足，都不服从调配，加上陆机缺乏作战经验，结果损兵折将，大败而归。有人趁机诬陷陆机与长沙王有勾结，成都王于是派人抓捕陆机。陆机闻讯，苦笑脱去战袍，感慨道："欲闻华亭鹤唳，可复得乎？"于是平静地接受极刑。

画

甲骨文	金　文	篆　文

字形：画，象形字。繁体"畫"，上面是"聿"（yù），像以手执笔的样子，是"笔"的本字；下面像画出的田界。整个字形，像人持笔画田界之形。

字源："画"由金文转化而来。"象田四界，聿所以畫之"。远古时期，人类过着以部落为单位的生活，领土的概念并不明晰，部落与部落之间时常爆发战争，"画"便由之诞生：首领之间达成协议，划分疆界，互不侵扰。千年之后，"画"字的本意随历史渐渐淡化、消失了。

含义：画的本意为"划分界线"，如"芒芒禹迹，画为九州"（《左传·襄公四年》）；后来引申为"计策"之意，如"故愿大王审画而已"（《邹阳·上吴王书》）；"画"的常用意为"画形"，如"善画者多工书"（《图画》）。

引申：中国画，是我国传统造型艺术之一。就艺术史而言，民国前的都统称为古画。中国画在古代称为丹青，它体现了古人对自然、社会及与之相关联的政治、哲学、宗教、道德、文艺等方面的认识，是中国古代的四艺之一。

画鬼容易画人难

故事：画鬼容易画人难，指描画鬼怪很容易，刻画人却很难，比喻凭空瞎说很容易，想要有真才实学却很难，需要真本事，出自《韩非子·外储说左上》。战国时期，齐王想找人替自己画像，找了很多人都不如意。后来找到齐国最有名的画工，画工却说他画不好人，只会画别人没有见过的鬼怪。齐王很奇怪，齐国最有名的画工怎么会画不好人，画工解释说："画人最难，画狗和马也不容易；鬼怪最容易画，因为它本身就没有固定的形状，谁也没有见过，所以最容易画。"齐王就让画工画个鬼怪来瞧，果然画工只用了一会儿的时间，就画出一个面目狰狞、张牙舞爪的鬼怪。齐王看后毛骨悚然，深有感悟地说："真是画鬼容易画人难啊！"

患

字形：患，象形字。字形采用
"心"作偏旁，心上一竖贯穿"吕"，
"吕"同时也作声旁。

金 文	篆 文
𢝐	患

字源：来源于"串"。最早的文
字记载是在金文时代，那时的人们为了表达对家人的担心忧虑，造出这个字。是由
代表房屋的"宀"以及门内一个疼痛的人，人下有两只代表抚慰的手构成的。

含义："患"本意是"生病卧床，亲人忧虑"，如"患，苦也"（《广雅》）；引申为
"害怕，担忧"，如"患，忧也"（《说文》），"患秦兵之来"（《史记·廉颇蔺相如列
传》）；还有"绝症、灾难"之意，如"无敌国外患者"（《孟子》）。

引申："患"，不仅仅是一个字，还是中国神话中的一只神兽。《搜神记》记载：
汉武帝东游，未出函谷关，有物当道，身长数丈，其状象牛，青眼而曜睛，四足，入
土，动而不徙。百官惊骇。东方朔乃请以酒灌之。灌之数十斛，而物消。帝问其故。
答曰："此名为患，忧气之所生也。"

肘腋之患

故事：建安十九年，刘备进军围困成都，刘璋的蜀郡太守许靖企图越城投降，
事情败露并未成功。刘璋投降后，刘备因许靖曾经背主而不加任用。法正劝说刘备
以礼相待，刘备听从了他的意见。此时有人向诸葛亮检举法正，诸葛亮回答道："主
公在公安，北方畏惧曹操的权势，东面忌惮孙权的逼近，近处又害怕孙夫人在身边
谋变。"这便是"肘腋之患"的出处。意思是刘备当年狼狈，外患内忧，正是赖有法
正才得以入川建立功业。此时正需法正辅佐，怎能管制法正？后用"肘腋之患"形
容产生于身旁的祸患。

黄

甲骨文	金　文	篆　文
（字形）	（字形）	（字形）

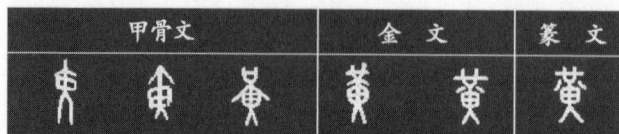

字形：黄，象形字。"黄"的甲骨文字形像佩璜的形状，上部是系，中间是双璜并联形状的饰物，下部为下垂的穗；古汉字中也有"黄"，像是在人身上画了一个圈，指我们的皮肤，表示黄色。

字源：黄河流域是中华文明的源头，土地是黄色，我们是黄种人，黄色成了一种尊贵的颜色。

含义："黄"的本义是指一种佩玉，后来假借用来指像葵花或金子那样的颜色，后期逐渐淡化了"佩玉"的意思，主要用来表示黄颜色；"黄"在某些搭配中也可以表示年幼，如"黄口""黄口小儿""黄毛丫头"；可以表示事情办不成了，如"这事儿黄了"；也可以表示我们的祖先——黄帝。

引申：中国人都是"炎黄子孙"。据说，黄帝族和炎帝族最早居住在陕西。后来，黄帝族定居在河北涿鹿附近。相传，炎帝族和九黎族为了争夺黄河流域中一块肥沃的土地，发生战争。炎帝族战败，向黄帝族求援。从此，黄、炎两族合并，共同战败蚩尤。于是，黄帝族、炎帝族和九黎族三个部落，相互融合，黄帝为我国多民族的共同祖先。

杳如黄鹤

故事：杳如黄鹤，原指传说中仙人骑着黄鹤飞去，从此不再回来。现比喻无影无踪或下落不明。南朝梁任昉《述异记》上记载，荀瓖在江夏黄鹤楼上休息，看见西南方天空中飘来一物，竟然是一人乘着黄鹤而来。荀瓖很高兴，请来宾饮酒，酒罢来宾跨上黄鹤腾空而去，瞬间不见踪影。

皇

字形：皇，象形字。其金文字形看上去像一盏灯，上部是盛油的灯盘，灯盘的三支火焰在往上冒，灯盘下部是个"土"字形的灯座，形态逼真。

甲骨文	金 文	篆 文
𝑦𝑦 𝑦𝑦	𝑦𝑦 𝑦𝑦	𝑦𝑦

演变："皇"的下部分为灯座，上部分为灯光，而小篆字将上部分讹化为"自"，隶书再为"白"。

含义："皇"的本义为"光亮"，拥有诸多引申义。有"辉煌"之义，如"服其命服，朱芾斯皇"（《诗经·小雅·采芑》）；而后又引申为"盛美、庄严"；进而又指"伟大、大"；后也指"君主""皇室"或对神明的敬称，"伏羲、女娲、神农为三皇"（《春秋·元命苞》）。

引申："皇"的本义是"光亮"，但后来被引申为"大"之意，人们就给"皇"增添了一个"火"字旁，写为"煌"，从此，两个字有了明确的分工。

"皇帝"由来

故事：公元前221年，秦王嬴政灭六国，一统天下，创下历史性的丰功伟绩。嬴政认为此举前所未有，如果不改变当时"王"的称号，就"无以称成功，传后世"，于是他让李斯等人研究一下怎么改变称号，以显示自己的丰功伟绩。李斯等人经过商议后报告秦王，上古有天皇、地皇、泰皇，泰皇最贵，可以把"王"改为"泰皇"。秦王经过反复考虑，认为自己"德高三皇，功过五帝"，决定兼用"帝"号，称为"皇帝"。后世也沿用了"皇帝"之号。

或

甲骨文	金 文	篆 文
叶	哉	或	或

字形：或，会意字。在甲骨文中，其字形从口（人口），从一（疆域），从戈（以戈守之），即以戈卫国。

字源：在采猎时期，即在夏禹治水原始农耕之前，还没有固定居所，原始耕作区域是晚上无法保护、也无疆界的无人旷野，人们持戈守卫自己的家人睡觉的地方，即为"或"。

含义："或"由"弋"和"口"组成，"弋"意为"持戈巡逻"，"口"指"国家""四境"，"口"与"弋"联合起来表示"持戈巡逻在边境线上"，因而"或"具有卫国之意，此时读音为yù；边境巡逻，遇到敌情，具有不确定性，故本字在读音为huò时，表示一种"或然性""概然性"的概念，由此从实词转为虚词，衍生出"或许""或者"这一类表示"不能肯定"的词汇。

引申："國"即"国"，就是用"口"划定城邑地域的范围，由"或"和"口"组成，就是用武器保护自己的领地，也就是国家。

寿域千秋

故事：明史记载，有一年陈州训导周冕作《尤寿贺表》，进献皇室，内有"寿域千秋"一词。这本来是句美好的词语，"寿"字表示长命百岁，万寿无疆；"域"字有辽阔疆土之义，与"国"字同义；"千秋"指"千秋万代"。但朱元璋竟然将"域"字读成了"或"字，而"或"又和"祸"字同音。贺表中出现与"祸"相关的字，岂不是大逆不道吗？于是朱元璋下令，将周冕斩首示众。这就是人为的文字狱。

惑

字形：惑，形声字。下面的"心"，古文字形体像心脏，表示心中疑惑；上面的"或"，有"也许，或者"的意思，"惑"取其不定之意，表示心中疑惑不定。

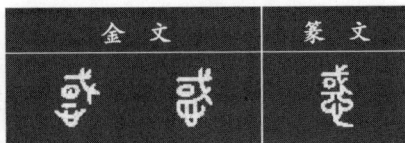

金　文	篆　文

字源：古人对外部世界了解有限，很多现象无法解释，内心生出疑惑。

含义："惑"字本义为疑惑，分辨不清，心里不确定，如"内惑于郑袖"（《史记·屈原贾生列传》）；也有迷惑，迷失的意思，如"广不谢大将军而起行……惑失道"（《汉书》）；有时也作形容词，指糊涂，令人不解，如"不亦惑乎"（《吕氏春秋·察今》）。

引申：不惑之年，通常是指中年人的年纪。意思是，人到中年，经历了很多事，也想通了很多事，不会像青年那样困惑了，出自《论语·为政篇》："子曰：吾十有五而志于学，三十而立，四十而不惑，五十而知天命，六十而耳顺，七十从心所欲而不逾矩。"

诳时惑众

故事：《后汉书·陈蕃传》记载，百姓赵宣居住在墓道，服丧二十多年，乡邑都称赞他的孝行。郡里把他推荐给陈蕃，陈蕃问到他的妻女，得知其子女都是居丧期间生的。陈蕃大怒说："圣人制礼，有品行道德的人，都得遵守；不肖的人，也应努力做到。而祭祀次数如果太多了，反而是不敬。你现在睡在墓中，在墓中养儿育女，欺世盗名，迷惑群众，污辱鬼神，岂有此理！"于是治了他的罪。这就是"诳时惑众"的由来，用来指欺骗迷惑世人。

佳

字形：佳，形声字，从人，圭声。金文中写作"人"和"圭"（美玉），比喻美人如玉。"圭"，古代的标准计时器，引申为标准，人与圭联合，表示外貌标致的人。

字源：在古代，随着生产力的一步步提高，人们的生活有了进步。于是，正所谓"窈窕淑女，君子好逑"，美丽而贤惠的佳人便成了君子追求的目标，"佳"就这样出现了。

含义：造字本义为女子纯洁美丽温润如玉；也指美好的，理想的，如"佳木秀而繁阴"（欧阳修《醉翁亭记》），"山气日夕佳"（陶渊明《饮酒》），佳话、佳音、佳境、佳节、佳肴、渐入佳境等。

引申：与"佳"相关的字，都与美好的意思有关，如"佳传"指为传主宣扬功德的传记，"佳言"指美言、良言，"佳酿"指美酒。

小时了了，大未必佳

故事："小时了了，大未必佳"，这是陈韪对孔融的责难。孔融十岁时跟随父亲到洛阳，那时李膺名气很大，担任司隶校尉的职务。到他家去的人，只有才智出众的、有名誉的或者自己的亲戚，看门的人才会去通报。孔融到了他家门前，对看门的官吏说是李膺的亲戚才获通报。李膺问他是什么亲戚关系，孔融回答说："从前我的祖先孔子曾经拜您的祖先老子为师，所以我和您是世代通好。"李膺和宾客都对他的话感到惊奇。太中大夫陈韪后来才到，别人就把孔融说的话告诉他，陈韪说："小的时候很聪明，长大了未必很有才华。"孔融说："我猜想您小的时候一定很聪明吧。"陈韪听了局促不安。

及

字形：及，会意字。甲骨文字形，从人，从手。从字的构形上可以看出，表示后面的人赶上来用手抓住前面的人。

甲骨文	金　文	篆　文

字源：人走路速度快慢不同，落在后面的人希望赶上而用手拉前面的人。

含义：本义是追赶上，抓住；引申为达到，如及第，指古代科举考试中选，特指考取进士，明清两代只用于殿试前三名，状元及第指第一名；也有连累之义，比如罚不及众、城门失火殃及池鱼。

引申：及笄，指女子到了可以许配或出嫁的年龄（笄：束发用的簪子。古时女子十五岁时就可以许配，当年就束发戴上簪子；未许配的，二十岁时束发戴上簪子）。

言不及义

故事：言不及义，语出《论语·卫灵公》："群居终日，言不及义，好行小慧，难矣哉！"形容说话内容无聊或说不到问题的关键所在。也指只说些无聊的话，不涉及正经道理。孔子周游列国，经常看到一种现象：许多人聚集在一起闲聊，一聊就是一天，聊的话没有一句讲的是正经道理。孔子看到这些人如此打发时光，很是感慨，他认为这一现象的根源在于群居。因此，他竭力反对许多人聚在一起生活，说："许多人聚集在一起终日闲聊的危害极大，使得那些人无法成才。"表现了孔子对当时乱世中人们价值观、人生观等缺失的忧患。

家

甲骨文		金 文	篆 文
宆	宆	宆 宆	宆

字形：家，会意字。上面一个"宀"，下面一个"豕"，意为有"猪"圈的"房子"即为家。

字源：中国古代最早的房子是用来祭祀祖先或家族开会，最隆重的祭祀是用野猪祭祀，对先民来说，猪是极具经济价值的财产，是家庭中不可或缺的，圈养的生猪能提供食物安全感，因此蓄养生猪便成了定居生活的标志，直到现在还有少数保留古风的客家人在居所内圈养生猪。"家"这个字就是这样产生的。由甲骨文、金文的构形，也可看出先民过着人猪共处的生活方式。

含义：本义为蓄养牲畜的稳定居所，扩大引申为配偶关系构成的最小社会组织，再借代引申为群落、族群、民族。

引申：家谱，又称族谱、家乘、祖谱、宗谱等。一种以表谱形式，记载一个以血缘关系为主体的家族世系繁衍和重要人物事迹的特殊图书体裁。家谱以记载父系家族世系、人物为中心，是由记载古代帝王诸侯世系、事迹而逐渐演变来的。家谱是一种特殊的文献，就其内容而言，是中国五千年文明史中最具有平民特色的文献，记载的是同宗共祖血缘集团世系人物和事迹等方面情况的历史图籍。

家徒四壁

故事：家徒四壁，比喻家境贫寒，一无所有。司马相如少时好读书，口吃而善著书，并可击剑、弹琴。有个机会让司马相如得知了卓王孙之女卓文君美貌非凡，更兼文采，于是奏了一首《凤求凰》。卓文君也久慕司马相如之才，两个人互相爱慕，但受到卓王孙的强烈阻挠，于是卓文君不顾嫌隙雪夜私奔司马相如所住客舍，第二天索性双双驰归司马相如的老家成都，却看见家里只有四面墙壁，其他什么都没有，极为贫困。但他们仍安于清贫，自谋生计，并成就了历史上有名的 "当垆卖酒""白头兴怨"的爱情佳话。

姬

字形：姬，形声字，采用"女"作偏旁，采用"臣"作声旁。金文及篆体都是描写一个"女"人及"两个大乳房"。

甲骨文	金文	篆文

字源：上古母系社会流传下来的一种姓氏，是中国最古老的姓，黄帝及周朝的祖先都姓姬。《说文》中说黄帝居住在姬河流域，遂将河名作为自己的姓，周人嗣其姓。

含义："姬"的本义为哺乳能力极强的女人，也有另一个本义"姬姓"，因周人为姬姓，故以之代周朝。周朝时姬也指代贵族妇女，后来引申为古代对妇人的美称，如"沛公居山东时，贪于财货，好美姬"（《鸿门宴》）。

引申：姬最早只是姓氏，为黄帝之姓，黄帝是少典氏之子，黄帝的母亲叫附宝。据古籍记载：一天晚上，附宝看见天上发出一阵阵强烈的闪电，电光围绕着北斗星，一闪一闪地把四野照得通亮。附宝受到感应而有了身孕，怀孕二十四个月后生下了黄帝。司马迁在史记中说黄帝"生而有灵"，黄帝降生地称轩辕之丘，故名轩辕。黄帝在姬水之滨居住成长，便以姬为姓，因此黄帝也就成了后世姬姓的始祖。《史记·三代世表》记载：尧立后稷为大农，后稷承继姬姓，是周朝的始祖，周天子姬发大封诸侯时，姬姓国有53个，可以说当时遍地姓姬。

霸王别姬

故事：楚汉相争，项羽在乌江兵败，自知大势已去，在突围前夕，不得不和虞姬决别，项羽回想过去，有美丽的虞姬陪伴在自己身边，有宝马骓常骑在胯下。而今……于是项羽慷慨悲歌，自己写诗道："力拔山兮气盖世，时不利兮骓不逝，骓不逝兮可奈何，虞兮虞兮奈若何！"唱了一遍又一遍，虞姬也同他一起唱。这就是"霸王别姬"的故事，永久定格于中国文学的字里行间，用来形容英雄末路的悲壮情景。现多比喻独断专行，脱离群众，最终垮台。

解

甲骨文	金 文	篆 文

字形：解，会意字。甲骨文和金文中，"解"字由双手握角的形状和牛构成，意思是用手把牛角从牛身上取下来。小篆把手形换成刀，意思是用刀割下牛角。在金文中写作形似用刀从牛角处切入。

字源：古代诸国特别重视祭祀，新王封禅或者天灾人祸，都会举行祭祀活动，而祭祀必须有牛羊作为祭品，所以人们就从解剖牛羊的动作中造出了"解"这个字。

含义：是人解剖牛羊的动作。引申为解剖，把束缚着、系着的东西打开。

引申：解交，汉代百官交拜之礼，官员调任对拜而去。

庖丁解牛

故事：庖丁解牛，比喻经过反复实践，掌握了事物的客观规律，做事得心应手，运用自如。出自《庄子·养生主》，具有高超解牛技术的庖丁到梁惠王府中分解牛，一气呵成，技术非凡。梁惠王向庖丁探其原因，庖丁称自己从"目有全牛"到"目无全牛"，最终游刃有余。梁惠王称从庖丁的解牛阶段中领悟到了自己修身养性的方法。可见，解牛之中也蕴含大道。

假

字形： 形声字，"亻"旁，"叚"声。金文写作"石崖"和"手"（石崖上面和下面的手），表示崖下的手拉住崖上的手，即崖下的人借助崖上的人的力量，攀上石崖。

金 文	篆 文

字源： 古人活动时有危险发生。人不慎掉下悬崖，身边的人伸手救援，崖下之人借助同伴的手得以爬上来。

含义： 造字本义为借助他人之力达到目的，如假借、假公济私、假手杀人；也有虚的、空的、虚拟的意思，如假心假意、假道学、假面具等；还有引申义"凭借"，如"君子生非异也，善假于物也""假舟楫者，非能水也，而绝江河"（荀子《劝学》）。

引申： "通假"现象为中国古书用字现象之一，"通假"就是"通用、借代"的意思，即用读音相同或者相近的字代替本字。例如："女还，顾反为女杀彘"（《曾子杀彘》）中"女"就代表"汝"。通假字本质上属于错字或别字，但这属于正常的文言现象。因为古代的字少，所以常常用有限的字来借用，用别字代替；并且相当部分书籍都是凭一些读书人的背诵、记忆重新写出来，"著之竹帛"，也会由于当时背诵者只记住读音未记住其字形，书写者记录成不同的形体。

狐假虎威

故事： 狐假虎威，比喻倚仗别人的势力来吓唬人。《战国策·楚策一》记载，老虎抓到一只狐狸，要吃掉它。狐狸说："你是不敢吃我的。天帝让我当百兽之长，你要吃我，就是违背了天命。不信你可以跟在我后面走一趟，看看百兽见了我是否都逃避。"老虎将信将疑地跟在它后面走了一趟，果然看到百兽纷纷逃跑。虎不知百兽怕的是自己，还认为是怕狐狸，相信了狐狸的谎言。

鸡

甲骨文	金 文	篆 文

字形：鸡，象形字。字形很像一只公鸡，后来演变为形声字，以"隹"或"鸟"为形旁，以"奚"为声旁。甲骨文中，"鸡"字左边为"奚"，表示戏弄被捆绑的奴隶，右边的字形像一只有冠的大鸟，表示飞禽。

字源：鸡是十二生肖之一，与人类的生活有着密切的联系。在古代，家中养了鸡，表明这个人家粮米有余。

含义：一种家禽，品种很多，翅膀短，不能高飞。

引申：斗鸡是中国古代盛行的一种游戏，斗鸡之戏是清明节习俗的一项重要内容。最早的斗鸡纪录，见于《左传》"季之斗鸡，季氏介其鸡，氏为之金巨"，斗鸡在春秋战国时期就已经十分盛行，而到唐朝更是昌盛，民间和宫内都设鸡场斗鸡，上自王公贵族下至平民百姓，都以斗鸡为乐。韩愈和孟郊都曾描写过斗鸡的场面。唐代斗鸡驯鸡发达，社会却为此付出了世风靡废的巨大代价。

鹤立鸡群

故事：鹤立鸡群，比喻一个人的仪表或才能在周围一群人里显得很突出，自晋代戴逵《竹林七贤论》。嵇绍是魏晋"竹林七贤"之一嵇康的儿子，他体态魁伟，聪明英俊，在同伴中非常突出。晋惠帝时，嵇绍官为侍中。当时皇族争权夺利，互相攻杀，史称"八王之乱"，嵇绍对皇帝始终非常忠诚。一次，京城发生变乱，嵇绍跟随晋惠帝前去征讨，始终保护着惠帝，不离左右。不幸战败，嵇绍身中数箭而亡。其在世时进入洛阳，有人对王戎说"昨天在众人中见到嵇绍，气宇轩昂如同野鹤立鸡群之中"，成语"鹤立鸡群"由此而来。

井

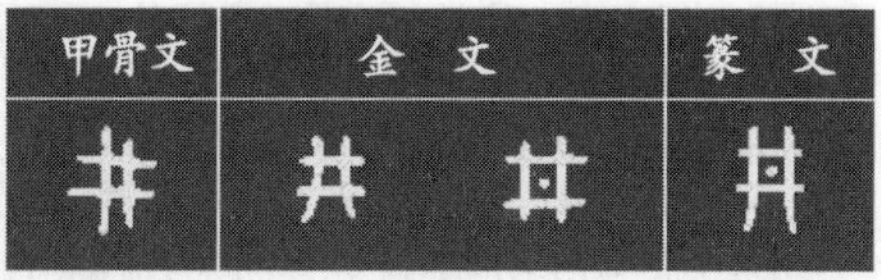

字形：井，象形字，指古人捕兽的陷阱。先民们在野兽经常出没的地方挖一些深坑，内设兽夹、排签等机关，上面横直架四根木棍，青枝绿叶覆盖，造成假象。受惊吓的野兽慌不择路，便掉入坑中。

字源：远古先民逐水而居，而水井很可能是人们在挖陷阱时的一个发现。挖地可以得水，这比捕获猎物更让人兴奋，于是，“井”便产生了。聪明的商贩爱到井边人多的地方去卖货，因而井周围逐渐形成了比较集中的买卖场所，这样就形成了中国古代的商业特色“处商必就市井”。市井成为了商业的代名词，随着市井范围的扩大，市井发展成为城市的代称。

含义：《字彙·二部》：“井，市井。市，交易之处；井，汲之所。古于汲水处为市，故称市井。”也就是说，井是人们汲水的地方，也是人多的地方。

引申：“刑”字，按字形，左边是井，右边是刀。许慎解释为：“刀守井也，饮之人入井，陷于川，刀守之，割其情也。”意思是拿着刀守护井，来井取水的人很多，往往入井争水，结果纷纷落井。用刀守护在一旁，取水人畏惧，不敢放肆取水，只得排队，守秩序。这说明早期的刑罚和法律的制定是为解决取水纷争的。

丁公凿井

故事：丁公凿井的故事源于春秋时。宋国的丁公是个农夫，家中以耕地为生。当地没有河流，浇地都用井水，但丁公家中没有井，庄稼需要灌溉浇水时，必须到其他人家井中汲水，然后一担一担地挑来灌浇，十分不便。后来丁公下决心在自家田头凿一口井。丁公告诉人家说：“我家凿了一口井，等于挖到了一个人。”但有的人没听清楚，把丁公的话传成：“丁公家挖井挖到了一个人！”一传十，十传百，传遍了整个宋国。宋国国君听说后便派官员去询问。丁公回答说：“我说的是我家凿了一口井，等于家中多了一个能劳动的人，而不是在井中挖到一个人。”后来，“丁公凿井”用来比喻语言辗转相传而与事实相去甚远。

斤

甲骨文	金 文	篆 文

字形：斤，象形字。甲骨文字形勾勒出了斧头的外形，以箭头表示锋刃。上面是朝左的横刀，下部有一个曲柄，字形形似今天的斧子。

字源：人类的智慧直接体现在使用的工具上。山东大汶口文化遗址曾出土了一个符号，像一把斧子的形状，专家认为是"斤"字，这是在中国出土的最早有文字记录的工具。"斤"字创制如此之早，"斤"在古人生活和心目中的地位可见一斑。

含义：本义是一种砍伐树木的斧类工具。

引申：斧与斤的区别，斧是直刃，斤是横刀。"厂"是斧刃的变形。小篆字形与实物形似。古代所说的斤，应该是横刃锛斧。斧与斤应是同类工具，古代经常连用表示斧子，如"斧斤以时入山林，材木不可胜用也"（孟子《寡人之于国也》）"而陋者乃以斧斤考击而求之"（苏轼《石钟山记》）。北宋释道原《景德传灯录》："巧匠施工，不露斤斧。""不露斤斧"指看不见斧斤加工的痕迹，形容精巧自然。

运斤成风

故事：运斤成风，用来比喻技术极为熟练高超。斤，即斧头。出自《庄子·徐无鬼》："郢人垩慢其鼻端若蝇翼，使匠人斫之。匠石运斤成风，听而斫之，尽垩而鼻不伤，郢人立不失容。"说的是，楚国郢都有个人将一滴石灰溅到了鼻尖上，请他的朋友一技艺高超的石匠替他削掉。石匠挥动斤斧，挥得呼呼作响，一斤下去，把石灰削个干净，但鼻子却没有受到丝毫损伤。

介

字形：介，指事字。甲骨文中"人"四周的四点表示裹在身上的护革。整个字表示前胸后背各有一片"铠甲"护身的"人"。

甲骨文	金 文	篆 文
𠁥 𠂤	𠁥	𠁥

字源：古人打猎穿行于丛林，赤裸身体极易受伤，因此把一些坚硬的东西捆绑在身上，作为对身体的保护。

含义：名词，甲、铠甲、界线、边界；动词，披上铠甲，间隔、隔开；量词，个。

引申：本义是士卒的铠甲。古代的"铠甲"是前后各缀有许多金属片或石片的战衣。古代军官有护头的"胄""甲"和护肩护胸的"铠"，而士卒只有护革"介"。秦始皇时代所制作的兵马俑，有相当多的铠甲武士，武士前后背各有一大片铠甲。因为"人"在"铠甲"之间，所以引申为处于两者之间，相关词如介入、引介等。"介胄武士"乃指铁甲武士。"介"由坚硬的外壳引申指人性格上的坚强不屈，耿直、耿介。

狷介之士

故事：狷介之士，指孤僻高傲，洁身自好，不肯同流合污之人。出自《晋书·向秀传》："以为巢许狷介之士，未达尧心，岂足多慕。""巢许"是巢父和许由的并称。据晋皇甫谧《高士传》中记载：尧让天下于许由，许由不受而逃去，帝尧又派人去请，让许由帮他治国，许由生怕有关功名利禄的话污染了其耳，便来到颖水河边洗耳，正碰见巢父牵着牛犊饮水。巢父问明缘由后，批评他，说："假如你一直住在深山高崖，谁能看见你？帝尧肯定也找不到你。你到处游荡，换取名声，现在却来洗耳朵，别故作清高了！"他数落过许由，牵了牛回头就走。许由纳闷，问他，怎么不让牛喝水了？巢父头也不回地说："不饮了，我真怕你洗过耳朵的水脏了我这牛犊的嘴！"后世用"巢许"指代隐居不仕者或用来称颂高洁的志向。例如杜甫诗有"巢许山林志"句。孔子也把自己的弟子分作四等：中行之士、狂放之士、狷介之士、乡愿之士。

季

甲骨文	金文	篆文

字形：甲骨文中写作结穗的"禾"和"子"，表示幼禾、嫩禾。

字源：植物由出苗到成熟有一个漫长的过程，"季"处于植物刚结穗阶段，还未成熟，如同人处于幼年。

含义：本义幼禾、嫩禾之义，引申为泛指幼小如"禾"苗的儿子；引申为最年轻、最末。

引申：古人以孟（伯）、仲、叔、季来表示兄弟排行，季代表最小的、最后一个。又引申指一年四季中每季的最后一个月，还引申为一年四季的季，成了现在的常用义。相传季姓来源出自兄弟排行，据《吕氏春秋》所载，春秋时吴国公子札行四，人称季札，后世子孙以其排行顺序为氏。

季孙之忧

故事：季孙之忧，指内部的忧患。出自《论语·季氏》"吾恐季孙之忧，不在颛臾，而在萧墙之内也"。春秋时期，鲁国大夫季康子为巩固自己的统治权力，想攻打附近的颛臾国，但拿不定主意，就找孔子的学生冉有和子路，他们问孔子该如何处理。孔子说："治理一国不能使百姓安居乐业，国内处于分崩离析的状态，恐怕要祸起萧墙（萧墙：古代宫室内当门的小墙，指内部）了。"孔子一针见血指出季孙氏之忧患不在外忧而在内患，孔子已经看穿季氏讨伐颛臾的最终目的其实是要削弱鲁国的实力，以至篡夺鲁国的政权，揭穿了季氏的贪暴。

荆

字形： 荆，形声字。左侧字形像一枝多刺的树枝，而右侧是一把"刀"，更加凸显了这种植物的特点。

金　文				篆　文

字源： 古时人烟稀少，荒野之中自然是荆棘丛生，所以古人造一"荆"字，用来指代那些多刺植物。

含义： 本义指山野里一种带利刺容易刺伤人手脚的棘丛灌木。

引申： "荆"字在古代亦可作为对自己妻子的谦称。因为古时荆这种植物可以用来做女子的发钗。荆钗布裙，形容女子简陋寒素的服饰。后来"拙荆"等词语便成了对自己妻子的谦称。

负荆请罪

故事： 负荆请罪，形容主动向人认错、道歉，给自己严厉责罚。战国时期，廉颇是赵国有名的良将，因战功赫赫被拜为上卿。蔺相如也因为"完璧归赵""渑池会"等有功而被封为上卿，位在廉颇之上。廉颇很不服气，扬言要当面羞辱蔺相如。蔺相如得知后，尽量回避、容让，不与廉颇发生冲突。蔺相如的门客以为他畏惧廉颇，然而蔺相如说秦人之所以不敢侵略赵国，就是因为有二人在，若是二人不和，便对赵国不利，故处处忍让。廉颇听说以后，十分感动，就光着上身，背负荆杖，来到蔺相如家请罪。二人"卒相与欢，为刎颈之交"，被后世传为佳话。"负荆请罪"也就表示了向人诚恳认错赔罪的意思。

积

篆 文

字形： 积，形声字。繁体字为"積"，字形左部分为"禾"，与农作物的堆积相关，右部分"責"，是"绩"的省略，表示续接、累加。

字源： 在中国古代，耕种农作物后需要将稻谷堆叠起来存放，于是就又有了"积"字。

含义： "积，聚也。"基本义项为持续累加的谷物、堆积谷物；动词，堆积、堆放、积累；形容词，堆积的、积累起来的。

引申： "积"也是中医病名，《金匮要略》中记载，"积者，脏病也"。

聚萤积雪

故事： "聚萤积雪"又作"囊萤映雪"，指晋代人车胤"聚萤"收集萤火虫借光读书，晋代人孙康"积雪"映雪光读书。形容刻苦攻读，勤学上进。晋代时期，车胤从小就好学不倦，因家道中落没钱买灯油供他晚上读书，在夏夜他见室外飞舞着萤火虫，灵机一动，就用白纱布袋把捉来的萤火虫吊在书本上方，借着微弱的光线勤奋苦读，最后成为著名的学者。同朝的孙康因为家贫，常在雪夜里借着窗外映来的雪光读书，甚至不顾严寒在雪地里读书，正是通过这种方法，他读了很多的书，终于成了大学者，最后官拜御史大夫。

绝

字形：绝，指事字，在两缕丝线的中间各加一短横指事符号，表示将丝线割成两段。金文则在两组丝线柱之间加一把刀，明确表示用刀割断丝线。隶书将篆文的"糸"写成糸；误将篆文字形中的"刀和人"写成"色"。《说文解字》："绝，断丝也。从丝，从刀。"

甲骨文	金 文	篆 文

字源：古代用丝绸衣服来代指一个人的身份地位。所有富贵或有地位的人都会做一身丝绸衣服来显示自己身份高贵，于是就从裁缝剪断丝线发明了这个字。

含义：古代用来指用刀将丝线截断，造字本义是以刀断丝；"绝"的对象不限于丝绳；"绝"也是一个很有气势的字，代表着弃世绝尘之心，包蕴着义无反顾的精神，"绝"具有世人难以企及的风骨和智慧。

引申："绝"的内涵丰富，"绝技"是独一无二、超群的技艺，所以身怀绝技者一定是高人；绝色佳人也必定是绝顶美貌的女子；千古绝唱是达到最高水平的造诣，鲁迅先生对司马迁《史记》的评价即是"史家之绝唱，无韵之离骚"。

韦编三绝

故事：韦编三绝，比喻读书勤奋用功。孔子晚年爱读《周易》，翻来覆去地读。春秋时期的书，主要是写在竹简上，通过牢固的绳子之类的东西按次序编连起来才最后成书，便于阅读。通常，用丝线编连的叫"丝编"，用麻绳编连的叫"绳编"，用熟牛皮绳编连的叫"韦编"，其中"韦编"最结实。孔子把《周易》反反复复读了许多遍，又附注了许多内容，竟使编连《周易》的皮绳断了好几次。后来人们用"韦编三绝"来形容读书的勤奋。孔子这样好学不倦，仍然十分谦虚，认为如假以时日，就可完全掌握《周易》的文与质。

君

甲骨文	金 文	篆 文

字形：君，会意字。其甲骨文字形的上部是一只手拿着一支笔，是个"尹"字；下部是"口"字，表示发命令。"尹"字下加一"口"字，意味着对官员讲话，也就是发号施令。什么样的人才能对官员发号施令呢？只有一国之主的国王，这就是"君"。

字源：国不可一日无君，中国古代是一个封建君王制度的社会，朝代的兴旺和衰败，很大程度上取决于君王的领导能力。约公元前21世纪，禹建立了我国历史上第一个王朝——夏，禹也就成为中国历史上第一位君王。"君"字就是在这样一个社会制度下产生了。

含义："君"的基本义项为君王、帝王、诸侯等；君也是敬辞，称对方，道德品行良好的人称为君子。

引申："君"字反映了中国封建社会的真实形态，说明了古代的地位和阶级。

君当作磐石

故事："君当作磐石，妾当作蒲苇"，这是《孔雀东南飞》刘兰芝在分别时对丈夫焦仲卿说的话。东汉建安年间，才貌双全的刘兰芝和庐江小吏焦仲卿真诚相爱。可婆婆焦母因种种原因对刘兰芝百般刁难，兰芝毅然请归，仲卿向母求情无效，夫妻只得话别，双双"誓天不相负"。兰芝回到娘家，慕名求婚者接踵而来，先是县令替子求婚，后是太守遣丞为媒。兰芝因与仲卿有约，断然拒绝。然而其兄恶言相向，兰芝不得已应允太守家婚事。仲卿闻变赶来，夫妻约定"在天愿作比翼鸟，在地愿为连理枝"。就在兰芝出嫁之日，焦、刘二人双双命赴黄泉，捍卫了磐石蒲苇的誓言，成就千古绝唱。

空

字形：空，形声字。由一个表示"人工的、人造的""工"字和一个代表洞、穴的"穴"组成。表示经过人工处理的洞穴，即宜居洞穴。

金 文	篆 文

字源：原始的人们居住的场所大多是山上自己挖掘的山洞，人们在互相告知自己居住的场所时，必须找到一个符号来代替自己的家。古人观察自己家的构造，于是就创造了"空"字。

含义：本义为人工开凿的居穴。作名词，苍穹，如"乱石穿空"（《念奴娇·赤壁怀古》）；三维的虚无，不存在的，如"以空言求璧"（《史记·廉颇蔺相如列传》）；作副词，从天上，不着地，如"皆若空游无所依"（《至小丘西小石潭记》）。

引申：人们常说"出家人四大皆空"，"四空"是佛教用语。佛教所讲的四大，是指地、水、火、风的四大物质因素，有小乘与大乘的不同。从大体上说，小乘佛教所说的四大，是指造成物质现象的基本因缘，称为四大种，意思是说，地、水、火、风是形成一切物质现象的种子，一切的物象，都是由于"四大"的调和分配完成。

马空冀北

故事：伯乐一过冀北之野，而马群遂空。冀北的马数量很多，伯乐即使善于相马，怎么能一下子让马群空掉呢？解释的人说："我所谓的空，不是指没有马，而是说没有好马。伯乐精通相马，遇见好的，就取走，到最后，马群中就没有好马了。没有了好马，那么说没有马，也不是瞎说了。"这便是成语"马空冀北"的出处，比喻执政者善选贤才，无所遗漏。

柯

金 文	篆 文
柯	柯

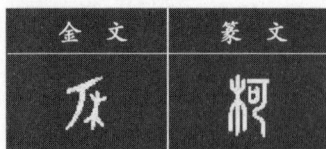

字形: 柯, 形声字。从木, 从可, "可"是声符兼义符。"可"本义为"肩挑、担荷", 即服徭役。

字源: 柯, 金文是于(管乐器)和木(树)的组合, 表示制作乐器的木材。篆文将金文字形中的"于"写成"可", 表示用坚硬的木材制作乐器, 为歌唱伴奏。

含义: 本义是服徭役的人砍伐树木使用的斧头的把, 即斧柄, 如"伐柯如何? 匪斧不克"(《诗经·豳风·伐柯》); 又有古长三尺之称, 引申为法则, 如"柯, 法也"(《尔雅》); 还有树枝的意思, 如"横柯上蔽"(《与朱元思书》)。

引申: 烂柯人, 典出南朝梁任昉《述异记》, 说王质去山中打柴, 观仙人对弈, 在山中逗留了片刻, 人世间已经发生了巨大的变化, 后以"烂柯"指世事变幻。烂柯人可指樵夫, 也可指久离家而刚回故乡的人, 亦指饱经世事变幻的人。"烂柯人"的故事常常被人们用来形容人世间的沧桑巨变。

南柯一梦

故事: 南柯一梦, 典出唐代李公佐《南柯太守传》。淳于棼做梦到大槐安国做了南柯郡太守, 享尽富贵荣华, 不料最后遭贬遣送回乡, 淳于棼想想自己一世英名毁于一旦, 羞愤难当, 大叫一声, 从梦中惊醒。醒来才知道是一场大梦, 原来大槐安国就是住宅南边大槐树下的蚁穴, 南柯郡就是大槐树南边的树枝。后来用"南柯一梦"泛指一场梦, 或比喻一场空欢喜。

苦

字形：苦，会意字。由"艹"和"古"组成，"艹"代表植物，"古"表示古老，"苦"就表示采集时代发现的一古老植物。

演变：篆文的"苦"的上半部分像两株小苗，隶书将篆文的"艹"简写成"艹"。

含义：本义是一种味似黄连的荼草，其义只见于古文，如"苦，大苦苓也"（《说文》）；现意为滋味麻涩难忍的，如苦瓜，苦涩；还可意为令身心艰困难忍的，如"从师苦而欲学之功也"（《吕氏春秋·诬徒》）；作副词，忍耐地，艰辛地，如"盖以苦学力文所致"（白居易《与元九书》）。

引申：佛教云人生八苦，即生苦、老苦、病苦、死苦、爱别离苦、怨憎会苦、求不得苦、五阴炽盛苦。生苦为十月胎狱之苦；老苦为生理机能衰退之苦，以及女人的青春消逝的心理的痛苦；病苦即疾病之苦；死苦即死亡之苦；爱别离苦与怨憎会苦相对；求不得苦是人欲所致；五阴炽盛苦为色、受、想、行、识这五种事遮盖了人的本性，使得人的心里头迷迷惑惑，造出各种的祸痛之苦。

劳苦功高

故事：劳苦功高，意为出了极大的力气，立下了很大的功劳，用来赞扬人的功绩。秦朝末年，刘邦率军攻占秦都咸阳后驻守函谷关，项羽听说刘邦攻占咸阳，意图不轨，就听从范增之计在鸿门宴请刘邦，伺机杀了刘邦。席间项庄舞剑助兴，想借机杀刘邦，樊哙赶紧拔剑上前，对项羽说："沛公恭候大王的到来，没有封侯，你却要杀害如此劳苦功高的人？此之秦之续耳。"项羽后来只好作罢，放过了刘邦也因此痛失良机，埋下了日后悲剧的祸根。

枯

金　文	篆　文
枯	枯

字形：枯，形声字。"木"表意，其形像树，表示树木失去水分；"古"表声，有时间久远义，枯木大多时间久远。

演变：在金文中"枯"字左边是树木的形状，右边比今天的汉字的"古"字中下面的口多一横，篆文基本承续金文字形，到隶书时已和如今的字形基本相同。

含义：本义是经年老树自然衰萎，如"离离原上草，一岁一枯荣"（白居易《赋得古草原送别》），"草枯鹰眼疾"（王维《观猎》）；含有干涸之意，如"渊生珠而崖不枯"（《荀子·劝学》）；还有枯朽的树木之意，如"人皆集于苑，己独集于枯"（《国语·晋语二》）；亦有干瘦、憔悴之意，"颜色憔悴，形容枯槁"（《史记·屈原列传》）。

引申："枯磔"是古代的两种重刑，"枯"是指弃市暴死，"磔"是指车裂。"枯磔"是指车裂后陈尸示众。

摧枯拉朽

故事：摧枯拉朽，比喻腐朽势力或事物很容易被摧毁，出自《晋书·甘卓传》。晋武帝女婿王敦因建立东晋居功自傲，在晋元帝时以杀刁协清除皇帝身边的恶人为名起兵反叛朝廷，并同时拉拢梁州刺史甘卓联合起兵。湘州刺史司马承坚决反对王敦反叛朝廷，于是派副将邓骞劝甘卓出兵攻打王敦，并对甘卓说："溯流之众，势不自救，将军之举武昌，若摧枯拉朽，何所顾虑乎？"尽管如此，甘卓仍然犹豫不决，最后甘卓因为动摇不定，被王敦所杀。

侃

字形：侃，会意字。字形的左部是个人，右部的上面是一张嘴，右部的下面则表明人说话的样子，如川水长流，这就意味着一个人特别能说，即说话滔滔不绝。

金 文	篆 文

字源：古人观察自然，发现河水连绵不绝，日夜奔流不止。造"侃"字表现人说话滔滔不绝的状态。

含义：指理直气壮、从容不迫地说话，"隔墙酬和都瞎侃"（王实甫《西厢记》），此处侃即为滔滔不绝地说话，海阔天空地瞎扯。

引申："侃大山"一词是由"砍大山"转变而来，本意为东一榔头、西一棒槌瞎砍，北方人用它表示长时间没完没了地说一些琐碎、不恰当或无效的话，《北京方言词典》标义为"高谈阔论（带有吹牛意味）"。后来这个词走向全国，为了避免使人产生误解，"砍大山"就演变成了"侃大山"。

侃侃而谈

故事：侃侃而谈，指刚直坦诚的谈话，古时候用来形容人善于交谈，有风度。《论语·乡党》曰："朝，与下大夫言，侃侃如也；与上大夫言，誾誾如也。君在，踧踖如也。"在周朝的等级制度中，大夫的等级位于诸侯下面，分为两等，即卿（上大夫）和下大夫。孔丘当时的地位仅相当于下大夫。孔子大力宣传"仁"的学说，推崇礼教并提出"仁"的执行要以"礼"为规范，他自己一举一动、一言一行都力求合乎周礼。在朝廷上，当国君不在场时，与下大夫说话，他言谈毫无顾忌，侃侃而谈，从容不迫；但和上大夫说话，他和颜悦色，十分谦恭；如果国君临朝，他一切都按朝仪去做，小心谨慎，害怕有不妥之处。

扣

篆文

扣

字形: 扣,会意字。由一个代表器皿开口的"口"和一个代表用手掩盖的"扌"构成。从而表示用开口的器皿将物体完全罩住。

字源: 古时的人们不会为开口的器皿制作盖子,于是将器皿当做盖子,把物体放在地上或者石桌上,然后用此器皿从上往下盖下去。人们为了方便表达自己做了这个动作,于是创造出了"扣"字。

含义: 作动词,指用器皿将物体完全罩住,如"梅菜扣肉";指往下敲,撞击,如"于乱石间择其一二扣之"(《石钟山记》);指盖,套,如"扣马而谏"(《史记·伯夷叔齐传》);作名词,指连接装置,如"纽结丁香,掩过芙蓉扣"(《西厢记》)。

引申: 纽扣,小小的物件有着悠久的历史,在我国,它可以追溯到1800年前。周朝反映周王朝礼仪的《周礼》《礼记》等书中出现了"纽"字,"纽"是相互交结的纽结,也就是扣结。最初的纽扣主要是石纽扣、木纽扣、贝壳纽扣,后来发展到用布料制成的带纽扣、盘结纽扣,用来作为体现衣服美感的工具,给人们印象最深的就是"唐装"上的盘扣。

攀辕扣马

故事: 第五伦(人名)做会稽太守时深得民心。在任期间,兴修水利、重视农桑,为民做主,深受百姓拥戴。在第五伦将要因为战事离任时,百姓拉住车辕牵住马匹,呼曰:"舍我何之!"意思是丢下我们要去哪里?第五伦只能够暗地里推脱离去。老百姓们听到之后,又纷纷坐船去追,各人的船只在水面上交错相横,甚是壮观。这便是"攀辕扣马"的出处,形容热情挽留,不肯放行。

坤

字形： 坤，会意字。申，从田，上通下达，故申，表神。坤字，表土地之顺德上下通达，表土地下生、上长、养万物以致成形。

字源： 申，既是声旁也是形旁，是"神"的本字。坤，篆文为土（大地）和申（神）的组合，表示地神。

含义： 坤的本义是八卦之一，象征地，如"坤，地也，易之卦也"（《说文解字》）；又为六十四卦之一，如"地势坤，君子以厚德载物"（《周易·坤·象》）；坤字后用为女性或女方的代称，如坤表（女表）、坤鞋（女鞋）、坤旦（评剧中女伶串演旦角，叫坤旦；男子串演旦角，叫乾旦）、坤宅（旧时联姻，称女家为坤宅，男家为乾宅）。

引申： 坤为地神，与阳性的上天相对的阴性大地。在道家古老的阴阳观念中，天为阳，称作"乾"；地为阴，称作"坤"。古人用坤卦象征八种基础自然现象之一——地，故有"坤为地"，这八种自然现象亦是八卦的基础象征，包括：乾为天，坤为地，震为雷，巽为风，坎为水，离为火，艮为山，兑为泽。

壶里乾坤

故事： 壶里乾坤，出自明代朱有炖《神仙会》第一折"罗浮道士谁同流，草衣木食轻诸侯。世间甲子管不得，壶里乾坤只自由"，指道家的神仙生活。除此还有唐代李白《下途归石门旧居》："何当脱屣谢时去，壶中别有日月天。"后人把"壶中日月"或"壶里乾坤"比作道士逍遥自在的神仙生活。有道家主张人应保持质朴自由的天性，视听由精神主宰。

狂

甲骨文	金　文	篆　文

字形：狂，形声字。从犬，从王，王亦声。"犬"泛指兽类，"王"引申指集群性动物社会内部的王位、王者。"犬"与"王"联合起来表示"集群性动物社会内部争夺王位的斗争"。

字源：中国古代人们已经具备能力将野生的狼驯化为帮助自己的狗了，而"狂"也是为了形容狗急速奔向目标而被人们创造出来的字。

含义："狂"字，本义为狗发疯，引申为"残暴""凶狠"。

引申：狂草，属于草书中最放纵的一种，笔势相连而圆转，字形狂放多变，在今草的基础上将点画连绵书写，形成"一笔书"，在章法上与今草一脉相承。相传创自汉张芝，至唐张旭、怀素始有流传。清冯班《钝吟书要》："虽狂如旭素，咸臻神妙。古人醉时作狂草，细看无一失笔，平日工夫细也。"

我本楚狂人，凤歌笑孔丘

故事："我本楚狂人，凤歌笑孔丘"，出自李白《庐山遥寄卢侍御虚舟》。有一天楚国的狂人接舆唱着歌从孔子车前走过，他唱道："凤鸟啊！凤鸟啊！你的德行为什么衰退了呢？过去的事情已经不能挽回了，未来的事情还来得及呀。算了吧！算了吧！如今那些从政的人都危险啊！"孔子下车，想和他交谈，接舆赶快走开了，孔子无法和他交谈。李白是借用历史上这个典故自比楚狂，但并非嘲笑孔丘，而是以孔丘自比，托孔丘以自伤。李白的人生态度是积极入仕的，和楚狂隐而不仕的消极人生态度不同，李白自称"楚狂"实是用反照法表现自己政治上找不到出路的痛苦。

"凤歌笑孔丘"中的"笑"也是反照写法，郁结着李白一生的辛酸与愤懑，以孔丘相托，笑自己太天真，而感伤自己怀才不遇。

考

字形：考，会意字。甲骨文是一个拿着拐杖推敲事情的秃发老人。

字源：年长者在回答问题或做决策的时候，习惯轻敲拐杖。

甲骨文	金文	篆文

含义："考"的本义是老人，引申为推敲探究，因为年老长者推敲探究的时候习惯轻敲拐杖，后人借此而联想出推敲探究之意；"考"相关词如考究、考古、考试等；另外，后人称呼去世的父亲为考，此义项只见于古文，如先考。

引申：对已死父亲称为"先考"，对已死母亲称为"先妣"，妣原指母亲。

如丧考妣

故事：如丧考妣，是指好像死了父母那样悲痛，形容非常伤心和着急，今多为贬义。出自《尚书·舜典》："二十有八载，帝乃殂落，百姓如丧考妣。"战国时期，鲁国人蒙丘向老师孟子请教舜做天子时，他的父亲也面北朝见他，尧也率诸侯朝见他，这是否违背礼法？孟子说事实上尧是在年老后才将帝位让给舜的，尧死时，老百姓如丧考妣，舜率百姓服丧三年，停止娱乐。

力

甲骨文	金 文	篆 文

字形：力，象形字。本形是中国古代耕田用的犁，上部是弯曲的犁把，下面是弯曲的犁头。

字源：中国古代社会是农耕社会，历代统治者对于农业的治理是放在首要地位的，江山社稷，没有比"社稷"对江山更重要的了。具体到农业上，最重要的就是耕作，这是需要花大力气的，"力"，就这样在农耕文明的背景下产生了。

含义：这个字，反映了中国农耕社会的真实形态。

引申："协"字，繁体是"協"字，三个耕田的人齐心干农活，表示"同力"，后引申为同心干一件事。《说文解字》解释："協，众之同和也。"后世简写，"力"字边两点，表示三人用力。

力拔山兮气盖世

故事："力拔山兮气盖世"，这是西楚霸王项羽的自诩之词。作为楚国的第一猛士，项羽的力气之大盖世无双，是个农耕文明时代猛士的典范。作为反秦义军的领袖，项羽可谓卓绝超群，气盖一世。据《史记·项羽本纪》记载，项羽"力能扛鼎，才气过人"。但此时此刻垓下之围、四面楚歌，项羽感慨万千，"力拔山兮气盖世"，既有对自己辉煌岁月的回首，也有对兴亡盛衰的无尽感慨，对"时不再来"的无限懊悔。

耒

字形: 耒，象形字。从耒，"耒"意为"柔枝嫩叶"，"丿"意为"不"，"丿"与"耒"联合起来表示"不柔嫩的树枝"。

字源: 中国古代社会是农耕社会，最重要的就是耕作，耕作需要发明农具。耒耜后来也用作农具的统称。

金 文	小 篆

含义: 本义是用"不柔嫩的树枝"制作而成的形如木叉，上有曲柄，下面是犁头，用以松土的翻土工具，可看作犁的前身。古代称犁上的木把。

引申: "耒"是汉字部首之一，从"耒"的字，与原始农具或耕作有关，例如耕耘指耕地和除草，亦泛指劳动，如"着意耕耕，自有收获"。陶渊明《归去来分辞》"植杖而耘籽"中"耘籽"就是指从事田间劳动。"言耕者众，执耒者寡"（《韩非子·五蠹》），意思谈论耕作的人很多，而亲自拿起农具去耕作的人却很少，比喻只注重理论，而不善于实践。

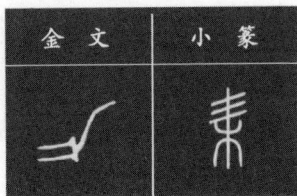

炎帝创耒耜

故事: 耒耜的发明促进了中国农耕文化。它是上古时代我们老祖宗用的农具，相传是神农氏发明的。神农氏，即炎帝，三皇五帝之一，远古传说中的太阳神，传说神农人身牛首，三岁知稼穑，长成后，身高八尺七寸，龙颜大唇。炎帝一生有五个方面的贡献，其中一个就是用木材制造两种翻土农具，教农民垦荒种地。相传炎帝驾一叶扁舟，从长江出入洞庭，采集五谷，教民耕种。他上溯湘江，采药于衡山下，日遇七十毒而不辍。炎帝溯水而上，来到一片山水肥美的地方（耒阳境内），受到部落子民的欢迎，并与他们一起打猎播种，期间受到野猪拱土的启发，发明了耒耜，从此带领部属从游牧生活转变为农耕定居生活，炎帝因创耒耜而称"神农"，在我国民间被尊为农业之神。

履

金　文	篆　文
𦐈	𤿡　𧾷　𧿧　屨　履　履

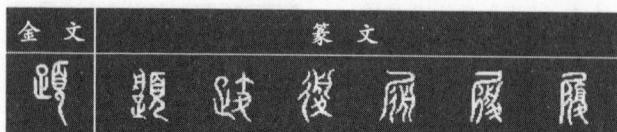

字形：履，会意字。《说文解字》："履，足所依也。从尸，从彳，从夂，舟象履形。"小篆字也写作从尸，即人；从彳，表示与行走有关。

字源：履在战国以前一般只用作踩踏义，一般用"屦"称鞋子，用"鞋"是唐以后的事了。

含义：履的本义表示践踏、踩踏。履的本义始终没有消失，只是踩踏的对象进一步的虚化，如履仁蹈义、履机乘变、履险蹈危；又引申为登上帝位，如《过秦论》："履至尊而制六合"，是说秦始皇登上帝位而统治天下。后又引申为施行、执行，如"履任"就是到任、就任的意思。

引申："履历"本指亲身经历过，后指人的资格和经历或者是个人经历的书面记录。古代的履历表最初叫作"脚色"，始见于隋朝，据《通鉴》载，隋炀帝时，虞世基执掌考核铨选官吏，"受纳贿赂，多者超越等伦，无者注色而已"，即是说，贿赂多的就给以提拔，无贿赂的只在其名册表格上"注色"作记号，因而得名"脚色"。到了宋代，仍沿用"脚色"之名称。清袁枚《随园随笔》也说："宋制，百僚选者具脚色，似即今之投履历矣。"

如履薄冰

故事：如履薄冰，像走在薄冰上一样。比喻行事极为谨慎，存有戒心。出自《诗经·小雅·小旻》："战战兢兢，如临深渊，如履薄冰。"东汉明帝皇后马氏生性善良，深明大义，她十分喜欢贾妃所生的刘炟。刘炟继位成汉章帝，尊马氏为皇太后，多次提出加封马氏的兄弟，马后拒绝。马后的侄子马豫抱怨没得到更多的恩惠，杨终劝马廖（马后的长兄）不能放纵儿子。正因马后如此小心谨慎，所以在血腥的两汉，马家才没有像其他皇后家族那样遭到灭门之灾。

鹿

字形：鹿，象形字。其甲骨文字形非常形象，就像是一只头朝左尾朝右的鹿，鹿的头上长着很美丽的鹿角。

甲骨文	金 文	篆 文

字源：在古代社会，由于人们对大自然存在依赖感和神秘感，认为自然界存在一种神秘力量，就把它们奉为神灵，并且加以祭拜和祈祷，长相奇特的动物更是奉为神灵。"鹿"外观美丽，性格柔顺，在中国传统文化中，它是带有祥瑞性质的动物，在这种文化思想的土壤中，"鹿"字孕育而生。

含义：《诗经·小雅·鹿鸣》："呦呦鹿鸣，食野之苹。"意思是鹿儿呦呦叫，野外吃青草。这是"鹿"的基本义项，一直使用到现在。在古代，由于"鹿"常常是狩猎的对象，所以"鹿"变成了狩猎对象的代称，甚至竞争对象的代称，"鹿死谁手""逐鹿中原"等成语，用的都是这个意思。

引申：麒麟。这二字以"鹿"为偏旁，同样也指一种瑞兽。长着狮头、鹿角、虎眼、麋身、龙鳞、牛尾的麒麟，与凤凰、青龙并称，是中华民族崇拜的圣兽。

巨鹿之战

故事："鹿"代指政权，有"逐鹿中原""鹿死谁手"的成语。巧合的是，名字中带有"鹿"的地方也曾发生过战争，如黄帝打败蚩尤的"涿鹿之战"，项羽破釜沉舟的"巨鹿之战"。项羽与秦军交战时，因人数少于敌军而一度处于劣势，眼看局势渐渐对自己不利，项羽下令打破饭锅，沉没船只，即"破釜沉舟"，这样一来，项军便无路可退，只有奋勇杀敌才能取得一线生机。果然，项军最后赢得了这场战役，巨鹿之战成为历史上一场著名的以少胜多的战役，也确立了项羽在各路义军中的领导地位。

刘

篆文	隶书

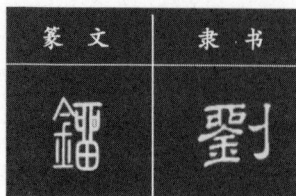

字形: 刘,象形字、会意字。从金,从刀,表示杀戮,并含有大规模杀戮的意思。

字源: 早在远古洪荒时代,我们中华民族中的某一支氏族正是认识和感悟到"刘"这种工具的神圣作用和赫赫威力,于是便用"刘"作为本氏族的图腾,开始对它顶礼膜拜。

含义: 两把"金""刀"相"会合"。商朝人用青铜铸造刀剑,周朝人后来改成用铁铸造刀剑。所谓的"金刀"就是指锋利的刀,而"刘"的本义就是锋利的双刀。

引申: 关于双刀武器的古籍记载,《尚书》:"一人冕,执刘,立于东堂"。意为有一个侍卫,戴着头盔,双手拿着锋利的刀,站在大堂东边台阶上。后"刘"字引申义为杀戮。

前度刘郎

故事: "前度刘郎今又来",上次去过的刘郎又到了,泛指去了又来的人。中唐诗人刘禹锡由于受王叔文"永贞革新"的牵连,被贬往郎州(湖南常州)任司马。九年后,四十多岁的刘禹锡才被召回长安。听说玄都观的千株桃花开得很好看,就和朋友去观赏,并写了首《游玄都观》的诗:"紫陌红尘拂面来,无人不道看花回。玄都观里桃千树,尽是刘郎去后栽。"因为这首诗,他又再度遭贬。十二年后,刘禹锡再度被召回长安。而当年玄都观的热闹已经没有了:千株桃花荡然无存,只有青苔上几丛菜花在春风中摇曳。诗人很感慨,又写了首《再游玄都观》:"百亩庭中半是苔,桃花净尽菜花开。种桃道士归何处?前度刘郎今又来!""前度刘郎"为诗化成语,道尽了刘禹锡内心的无奈,也表现了他不懈的精神。

罗

字形：罗，会意字。用"绳索"编织的"网子"抓"鸟"。从网，从佳（鸟），且佳在网之下，表示以网罗鸟。

字源：在战国文字中，"羅"字的偏旁"网"有被省略为"冈"的，其实早在商代甲骨文中，"网"字就有这种写法。由于秦代篆文"羅"字的笔画圆转，不便于书写，所以人们便把偏旁"网"的外框缩短，把里边的内容变为两横一竖，"网"就变形为"四"，同时把偏旁"糸"和"佳"中的环形笔画变成折线，把半圆形笔画分解成两笔。由于"羅"字的笔画较多，不易书写，到了元代出现了简体字"罗"，保留了上部的偏旁"四"。

含义：罗在甲骨文中字形像一张捕鸟用的网。意思正如许慎在《说文解字》中说的："以丝罟鸟也，从网从维。"网中有鸟（佳），也有糸（丝），表示罗字是捕捉鸟类的网。

引申："罗"还引申为用网捕捉、整齐排列、收集，相关用词如网罗、罗列、包罗等。原始社会里，有的部落靠捕鸟来维持生活。以后，善于制造罗网，并用来罗捕飞鸟的部落，就被称为"罗"。这个罗部落，便是罗姓的最初先民。

自投罗网

故事：自投罗网，自己投到罗网里去，比喻自己上当，或掉入圈套中。三国时期，曹植非常聪明有才华，受到曹操的宠爱，由于他纵酒，渐渐失去了继承王位的竞争力。曹丕当上皇帝后，就把他的好友丁仪抓了起来，名为王侯实为囚徒的曹植作《野田黄雀行》："不见篱间雀，见鹞自投罗。"史载，建安二十四年（公元219年），曹操借故杀了曹植亲信杨修，次年曹丕继位，又杀了曹植知友丁氏兄弟。曹植身处动辄得咎的逆境，无力救助友人，深感愤怒，内心十分痛苦，苦于手中无权柄，故而在诗中塑造了一位"拔剑捎罗网"，拯救无辜者的少年侠士，借以表达自己的心声。

露

篆文

字形：露，形声字。雨表意，表示露珠像雨珠；路表声，表示露是凝结在路面或草木上的小水滴。

字源：露水夜间从天上来到地上，早上又从地上回到天上，是古人对这种自然现象的认识。

含义：本义为露水，引申为没有遮蔽，在屋之外，显现出来等。

引申：白露是二十四节气中的第十五个节气，天气渐转凉，会在清晨时分发现地面和叶子上有许多露珠，这是因夜晚水汽凝结在上面，所以得名。

露马脚

故事："露马脚"一词，相传与朱元璋妻子马皇后有关。朱元璋自幼家境贫寒，幼年时还被送到庙里当过和尚。后来他加入元末起义军郭子兴的队伍，屡建战功，并娶其义女马氏为妻。马秀英在幼时深得养父母的宠爱，坚持不肯缠足，生就一双大脚，但马氏精明干练，辅佐朱元璋统一了天下，朱元璋封她为明朝的第一位皇后。马皇后深居皇宫享受荣华富贵，但对自己的一双大脚也感到无可奈何，每当与客人相见，总是用衣服的下摆或裙子将脚严严实实地遮盖起来。

有一次，马氏乘轿到金陵街头游览，忽然一阵大风吹来，将轿帘掀起一角，马氏搁在踏板上的两只大脚就暴露在光天化日之下，她急忙把脚缩了回去，可人们早已看得一清二楚啦！于是这件新鲜事传开来，轰动了整个京城，因为是姓马的露出了脚，"露马脚"一词便流传到今天，有显出破绽，露了真相的意思，现在，对不便公开的不光彩的事的暴露，也都称为"露马脚"。

李

字形：李，会意字。从"木"，篆书形体像一棵树，表示"李"是果木；从"子"，子有果实意，表示"李"也指李树的果实。

甲骨文	金　文	篆　文
李	李	李

字源：从最早发现的甲骨文的"李"字到今天的"李"字，变化不大，让人一目了然。这个字就是根据其本义树下的果实而产生的。

含义：本义是一种落叶乔木果树名，主要指一种落叶小乔木，果实称"李子"，熟时呈黄色或紫红色，可食；也是中国唐朝国姓。

引申：李干李脯，酸甜生津，解困解乏，对于长途跋涉的远古旅人，几乎是一种必备品。于是以李干李脯馈赠行别的亲友，成为流行风俗，并慢慢演变为古代文化传统；而"行李"一词，也演变成旅人行囊内旅途预备用品的代名词。

李代桃僵

故事：李代桃僵，李树代替桃树而死，原比喻兄弟互相爱护互相帮助，后转用来比喻以此代彼或代人受过。传说有兄弟五人，均为好逸恶劳、游手好闲的浪荡子，偶然他们得到了皇帝的赏识，当上了侍中郎。从此，他们享尽荣华富贵，后五兄弟有人犯了罪，其他兄弟各扫自家门前雪，毫不惦念手足之情，互相倾轧，丑态百出。为此，百姓间流传着一首歌谣："兄弟共五人，皆为侍中郎。五人一时来，观者满路旁。黄金络马头，颖颖何惶惶。桃生露井上，李树生桃旁。虫来啮桃僵。树木身相代，兄弟还相忘！"人们借此叹息：井边之桃树与李树相依为伴，虫蛀桃树，往往李树代桃树受蛀而枯萎僵死。李树尚能够以身赴死，他们兄弟之情谊连李树都不如！

来

甲骨文	金　文	篆　文

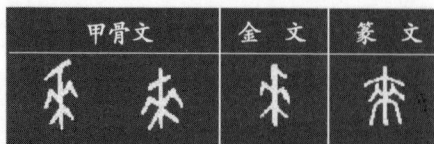

字形：来，象形字。在甲骨文中像一棵小麦的形状，一根麦秆两根麦穗，字形像麦芒麦刺的形状。隶变（汉字发展史上最重要的里程碑）后写作"来"。

字源：周地所接受的优良的麦子——来和麰，是上天赐来的，所以用作往来的"来"。

含义：本意是指小麦，如《诗经》中"贻我来牟，帝命率育"；后引申为"由另一方面到这一方面""从过去到现在""现在以后，未到的时间"之意等等。

引申：千家姓里收录了来姓，一种说法源于蒙古族，出自蒙古族来默氏、毛忽来氏部落，属于以部族称谓汉化为氏。

紫气东来

故事：紫气东来，就是紫气自东而来，比喻祥瑞降临。因它的美好含义，中国民间春节常用它作为春联的横批，贴在门框上。出自汉朝刘向《列仙传》："老子西游，关令尹喜望见有紫气浮关，而老子果乘青牛而过也。""关"指函谷关，是东去洛阳、西达长安的咽喉要道，成为历代兵家必争之地。传说老子很有学问，在周王朝担任主管图书典籍的官职。大约在他七十多岁的时候，天下大乱，老子辞官不做，骑着一头青牛，离开了洛阳向西走去。传说，一个清晨，函谷关善观天象的关令尹喜突然看到东方紫气氤氲，知道将有圣人过关，便出关相迎，果然见一长须如雪，道骨仙风的老者，骑着青牛悠悠而来，这就是老子。尹喜把老子留下来，老子也在此留下一篇专门讲"道"和"德"的文章《老子》，又叫《道德经》。老子写完文章后，骑着青牛继续向西走，后来就不知道到哪里去了。从此，在道教的众多神仙中，老子成了至高无上的天神，叫"太清道德天尊"，民间又尊他为"太上老君"。

鲁

字形："鲁"的甲骨文上部为鱼，下部为口。金文的"鲁"字下部口中多了一横，表示尝到的美味，本应写作"甘"，但后来讹变为"日"了。

甲骨文	金 文	篆 文
鲁	鲁 鲁	鲁

字源：古人用餐，讲究食有鱼，不仅因为鱼味道鲜美而且营养价值高，还因为鱼蕴含着众多美好的寓意。"出有车，食有鱼"是古人心目中的小康生活。

含义："鲁"的本义是小心吃鱼，默不作声；后本义消失，常用义指沉默无语的，迟钝的或不敏感的，粗野的。又因鱼是佳肴美食，鲁字又表示鱼味道鲜美。

引申：卜辞中"吉鲁"即表示占卜的结果，"嘉，吉利"，意为嘉美吉祥。

鲁壁

故事：孔子是鲁国人，晚年居鲁教授弟子，后世因此称之"鲁叟"。"鲁壁"则特指汉初前期，鲁恭王刘馀拆毁孔子故宅，在墙壁中发现孔子后代藏匿的数量巨大的竹简文献，使得孔子典籍得以躲过秦始皇的焚书坑儒和战乱浩劫而传于后世。抗战时期，国民党政府把故宫博物院的十万多件国宝藏于四川乐山，乐山人用生命守护了七年，最后完好无损地奉还。时任故宫博物院院长的马衡先生为乐山人题匾"功侔鲁壁"，肯定了乐山人为保护故宫国宝做出了与"鲁壁"相同的贡献。

乐

甲骨文	金　文	篆　文

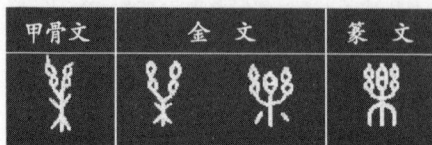

字形: 乐,象形字。字形像木枕上系着丝弦的琴具,是丝弦绷附在木上的形状。

字源: 上古时期有弦乐器(类似琴、瑟),又因为乐器发出的声音是和谐悦耳的,使人感到快乐,所以乐字就产生了。

含义: 和着演奏歌唱,引申为开心、愉快的意思。

引申: 五声八音。五声指 宫、商、角、徵、羽,八音指钟、磬、琴、箫、笙、埙、鼓、枳八种乐器。

乐不思蜀

故事: 乐不思蜀,指很快乐、不思念蜀国的意思,出自《三国志》。原义指蜀后主刘禅甘心为虏不思复国,后比喻在新环境中得到乐趣,不再想回到原来环境中去。三国时期,刘备占据蜀地,建立蜀国。他死后,儿子刘禅继位。刘禅昏庸无能,蜀国被魏所灭。刘禅投降后,被魏帝曹奂封"安乐公"称号,并让他迁居魏国都城洛阳。一次宴会上,司马昭故意安排表演蜀地的歌舞,在旁的人都为刘禅的亡国感到悲伤,而刘禅却欢乐嬉笑,无动于衷。司马昭问他是否会思念蜀地,刘禅却回答说:"此间乐,不思蜀。"司马昭看见这种情形就对贾充说:"想不到刘禅竟糊涂到了这种地步,即使诸葛亮活到这时,也辅佐不了,何况是姜维呢!"贾充说:"不是如此,殿下您又怎么能吞并他呢?"后人多认为刘禅乐而忘本,无故土之思,但也有人持异议,认为刘禅装憨卖傻,不仅养晦自保,更关系着一大批降臣的性命。

兰

字形：兰，形声字，繁体字"蘭"。上面的草字头表示它是一种植物，下面的闌是其声旁。兰代表挂在门上的香草。简化字"兰"表示"门上的草"。

字源：起初，古人将香草插挂在居所，用以醒脑放松，驱蚊求吉。后来，因兰花幽香典雅，孤芳自赏，香雅怡情，其气质深为世上贤达所欣赏，被文人雅士们所追求与赞颂，于是被称为"四君子（梅、兰、竹、菊）"之一。

含义：本义为古人挂在小栅门上的一种多年生香草，生于山中湿地，花紫红色，其茎、叶、花有微香。

引申：兰常用来代表美德，体现古人对美好事物的向往，爱国诗人屈原称兰花为"兰弟"。

芝兰玉树

故事：芝兰玉树，比喻有出息的子弟，现指德才兼备的人才。东晋时期，王、谢两家是当时非常有名望的贵族，朝臣多由王、谢两大家族成员担任，唐代刘禹锡有诗可证"旧时王谢堂前燕，飞入寻常百姓家。"谢家的谢安是当时执掌朝政的宰相，很注意培养后代，在一次教育子侄时说："子弟亦何豫人事，而正欲使其佳？"意思是说，做父兄的为什么总要教育自己的子弟，使他们往好的方向发展？在坐的都回答不出来，只有谢玄回答说："譬如芝兰玉树，乐其生于庭阶耳。"意思是说，好的子弟好比芝兰玉树，父兄想让这些好花萃树栽在自己的庭院里，为家门增添光彩。谢安听后大悦，以后谢玄一支族人便以"宝树堂"为堂号。后来，符坚带兵攻打东晋，谢安任命谢玄为先锋官，迎战符坚。谢玄利用他的聪明才智，留下了历史上著名的以少胜多的"淝水之战"，谢玄因此名扬天下，实现了他幼年时想成为"芝兰玉树"的理想。

莫

甲骨文	金 文	篆 文
𦱹 𦱷	𦱶	莫

字形：莫，会意字。甲骨文字形从日，从茻（mǎng），像（日）太阳隐没在（茻）丛林之中，表示傍晚天快黑了。

演变："莫"是"暮"的本字。隶书再加"日"而成为"暮"，"莫"演变为更抽象的意思，如没有、不等。

含义：日落的时候，如"至莫夜月明"（《石钟山记》）；一年将尽，如"岁亦莫止"（《诗经·小雅采薇》）；没有什么、没有谁，如"后世之谬其传而莫能名者"（《游褒禅山记》）；表否定的副词，不、不要、没有、不能，如"盈虚者如彼，而卒莫消长也"（《赤壁赋》）。

引申：莫姓，中国古老的姓氏之一，源于颛顼帝，出自上古时期颛顼帝所建的鄚阳城，属于以居邑名称为氏。颛顼帝为昌意之子，黄帝之孙，是炎黄部落联盟的重要首领之一。

干将莫邪（也作镆铘）

故事：干将，春秋时吴国人，是楚国最有名的铁匠，他打造的剑锋利无比。楚王知道了，就命令干将为他铸宝剑。后干将与其妻莫邪奉命为楚王铸成宝剑两把，一曰干将，一曰镆铘。铸剑耗时三年，楚王发怒。干将知道楚王性格乖戾，特在将雌剑献与楚王之前，将雄剑托付其妻传给其子，后干将被楚王所杀。其子成人后成功完成父亲遗愿，将楚王杀死，为父报仇。这就是《搜神记》中所记干将莫邪的故事。

梦

字形：梦，会意字。小篆字形，由"宀"（房子）、"爿"（床）和"梦"（不明也）三字合成，夜间在床上睡觉，眼前模糊看不清，即做梦。又写作"夢"或"寢"。

甲骨文	金 文	篆 文
𡇞	𡇞	𡇞

字源：梦是人们睡眠时大脑的意识活动，梦有神秘性的特点，古人重视对梦的解析。周朝是非常重视占梦解梦的朝代，如《汉书·艺文志》记载："众占非一，而梦为大，故周有其官。"周王的占卜事物全由太卜来总管。太卜即卜筮官，又称占梦官，一般由两人担任，属于"下大夫"之列。整个占卜机构编制共七十八人，非常庞大。

含义：其本义是"睡眠中的幻象"，如"铁马冰河入梦来"（陆游《十一月四日风雨大作》），"梦里不知身是客，一晌贪欢"（李煜《浪淘沙·帘外雨潺潺》）；梦中怀想，如"忽寝寐而梦想兮，魄若君之在旁"（司马相如《长门赋》）；或为"空想，妄想"，如"老去山林徒梦想，雨馀钟鼓更清新"（苏轼《赠清凉寺和长老》）。

引申：与梦相关的成语很多，共同组成了极具特色的梦文化。"浮生若梦"，浮生，空虚不实的人生；若，像。把人生当作短暂虚幻的梦境。"梦笔生花"，比喻写作能力大有进步，也形容文章写得很出色。

黄粱一梦

故事：黄粱一梦，黄米饭尚未蒸熟，一场好梦已经做醒。原比喻人生虚幻，后比喻不能实现的梦想。唐代李泌《枕中记》记载，一个姓卢的读书人在旅店遇到道士吕翁，并诉说自己的贫困。吕翁给他一个枕头让他睡觉，卢生梦见自己封官拜相，享尽荣华富贵。一觉醒来，卢生看见自己的身体还睡在旅舍之中，吕翁坐在自己身旁，店主蒸的黍还没有熟，接触到的东西跟原来一样。卢生急切起来，说："难道那是个梦吗？"吕翁对卢生说："人生所经历的辉煌，不过如此啊。"

名

甲骨文	金　文	篆　文

字形：名，会意字，甲骨文字形采用"口、夕"会意。夕，天黑。天黑了人们不相见，所以用嘴向别人说自己的名。

字源：在古代，父母对未成年子女在口头上的称呼叫作"名"，犹如今日之"小名"与"昵称"，用于日常非正式社交场合，为贱称；子女成年后为其设计的书面称呼叫"字"，有如今日之"大名"与"户籍名"，用于各种文件和正式社交场合，为尊称，"字"是对"名"的解释或补充。今人所说的"名"与"字"是同一对象的两个称呼。

含义：本义是自己报出姓名，后演变为起名字，如"以故其后名之曰'褒禅'"（《游褒禅山记》）；名字被广为流传就出名，有名声，如"山不在高，有仙则名"（《陋室铭》）；可以通"明"，意为明白，如"是以圣人不行而知，不见而名，不为而成"（《老子·四十七章》），意思是"因此圣人不出行就能推知事理，不窥见就能明了'天道'，不妄为就会有所成就"。

引申：古代婴儿出生三个月时由父母命名，供长辈呼唤。字是男子20岁（成人）举行加冠时取的，女子15岁许嫁时举行笄礼取字，名和字一般在意义上都存在一定的联系，古人命字方法的主要依据有以下几种：同义反复，屈原名平，字原；反义相对，晋大夫赵衰（减少），字子馀（增多）；连义推想，苏轼，字子瞻。

孔老二

故事：为什么人们叫孔子为"孔老二"呢？原来，孔子的父亲叔梁纥是鲁国的一个将军，他原有九个女儿和一个儿子。但仅有的一个儿子是个瘸子。在当时男尊女卑的情况下，叔梁纥当然很不满意，于是，他就和妻子一起到曲阜东南的尼丘山求天神另赐一子，后来，夫妇俩果然又生下了孔子，叔梁纥以为这是在尼丘山上求来的，就给他取名为孔丘，字仲尼，"仲"字表示"排行第二"的意思，因为孔子是叔梁纥的第二个儿子，所以人们又叫孔子为"孔老二"。

牧

字形： 牧，会意字。甲骨文字形从牛，从攴（pū），表示手拿棍棒牧牛（羊）。本义：放牧牲畜。

甲骨文	金文	篆文

字源： 对游牧民族来说，牲畜的多少代表着一个种族或家庭的实力，类似于汉族以人口的多少来确定家族的势力，因此有专人来放牧牲畜。

含义： 除本义放牧牲畜外，如"胡人不敢南下而牧马"（《过秦论》），"牧"还引申为放牧牲畜的人或地方。再引申为统治者对百姓的行为，解释为统治、管理及官名，如"民者，在上所以牧之"（晁错《论贵粟疏》）。

引申： 与"牧"相关的官名，如"牧伯"是州牧、方伯的合称，汉朝之后州郡长官的尊称。"牧守"州郡的长官，州官叫牧，郡官称守。"牧宰"州县长官，县官叫宰。《陈情表》中"臣之辛苦，非独蜀之人士及二州牧伯所见明知"的"牧伯"就是指地方的行政长官。

牧豕听经

故事： 牧豕听经，一面放猪一面听讲，比喻求学努力。后汉时琅邪有个孤儿叫承宫，8岁起给人放牧猪羊。乡里人徐子盛给几百个学生讲授《春秋经》，有一次，承宫放牧正好经过，听见讲授《春秋经》，于是请求留下为学生们拾柴，以便于听讲。就这样，边拾柴边听讲，勤学不倦。承宫通过自己的勤奋好学，永平年间，被朝廷封作博士，最后还做到了侍中祭酒一职，他的名声一直传扬到了北方遥远的匈奴。

木

甲骨文	金　文	篆　文
🌳　🌲	🌲　🌲	🌲

字形：木，象形字。甲骨文字形像树木，上为枝叶，下为树根。

"木"是汉字的一个部首。字形采用"屮"作偏旁，下部像它的根。

字源：古人观察自然，发现植物（树）的根从土里冒出来，不断长大，伸出枝丫，长成参天大树，把树木地下和地面的形状描画出来而成"木"字。

含义：本义是"树"，如"木欣欣以向荣，泉涓涓以始流"（《归去来兮辞》），意思为草木茂盛欣欣向荣，涓涓泉源细水慢流；木料，木材，如"木直中绳"（《荀子·劝学》），意思为木材直，合于墨线；质朴、朴实，如成语"木强敦厚"，比喻人品纯朴忠厚，性格倔强。

引申：木为中国古代乐器八音之一，乐器八音是中国传统器乐吹打乐的一种，原为中国历史上最早的乐器科学分类法，西周时已将当时的乐器按制作材料，分为金（钟、镈、铙）、石（磬）、丝（琴、瑟）、竹（箫、篪）、匏（笙、竽）、土（埙、缶）、革（鼗、雷鼓）、木（柷、敔）八类。其中木是指木制乐器，如柷、敔等。

呆若木鸡

故事：纪渻子为周宣王驯养斗鸡，过了十天周宣王问："鸡驯好了吗？"纪渻子回答："不行，还没本事却骄傲而自负。"十天后周宣王又问，纪渻子回答说："不行，还是听见响声就叫，看见影子就跳。"十天后周宣王又问，纪渻子仍回答说："还是目光犀利并有傲气。"又过了十天周宣王问，他终于回答说："差不多了，别的鸡即使打鸣，它已不会有什么变化，看上去像木鸡一样，它的德行真可说是完备了，别的鸡没有敢于应战的，掉头就逃跑了。"后用"呆若木鸡"来形容一个人有些痴傻发愣的样子，或因恐惧、惊异而发愣的样子。

弥

字形： 弥，会意字。将弓弩的所有箭位装满。

演变："爾"是"彌"的本字。"尔"，甲骨文、金文像多箭齐发的弓弩。当"爾"的"集发弓弩"本义消失后，金文再加"弓"另造"彌"代替；有的金文加"曰"（箭靶），强调射击。

含义： 满、遍，如"舸舰弥津"（《滕王阁序》），意思是说"船只停满渡口"；长、久，如成语"旷日弥久"，指时间拖得很久；更加、越发，"奉之弥繁，侵之愈急"（《六国论》）。

引申： 用"弥"组合的成语大多是"满"的意思。如：弥山遍野（山上和田野里到处都是。形容数量很多、范围很广、声势很大）、弥天大谎（弥天：满天。形容天大的谎话）、弥天亘地（弥：满；亘：横贯。山上和田野里到处都是，形容数量很多）、硝烟弥漫（弥漫：充满。指战场上炮火充满了整个空间）。

欲盖弥彰

故事：《左传·昭公三十一年》："或求名而不得，或欲盖而名章，惩不义也。"
春秋时期，齐国大臣崔杼谋杀齐庄公，为掩盖自己的罪行，强令记载历史的太史把齐庄公的死写成病死的，正直的太史如实记下"弑君"事实，崔杼杀了太史，太史的两个弟弟也是如此被杀害，结果弑君之罪没有掩盖，反而非常清楚地暴露出来。成语"欲盖弥彰"即源于此，指想隐藏坏事或过失的实情，却更加暴露。

乃

甲骨文	金文	篆文
了	子	子

字形：乃，象形字。有说为乳头形状，《说文》解作"象气之出难"。

演变："乃"字自殷商至战国晚期写法一贯，基本未变。从秦代起，"乃"字收笔处向左横向渐长，而且略欲上翘，顶横左端形成一向下短斜笔，汉代把这一斜笔顺势拉长成撇，而右侧欲上翘的收笔渐成缓慢提勾，奠定了楷书形式。

含义：本义为"再度""重复"，引申义为"一系列"，《尔雅·序疏》中说"若乃者，因上起下语"，因上起下就是承上启下的意思，因而有"一系列"的意思。字义因词性而变，如作动词时，表"是"；作副词时，表"才、只、竟然、却、于是、又如"；作代词时，表"你的、他的、这个、这样"；作连词时，表"可是，然而"。

引申："仍"字是"乃"字加上"亻"。"仍"为形声字，从人，从乃，乃亦声。"人"与"乃"联合起来表示"因袭前人"，引申为"因袭，依旧"。

海纳百川，有容乃大

故事："海纳百川，有容乃大"自林则徐的一副自勉联。意思是要有像大海那样能容纳无数江河水一样的宽广胸襟，以容纳和融合来形成超常大气。林则徐升任两广总督，责任重大。那时，帝国主义用鸦片毒害中国人民，清朝政府腐败无能，不敢抵抗，只能任由大量白银不断外流。林则徐目睹这种情况，极为气愤。于是，他于1840年挺身而出，坚决查禁鸦片，并给自己的府衙亲笔写了这副自勉联："海纳百川有容乃大，壁立千仞无欲则刚。"

耐

字形：耐，会意字。从而从寸，"而"指面颊，"寸"指法度，刑法。在面颊上施刑罚，指剃须。耐字本作"耏"，从而从彡。

字源："而"在甲骨文中是一个象形字，向下垂的四条线像胡须之形。金文篆文的字形还有点胡须的样子，到了楷书时，"而"字完全线条化了，就变成了今天的"而"字。

含义：本义是一种剃掉胡须两年的刑罚，由于剃掉胡须不伤及皮肉，所以人们都能承受得了，因此"耐"字又引申出了"受得住""禁得起"之义。

引申：古人认为毛发受之于父母，十分重要，用剃掉毛发的方式表示对犯人的惩罚是一种耻辱刑罚。耐，是古代剃掉胡须两年的刑罚；髡，是剃光头发的刑罚。

万不耐一

故事：万不耐一，出自汉朝王充的《论衡》。王充说刻苦努力学习并且记忆力好的人，这个世上有很多，但是能够写书发表文章，讨论古今事情的人，一万个里面也找不到一个。此成语用来形容人才极其难得，"耐"通"能"，表"才能"之义。

南

甲骨文				金文	篆文
台	苣	苣	苣	苩	甬

字形：南，象形字。其甲骨文是由站立的人和鼓形构成，字形像人站在鼓上，并用手敲击鼓，是一种钟镈镈之类的乐器。

字源：甲骨文"东""南""西""北"都不是方位词，"东"是扎紧的满口袋，"西"是松开的空口袋，东西相对，按此思路南北也应相对，因为"北"是背靠背坐，所以"南"就应该是面对面立。古人因鼓有两面就用来表示面对面，又在鼓上画一站立之人以表示立，这便是"南"的由来。

含义："南"字的本义是乐器，在《诗经·小雅·鼓钟》中记载"以雅以南"；此外，"南"的另一个意思我们也非常熟悉，就是与"北"相对的方位词，如"南极潇湘"（范仲淹《岳阳楼记》）。"南"的词性也有着变化，作动词是向南走的意思，作副词是向南的意思。

引申："南无"读"nāmó"，佛学用语又作南牟。佛教徒称合掌稽首为"南无"，并常用来加在佛名、菩萨名或经典名之前，表示对佛法的一种尊敬。

南腔北调

故事：清朝官员鲁之裕生性粗疏豪爽、不拘小节，因为他住的房子很小，就在门上题字："两间东倒西歪屋，一个南腔北调人。"以此来说明屋子破旧、倾倒歪斜的样子以及自己说话口音不纯，夹杂南北方音。"南腔北调"可能就是摘自这个门联的一个成语，用来形容人说话语音不纯，夹杂着南北方言，也可用来直接指南北各种腔调。

内

字形：内，会意字。其甲骨文字形为从门入。冂表示蒙盖，人表示进入之物，合而表示事物被蒙盖在里面。"内"的字形随时代及字体的改变而发生变化，但从大体上来说，它的形状并未有大的变化，为入在门内。

甲骨文	金文	篆文

字源："内"与"外"相对。当人类的文明产生并进步时，封闭空间自然就因此而产生。里与外的相对空间概念使得"内"作为描述这一状态词而产生。

含义："内"的本义为将布料缝在里面，但却是常用词。它对人们的重要性体现在空间概念存在的方方面面，比如"四海之内""方圆之内"；通"纳"字，意为收入、接受，如"毋内诸侯"《鸿门宴》。

引申：惧内。古时称妻子为内人，丈夫惧怕妻子便叫惧内，即怕老婆。历史上有名的"惧内"皇帝隋文帝杨坚，由于过于听从独孤皇后的意见，以致在选择继承人问题上出现严重失误，最后酿成了无法挽回的历史悲剧。

海内存知己，天涯若比邻

故事：唐代天才诗人王勃在长安任职时，要送自己的好朋友杜少府（官名）去蜀州上任。两人一起走出了长安城，来到分手的地点，心中有话，但却相对无言，只好观看四周的景致，以克制自己的离情别绪。王勃看见庄严壮丽的长安宫城被地势险要的"三秦"环护着，气象宏伟。再看朋友所要去的地方，千里迢迢，茫茫一片，什么也看不清楚。这一近一远、一明一暗的景物，对比强烈，构成了一幅非常真实、生动的送别画面，饱含着诗人对朋友远行的留恋之情，于是乎千古名句"海内存知己，天涯若比邻"喷薄而出，这一名句高度概括了"友情深厚，江山难阻"的情景，使友情升华到一种更高的美学境界。

念

金　文	篆　文

字形: 念, 会意字。"今"在上, 是时间前提, 意为今朝;"心"在下, 作为承担者。今朝心中魂牵梦萦者即为挂念。

字源:"唸"是"念"的异体字。"今"既是声旁也是形旁, 是"今"的本字, 表示低吟。"念"是金文, 表示口吟心忆 (今,"吟";心, 惦记)。

含义: 其造字本义为, 心中有所忆, 口中有所吟;现作动词, 想念, 如惦记;读, 如念书;还可作名词, 如念想、杂念。

引申: 念奴娇, 词牌名。念奴为唐朝天宝年间著名的歌女。因其音调高亢, 故名。双调, 百字, 有平韵、仄韵两体。又名百字令、酹江月、大江东去、壶中天等。后作为曲牌名。

不念僧面看佛面

故事: 传说保护佛法的天神韦陀除恶扬善时比较严厉, 看见人作恶就要惩罚, 这样就使得那些有悔过之心的人也会被惩处。此种说法和佛家教义相违。于是佛祖就将韦陀放在他的面前, 即面对大雄宝殿, 要他在施法时看一下佛祖, 这样就可以使那些有悔过行为的人有改正的机会。现多用来比喻看第三者的情面帮助或宽恕某个人。

奴

字形： 奴，会意字。左为女，右为又，女指女奴，又（手）指用手掠夺之。一说又（手）指女奴从事劳动。

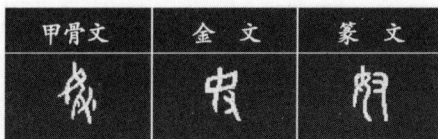

甲骨文	金 文	篆 文

字源： 古代男子寻找配偶不像现在自由恋爱，而是通过战争或暴力，把别族的女子抢来，这些女子或成为配偶，或被役使。

含义： 本义是俘获或抢劫女子并加以役使。古代妇女自称为"奴"或"妾"，有古代女子身份卑贱之意，都是强烈的自谦。

引申： 奴才，是指侍奉主子的奴仆，多指男性。现代主要用来讽刺，清朝只有满族大臣面对皇帝会自称奴才（表示亲近），汉族大臣只称臣。

千头木奴

故事： 千头木奴，故事说的是汉朝的事。当时有一个地方小官叫李衡，他夫人很能生养，给他生了一堆儿子。李衡经过仔细观察，发现儿子们没有一个有出息的。李衡犯愁了，最后终于想出一个办法，他派人去武陵种了一千多棵柑橘树，死时告诉儿子们可用这些橘树换绢帛维持生计。后来，人们把千棵柑橘树称为"千头木奴"，引申为可以维持生计的家产。

琶

篆文

琶

字形：琶，形声字。篆书珡（qín）表意，其形像琴弦、琴柱和琴面；巴表声，巴有面颊义，表示琵琶的形体似脸颊。

演变：篆文表示用手指缓慢而流畅地逐弦弹拨，使几根不同音高的琴弦由高而低依次产生柔和的声音。隶化后楷书将篆文中的木琴形状写成"珡"，将篆文中字的下半部分写成"巴"。俗体楷书将正体楷书字形中的"珡"简化成两个"王"。

含义："琶"的本义是用右手食指指甲向外急速连弹四弦，只见于古文中，如"推手为琵却手琶，胡人共听亦咨嗟"（《明妃曲·和王介甫作》）；也有以剔抚划拂为重要指法的木琴之意，如"千载琵琶作胡语，分明怨恨曲中论"（《七律·咏怀古迹五首》）。

引申：说起"琶"就会想到"琵琶"，一种拨弦乐器，用木做成，安有四根弦，下部为爪子形的盘，上部为长柄，柄端弯曲。"琵"和"琶"是弹奏古琴的两种相对指法："琵"外剔，"琶"内拂；"琵"急骤，"琶"和缓；"琵"是由低到高的暴发，"琶"是由高到低的收息。

《琵琶行》的由来

故事：唐宪宗元和十年，白居易被贬为九江郡司马。第二年秋季的一天，送别客人到湓浦口，夜里听到有人弹奏琵琶。探问这人，原是长安的歌女，曾向穆、曹两位琵琶大师学艺，后来年纪大了，嫁给商人为妻。于是白居易命人摆酒叫她畅快地弹奏几曲。她弹完后，说起了少年时欢乐之事，而今在江湖之间辗转流浪。白居易离京外调任职两年来，自得其乐，这天夜里才有被降职的悲伤之感，于是撰写了《琵琶行》。

否

字形: 否,会意字。由"不"和"口"组成。"不",表示反对、拒绝;"口",吐口水,表示唾弃。

金 文	篆 文
否	否

字源: 人们常借肢体语言表态,如今人举手表赞同,古人用大声吐口水表反对。

含义: "否"有两个读音。读作"pǐ"时,"否"的本意为唾弃、行不通,其只见于古文,如"否之匪人"(《周易·否》);作为动词,意为变坏、灭绝,如"不择善否,两容颊适"(《庄子·渔父》);作为形容词,意为不顺的、困厄的,如"执事顺成为臧,逆为否"(《左传·宣公十二年》);还可意为邪恶的、低劣的,如"利出否,以从贵也"(《周易·鼎》)。读作"fǒu"时,"否"的意思为不然、不是、不确定、没有,如"否则熟虑而从之"(《礼记·表记》)。作副词,意为非确定地、负面地,如"夫建国设都,乃作后王君公,否用泰也"(《墨子》)。

引申: "否"也可以是古代的一种器皿,类似现在的杯子,"卷"为曲木制成的盂,"否卷"指杯一类的盛器。

否极泰来

故事: 否极泰来,意思是逆境达到极点,就会向顺境转化,指坏运到了头好运就会来。"否"和"泰"是易经里两个互相对立的卦名。《周易》六十四卦圆环中,"泰"卦之后是"否"卦,而"否"轮回一圈后才会再变成"泰",寓意是从好变坏容易,而从坏变好难,这是《周易》阐述的自然道理。否极泰来,是辩证的规律,也是忧患意识的表征。

璞

甲骨文

字形: 璞, 形声字。从玉, 从菐 (pú), 菐亦声。"菐" 意为 "外皮"。"玉" 和 "菐" 联合起来表示 "包有石皮的玉" 或 "玉的石皮"。

字源: "璞" 的甲骨文由山和山洞的形状与手或双手持工具 "辛" (凿形) 开采玉石放到筐、簸箕等盛器中的形状组成, 如同一幅简笔的采玉图。此字未见金文, 但是从金文 "僕" 的偏旁看, 与甲骨文一脉相承。小篆以 "樸" 代 "璞", 毕竟有别。隶书写作 "璞", 是从玉, 菐声的形声字。

含义: 本义为蕴藏有玉的石头, 包在石中而尚未雕琢之玉, 如 "却说秦穆公有幼女, 生时适有人献璞, 琢之得碧色美玉" (《东周列国志》); 天真, 淳朴, 如 "夫质者朴也, 有崇尚太璞之意" (《盛世危言》)。

引申: 道教提倡返璞归真, 其目的就是要通过自身的修行和修炼, 使生命返复到始初的状态。道教认为, 人原初的本性是淳朴和纯真的, 是近于 "道" 的本性的, 但随着年龄的增长, 人的思虑欲念不断萌生, 蒙蔽了原有的纯朴天性, 而学道修道, 就是要使心性和生命返回到天真、淳朴的状态, 像璞玉一样。

璞玉浑金

故事: "璞玉" 是未经人工雕琢的玉, "浑金" 是没有冶炼过的金子, 比喻人的品质纯美质朴。魏晋时期, 在文学上有名气的 "竹林七贤" 之一的山涛 (巨源), 四十岁才当官, 在京城任尚书吏郎, 他很敬重有才学的嵇康, 因工作调动想推荐嵇康去接替他的位置, 可嵇康不愿。后来他为吏部尚书, 启用嵇绍。王戎评价山涛说: "如璞玉浑金, 人皆钦其宝, 莫知名其器。" 意思是好像天然美质, 未加修饰, 人人都赞扬他的宝贝, 不要知道他的器具的名字。

穷

字形：穷，形声字。从穴，躬声，洞穴不可行进的终极处。

演变：金文由"躬"和"穴"构成，表示人在穴中，无法站直。简化字为会意，力在穴下，有劲使不出。

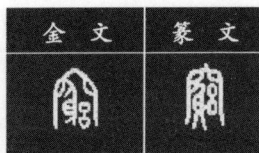

金　文	篆　文

含义：走投无路，不得志的，如《荆轲刺秦王》"樊将军以穷困来归丹"，意为樊将军因为走投无路来投奔我；走到尽头，寻究到底，穷尽，如《赤壁赋》"哀吾生之须臾，羡长江之无穷"，意为哀叹我们生命的短暂，羡慕长江的无穷无尽；贫困，贫穷的人，如《鱼我所欲也》"为宫室之美，妻妾之奉，所识穷乏者得我欤？"意为是为了住宅的华丽，妻妾的侍奉和熟识的穷人感激我吗？

引申：在古代，缺乏衣食钱财一般叫"贫"；不得志，没有出路叫"穷"。"困""穷"连用时，包含有"贫穷"的意思。

黔驴技穷

故事：从前贵州一带没有毛驴，有一个好事者从北方运来一头毛驴放到山脚下吃草，山上的老虎发现了这个怪物，开始只是远远地望着，然后慢慢地靠近毛驴，被毛驴大叫声吓了一跳，最后发现毛驴只能用蹄踢，再也没有别的本事，就跳上去饱餐一顿。这就是"黔驴技穷"的故事，比喻有限的一点本领也已经用完了。

妻

甲骨文	篆文
妻	妻

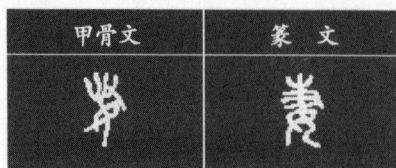

字形： 妻，会意字。《说文解字》："妻，妇与夫齐者也。从女、从屮、从又。又，持事妻职也。"甲骨文字形像一个敛腹跪坐于地的女子，头上插着花草锦羽一类的装饰，中间有一只抓取物的手。

字源： 妻的造字本义与古代婚俗相关。一说反映了上古社会掠夺婚的风俗，某一部落的男子可以到另一部落中去抢掠女子为妻，或者在战争中把俘虏的女子占为妻妾。在如今的迎亲仪式中仍有古代抢婚的影子，如新郎抱新娘下车甚至一直抱到新房，缘于当初被抢来的新娘双脚是被绑的，以防女子逃跑。另一说与古代女子的成人礼俗相关。古代女子十五行笄礼，即把原来的垂发绾成一个髻，用布把发髻包住，再用簪子固定。女子十五岁称笄年，加笄仪式后即为成年女子，可为人妻。

含义： 本义为男子的配偶，如"吾妻之美我者，私我也"（《邹忌讽齐王纳谏》）。妻子本是名词，后引申出动词以女嫁人、娶妻等意思。

引申： 我们现在称原配夫妻为结发夫妻，古人如何结发？原来，结发也是古人的一种婚俗。古人比现代人更看重头发，《孝经》云："身体发肤，受之父母，不敢毁伤，孝之始也。"古人一些重要的仪式往往与头发联系在一起，如男子的冠礼，女子的笄礼，结婚作为人生大事，也与头发分不开了。男女成婚之夕，男左女右共髻束发，故称"结发"，以示夫妻恩爱，白头偕老，永不分离。

杀妻求将

故事： 战国时期，卫国人吴起到鲁国拜曾子为师学习兵法，后做官，负责为鲁国练兵。吴起当官后娶了齐国漂亮女子为妻。强大的齐国攻打鲁国，鲁国国君想启用吴起为大将，但担心吴起不忠心，吴起听说后杀了自己妻子去拜见国君，后被任命为大将。这就是"杀妻求将"的故事，为了谋得将军的职位，不惜杀害自己的妻子。比喻为了追求功名而不惜伤天害理，为了成功而不择手段。

庆

字形：庆，会意字。甲骨文像一只头朝上的鹿的侧面形象，里面有一倒写的"心"，表示心意诚恳并高兴地祝贺。

甲骨文	金文	篆文

字源：古代鹿为长寿之物，且鹿皮华丽，是吉庆的象征，故先民多以鹿皮为贺礼。

含义：本义为庆贺、庆祝，如"大喜，笼归，举家庆贺"（《促织》）；引申为幸福、吉祥之义，如"积善之家，必有余庆"（《易经》）。

引申：古代一种新生儿诞生的庆祝方式是父母在门左挂弓庆生男孩，门右挂佩巾庆生女孩。至今许多地方还用送染红的鸡蛋来为新生儿报喜庆祝。传统的庆祝方式中还有周岁礼，这一天不仅要设宴请客，还要进行一个"抓周"仪式，就是让孩子任意抓取东西，以所抓东西来预测其未来前途，如抓印章的长大后会当官，抓算盘长大后会经商，抓书册、纸笔长大后会读书等。

充闾之庆

故事：西晋王朝的开国元勋贾充的名字来源十分有意思。晋朝魏豫州刺史、阳里亭侯贾逵晚年才生一子，十分高兴，说今后将会有"充闾之庆"，意思是日后当会有充满里巷的喜庆，就给这个孩子取名为贾充，字公闾。后用"充闾之庆"指光大门第的喜庆事。

钱

字形：钱，会意字。从金，从戋，"金"是货币，"戋"是两把戈。合起来就是引发争夺厮杀、代表财富的铜币。

演变：古人最初的货币是贝壳之类的装饰品，随着冶炼技术的发展，金属逐渐成为货币的主角，特别是铜，之后又出现了票据，类似今天的纸币，现代社会又出现了电子货币。

含义：本义是古代种田农具，如"命我众人，庤乃钱镈"（《诗经·周颂·臣工》），意思是说"命令我们这些人，准备好你的钱和镈"。上古时期曾以农具作为交易媒介，其后铸造货币又仿其形为之，因此引申为货币、钱财，如"卖炭得钱何所营"（白居易《卖炭翁》），意思是卖炭得到的钱用来干什么呢。

引申：古代的铜钱是一种辅币，一千个为一贯。在铸造时为了方便细加工，常将铜钱穿在一根棒上，为了在加工铜钱时铜钱不乱转，所以将铜钱当中开成方孔。后来人们就称钱为"孔方兄"，有时候寓指拜金主义。

钱的雅称

故事：古人因受儒家仁义礼智信影响而羞于言钱，谓之铜臭，雅称就是孔方兄或阿堵物。

西晋大官僚王衍是一个清高得口不言钱的人，偏偏有个贪浊的老婆，有一天她让婢女把钱堆满床前，不让他走路，看他还能口不言钱么？第二天早晨王衍起床看见钱，清高到底，还是钱字不出口，只喊婢女拿开那些"阿堵物"（"阿堵"，口语，"这些"；"物"，东西）。

迁

字形：迁，形声字。从辵，"辵"表移动。本义是向高处迁移。千的甲骨文是指事字，字形在"人"的小腿部位加指事符号一横，表示不停地行走。

| 金 文 | 篆 文 |

字源："迁"的产生有可能与古人的生活场地的变动相关。由于种种原因，如农业收获、气候、战争等，古人寻找更合适的居住环境。

含义：本义是迁移、迁徙，如"迁，徙也"（《尔雅》）；动词，改变、变更，如"齐人未尝赂秦，终继五国迁灭，何哉？"（《六国论》）；调动、重新任命，一般是升官，如"迁为太史令"（《后汉书·张衡传》）；贬谪、降职，如"迁客骚人，多会于此"（《岳阳楼记》）；放逐、流放，如"顷襄王怒而迁之"（《史记·屈原贾生列传》）。

引申：迁在古代有表示官职变动的意思，可以是平级调动，也可用于升官或贬官。一般情况下，"转迁""迁调"表示调职；"右迁""迁除"表示升职；"左迁""迁谪"表示降职，如《后汉书·张衡传》："公车特征拜郎中，再迁为太史令。"此处"迁"为升官。累迁，表示多次调动，如《后汉书·赵咨传》："累迁敦煌太守。"超迁，指越级升迁，如《史记·屈原贾生列传》："孝文帝说之，超迁。一岁中至太中大夫。"

孟母三迁

故事：孟子年少时，家住在坟墓的附近，孟子经常喜欢在坟墓之间嬉游玩耍。孟母见此情景，觉得这个地方不适合居住，就带着孟子搬迁到市场附近居住下来。但是，孟子又玩闹着学商人做买卖。孟母又觉得此处也不适合住，于是又搬迁到书院旁边住下来。此时，孟子便模仿儒生学作礼仪之事，这才定居下来了。孟子之后成为大学问家，与社会环境对他的熏陶感染有很大关系。孟母为选择良好的环境教育孩子，多次迁居。现指父母用心良苦，竭尽全力培养孩子。

青

甲骨文	金 文	篆 文

字形: 青,会意字,从生,从丹。其造字本义为从矿井采掘的苔色矿石(青金石)。

演变: 金文字形上面是个"生"字;下面是"丹"字,丹是井字之变。在发现的甲骨文中的"青"由"中"(生,出现、出产)和"井"(矿坑)组成,表示某种产自矿井的东西。古人将这种矿石研磨成粉末,作为重要颜料。

含义: 本义为蓝色,如"青取之于蓝,而青于蓝"(荀子《劝学》),意为靛青这种染料是从蓝草里提取的,然而却比蓝草颜色更青。颜色更深则为"黑色",如"江州司马青衫湿"(《琵琶行》),意为江州司马泪水湿透青衫,此处"青衫"即为"黑色的衣服"。或指"茂盛的样子",如"青青园中葵"(《长歌行》),意为园中的葵菜都郁郁葱葱;也可表示"年少",如"椒房阿监青娥老"(《长歌行》),意为宫女红颜尽褪;或指"深绿色",如"草色入帘青"(《陋室铭》),意为草色青葱,映入帘中;或指"竹简",如"留取丹心照汗青"(《过零丁洋》),意为我要留一片爱国的丹心照映史册。

引申: 唐朝时期,以衣服的颜色为品级高下的标志,具体为:一品二品官为紫色,三品官为浅紫色,四品为绯,五品为浅绯,六品为绿,七品为浅绿,八品以下为青色。

青州从事

故事: 青州从事,好酒的别称。魏晋时期,桓温手下的一个主簿善于辨别酒的好坏,把好酒叫做"青州从事",因为青州有个齐郡,齐与脐同音,好酒力一直达到脐部。把次酒叫做"平原督邮",因为平原郡有个鬲县,鬲与膈同音,次酒的酒力只能到达胸腹之间。

劝

字形：劝，形声字。从力，雚（guàn）声，上级勉励下级努力。

演变：金文、篆文字形较接近，简化字把"雚"变为"又"，"又"仅是一个符号。

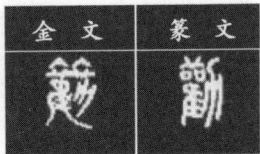

金 文	篆 文
𠢲	𫐐

含义：鼓励、勉励，《劝学》就是勉励人们学习；劝说，《送元二使安西》："劝君更尽一杯酒，西出阳关无故人。"意为劝说朋友再干了这杯酒吧，向西出了阳关，可就再也见不到老朋友了。

引申："劝茶"，我国旧时有以再三请茶作为提醒客人应当告辞了的做法，因此在招待老年人或海外华人时要注意，不要一而再、再而三地劝其饮茶。"劝酒"有"文敬""武敬""罚敬"等方式，如"文敬"，就是有礼有节地劝客人饮酒，也是传统酒德的一种体现。酒席开始，主人往往在讲上几句话后，便开始了第一次敬酒。这时，宾主都要起立，主人先将杯中的酒一饮而尽，并将空酒杯口朝下，说明自己已经喝完，以示对客人的尊重。客人一般也要喝完。在席间，主人往往还分别到各桌去敬酒。

断织劝学

故事：东汉时乐羊子外出求学，可是不到一年就回来了，他妻子问他回来的缘故，他说想念家人，没有特殊的事，妻子听后就拿起刀走到织布机前说："丝线一根根累积才能成为布匹，如果割断，就织不成布了，学习也一样，不能半途而废。"乐羊子听后，就回去继续学习了。这就是"断织劝学"的故事，原指东汉时乐羊子妻借切断织机上的线，来讽喻丈夫不可中途废学。后比喻劝勉学习。

秋

甲骨文	金 文	篆 文
䖵 䖵 䖵 䖵	秌	𥤲 秌

字形：秋，象形字。字形像长须、长足、薄翼的蟋蟀。本义：天气转凉、蟋蟀鸣叫的季节。

字源：古人借助具体事物来表现抽象的时间概念，虫（蟋蟀）以鸣秋，借以表达秋天的概念。另一写法，是蟋蟀形下加"火"字，表示秋天禾谷熟，似火灼。籀文又添加"禾"旁。

含义：收成，成熟的庄稼，如"若农服田力穑，乃亦有秋"（《尚书·盘庚》）；秋天、秋季，如"秋以为期"（《诗·卫风·氓》）；引申为"年，时候"，如"此诚危急存亡之秋也"（《出师表》）。

引申：古称与律令刑狱有关之事为秋，如秋曹（刑部的别称）、秋宪（指司法、监察官员及官署；刑法）。"秋审"是清朝的一种审判制度，从明朝发展而来。清朝将朝审发展为两种，即朝审和秋审，但这两种审判方式形式基本相同，只是审判的对象有区别。秋审的对象是复审各省上报的被处以死刑的囚犯，而朝审则是复审刑部在押的死刑犯。审判官的组成是相同的，都是中央各部院的长官。

"秋娘"的由来及含义

故事："秋娘"是唐代歌伎常用的名字，有时用为"善歌貌美的歌伎"的通称，如《琵琶行》中的"曲罢曾教善才服，妆成每被秋娘妒"。唐代李锜有名小妾叫杜秋，在李锜叛变后入宫，受宪宗宠幸，到穆宗时年纪已老，放回故乡。诗人杜牧曾写了《杜秋娘诗》，记述她的身世遭遇。后以此泛指美女。

奇

字形：奇，会意字。从大，从可，可亦声。《说文解字》："奇，异也。一曰不耦。从大，从可。"

甲骨文	篆文

字源：从"奇"的构造来看，本义为两腿分开跨坐，本是骑马的"骑"。由于骑姿非同于一般坐姿，因而产生了"非同一般"的引申义。今天我们使用的是"奇"字的引申义，而将它的造字本义转给后来出现的"骑"字了。

含义：奇异的、罕见的，如"世之奇伟、瑰怪，非常之观，常在于险远"（《游褒禅山记》）；出人意料的，如"出奇制胜"；单数，与"偶"相对，如"每奇日，未尝不视朝"（《资治通鉴·唐纪》）；比喻义"命运不好"，常与"数奇"连用，如"以为李广老，数奇，毋令当单于"（《史记·李将军列传》）；引申为余数、零头，如"舟首尾长约八分有奇"（《核舟记》）；还可以形容词作动词，如"大将军邓骘奇其才，累召不应"（《张衡传》）。

引申："奇门遁甲"的含义是由"奇""门""遁甲"三个概念组成，这些符号单位最初只是作为军事术语来运用，"奇"就是乙（日）、丙（月）、丁（星）三奇；"门"就是休、生、伤、杜、景、惊、死、开八门；"遁"即隐藏，"甲"指六甲，即甲子、甲寅、甲辰、甲午、甲申、甲戌，"甲"是在十干中最为尊贵，它藏而不现，隐遁于六仪之下。

奇货可居

故事：奇货可居，指把稀罕的货物囤积起来，等待高价出售。比喻拿某种专长或独占的东西作为资本，等待时机，以捞取名利地位。战国时候，大商人吕不韦到邯郸做生意，听说秦昭王的孙子异人正在赵国当人质。当时，秦赵两国经常交战，赵国有意降低异人的生活标准。吕不韦不禁自言自语："此奇货可居也。"吕不韦用重金把异人赎回秦国，并帮助他即位为王，即秦庄襄王。秦庄襄王感激拥立之恩，拜吕不韦为丞相，封文信侯，并把洛阳一带12个县封给他。秦庄襄王死后，太子政即位，即秦始皇，称吕不韦为仲父，后吕不韦权倾天下。

去

甲骨文	金　文	篆　文
去	去	去

字形：去，会意兼形声。甲骨文字形由"大"（人）和"囗"（聚邑）组成，像一个人跨步离开村邑。

演变：金文基本承续甲骨文字形。篆文将金文字形中的"囗"（村邑）写成"凵"。有的篆文在"去"的字形上加"户"（门），强调"出门远行"。隶书将篆文的"凵"草写成"折"加"点"的"厶"。楷书将隶书字形中的"人"简化成了"土"；至此"去"的字形中"大"（人）消失，"囗"（邑）消失。从本义看，"出"是离开本邑本营而他征；"去"是离开某一聚居区而至他乡。

含义：离开，"则有去国怀乡，忧谗畏讥"（《岳阳楼记》）；过去的，"我从去年辞帝京"（《琵琶行》）；除掉、去掉，"当横行天下，为汉家除残去秽"（《赤壁之战》）；距、距离，"项王军在鸿门，沛公军在霸上，相去四十里"（《鸿门宴》）；前往、到……去，"阿母谓阿女，汝可去应之"（《孔雀东南飞》）；通"弆"，收藏，"掘野鼠去草实而食之"（《苏武传》）。

引申：与"去"组合的词多与除掉、离开的意思相关，如"去火"指除掉体内的火气，"去暑"指除掉暑热之气，"去国"指离开自己的国家等。

去梯之言

故事：东汉末年，据守荆州的刘表有两个儿子——刘琦和刘琮。刘表晚年因听信后妻的话，不喜欢长子刘琦，想要废长立幼。刘琦担心自身安危，就向当时驻扎在荆州附近的诸葛亮请教保全性命的方法。诸葛亮不想参与刘表的家事，所以每当刘琦向他问计时，他总是敷衍。一天，刘琦邀请诸葛亮游览他家的后花园，引领着诸葛亮登上了高楼，并命人搬走了梯子，对诸葛亮说："以往我向先生问计，先生总是转移话题，如今这个地方上不接天，下不着地，你说出的话，只有我听见，可以说了吗？"诸葛亮只好隐晦地回答道："你没看见过去申生留在国内面临危险，重耳流亡在外却很安全吗？"刘琦听后，豁然醒悟，于是暗中谋划出荆州之计。后人用"去梯之言"借指极机密的话。

且

字形： 一说，祭祖日杀牲宰畜，族长平分肉食。另一说，薦也，从几，足有二横，桌腿

下面的垫脚，保持桌几的平衡和稳固。后引申为"在此基础上""进一步"等意思。

字源： 且，甲骨文是指事字，在肉块"夕"上加一横指事符号，表示切肉，将肉块切成均等的若干块。原始社会，食物是平分的重点对象，因此平分食物中精品的肉食，就成为祭祖敬神日的重要仪式。

含义： 而且、并且，"以其无礼于晋，且贰于楚也"（《烛之武退秦师》）；况且，"且君尝为晋君赐矣"（《烛之武退秦师》）；尚且、还，"臣死且不避，卮酒安足辞"（《鸿门宴》）；暂且、姑且，"且放白鹿青崖间"（《梦游天姥吟留别》）；将要、快要，"不出，火且尽"（《游褒禅山记》）；语气词，"匪我思且"（《诗经·出其东门》）。

引申： "且"是"俎""祖"和"宜"的本字。有的甲骨文写成混合结构的会义字，夕（肉块）加指示符号两横（表相等），进一步明确"且"是平分肉食。"且"的"祭祖杀牲，平分肉食"本义消失后，甲骨文再加"刀"另造"俎"代替；"且"的"祭祖"本义消失后，甲骨文再加"示"（表神灵）另造"祖"代替；"且"从"平分肉食"的本义中引申出"适宜、恰当"的含义，当"且"的"适宜、恰当"含义消失后，甲骨文再加两个"夕"（肉）另造"宜"代替。

且食蛤蜊

故事： 南朝齐王融，少时骄傲自满，一次谒见堂叔王僧佑，遇到名士沈昭略，二人互不相识。席间，王融高谈阔论，盛气凌人。沈昭略不知是哪里的狂生，就问王僧佑这位侃侃而谈的少年是谁？未等王僧佑回答，王融就极不高兴地对沈昭略说："你太孤陋寡闻了。我像天上的太阳，绚丽的光辉照耀天下万物，给人们以恩泽，有谁不知道我就如同不知道太阳！"沈昭略摇摇头，装作迷惑的样子，说："从未听说过你的大名，我们还是吃蛤蜊吧！"后来，"且食蛤蜊"这一典故，用来指不予关注。

期

金　文	篆　文
（金文字形）	（篆文字形）

字形：期，形声字。字形采用"月"作形旁，"其"作声旁。从"月"，从"其"，"其"亦声。"其"意为等距排列的刻画直线，"月"指一个朔望月，合起来表示一个朔望内的各种月相所对应的刻度线。另一说从"日""丌"，表示两个时间点相重合。

字源："期"的本义都和时间有关。古人为了计时，根据自然界日月等变化的规律，制定相应的时间单位，后来逐渐演变成历法。

含义：预定的时间、一定的时间期限，如"度已失期"（《陈涉世家》）；约会，如"今夜半，方期我决斗某所"（《大铁椎传》）；期望、要求，如"是以圣人不期修古，不法常可"（《五蠹》）；周年、周月，如"期年之后，虽欲言，无可进言者"（《邹忌讽齐王纳谏》）。

引申：期功，古代丧服的名称。期，服丧一年，如《墨子·公孟》："伯父、叔父、兄弟，期。"功，按关系亲疏分大功和小功，大功服丧九月，小功服丧五月。也用以指五服之内的宗亲。

期期艾艾

故事：据《史记》记载，汉初有个将军叫周昌，为人正直，敢于直言，他口吃说起来很费劲。当时，汉高祖刘邦想废掉太子刘盈，周昌谏言："臣口不能言，但臣期期知其不可！陛下欲废太子，臣期期不奉诏！"由于他口吃，一着急，就结巴，接连出现了"期期"。三国时期，魏国将军邓艾口吃，他称自己名字时常说成邓艾艾。后来人们把这两个故事联系起来，就组成了"期期艾艾"这个成语，形容口吃的人吐词重复，说话不流利。也指说话顾虑多，吞吞吐吐。

囚

字形：囚，会意字，从人，在口（围）中。一个人在与外界隔绝的处所里，表示被关起来的意思。

甲骨文	金文	篆文

字源：古人犯罪需关押起来，一般是关在一个相对封闭的空间，所以造出"囚"字，把一个犯罪之人围进四处密不透风的框内，限制罪人的活动。

含义：拘禁、囚禁，如"韩非囚秦"（《报任安书》），意为韩非在秦地被囚居；囚犯、被拘禁的人，如"死囚"，指已被判处死刑而尚未处决的囚犯。

引申：与"囚"字组合的词语都与囚禁有关。"囚车"，用于解运囚犯的木槛车；"囚室"，监禁犯人的小室；"囚笼"，拘禁囚徒的木笼；"囚衣"，特制供罪犯穿的服装。

南冠楚囚

故事：春秋时，一次晋侯视察军府，看到钟仪，便问官吏："那戴着南人帽子而被囚禁的是谁？"官吏回答："是郑人所献的楚国俘虏。"晋侯让人把他释放，并召见慰问他。晋侯问钟仪的身世、官职，钟仪说为乐官，又问能否奏乐，回答说这是祖职，不敢从事其他。于是晋侯命人给他琴，钟仪弹了楚国乐曲。晋侯又问起楚王情况，钟仪不作正面回答。事后晋侯将情况告诉范文子，范文子认为钟仪是高尚君子，建议放他回国。后以"楚囚南冠"形容困居他乡，怀恋故土；或用以指被囚禁的人。

请

金文	篆文
請	請

字形：请，形声字，从言，青声。

字源：青，是"倩"的省略，表示漂亮、美丽。人都喜欢被别人夸赞，为了让别人做某事，一般都会说一些好听的话，以期达到目的。

含义：本义为说漂亮话赞美对方，以期对方接受邀聘。作动词，请求（后带动词时，一种是请你做某事，一种是请你允许我做某事，后一种比较常见），如"公将战，曹刿请见"（《曹刿论战》）；谒见、拜见，"公子往，数请之，朱亥故不复谢"（《信陵君窃符救赵》）；邀请，"乃置酒请之"（《汉书·孝宣许皇后传》）。

引申：青，既是声旁也是形旁，表示漂亮、美丽。丽水为"清"，丽日为"晴"，美言为"请"，美意为"情"。

请君入瓮

故事：唐朝女皇武则天，为了镇压反对她的人，任用了一批酷吏。其中周兴、来俊臣最为狠毒，他们利用诬陷、控告和惨无人道的刑法，杀害了许多正直的文武官吏和平民百姓。有一回，一封告密信告发周兴与人联络谋反。武则天大怒，责令来俊臣严查此事。来俊臣深知周兴是个狡猾奸诈之徒，仅凭一封告密信，他一定不会认罪，便想出一条妙计，请他来喝酒，求教让犯人认罪的方法。周兴阴笑着说："你找一个大瓮，四周用炭火烤热，再让犯人进到瓮里，你想想，还有什么犯人不招供呢？"来俊臣连连点头称是，随即命人抬来一口大瓮，按周兴说的那样，在四周点上炭火，然后回头对周兴说："宫里有人密告你谋反，上边命我严查。对不起，现在就请老兄自己钻进瓮里吧。"周兴一听，手里的酒杯啪哒掉在地上，跟着又扑通一声跪倒在地，连连磕头说："我有罪，我有罪，我招供。"成语"请君入瓮"，比喻以其人之法，还治其人之身。

其

字形： 其，象形字，"其"是"箕"的本字。

甲骨文	金 文	篆 文

演变： 其，甲骨文像倒写的"网"，表示用竹篾编织的容具，即"箕"的本字。当本义消失后，再加"竹"另造"箕"代替。金文又加声符"丌"（jī），变成"其"，形声字。"其"假借为代词他、他们、那等。

含义： 本义为竹篾编织成的开口簸箕。用作代词：第三人称代词，相当于"他（它）（们）（的）"，如"郯子之徒，其贤不及孔子"（《师说》）；第二人称代词，相当于"你的""你们的"，如"故以为其爱不若燕后"（《触龙说赵太后》）；第一人称代词，相当于"我""我的"，如"余亦悔其随之而不得极夫游之乐也"（《游褒禅山记》）；指示代词，相当于"那""那些"或"其中的"，如"其日牛马嘶"（《孔雀东南飞》），如"蜀之鄙有二僧，其一贫，其一富"（《为学》）。连词，如果、假如，如"其若是，孰能御之？"（《齐桓晋文之事》）。副词，可表示各种语气。表示推测，恐怕、大概，如"圣人之所以为圣，愚人之所以为愚，其皆出于此乎！"（《师说》）；表示反问，"难道、岂"，"其真无马邪"（《马说》）；表示委婉地商量，"还是"，如"吾其还也"（《烛之武退秦师》）；表示期望，"可要"，如"尔其无忘乃父志"（《伶官传序》）；助词，无实义，起调节节奏、舒缓语气等作用，如"霰雪纷其无垠兮，云霏霏其承宇"（《涉江》）。

引申： 其是"箕"的本字，是装土用的平口竹筐，是一种建筑用具。用这种竹筐挑土石筑的墙就是"基"。

大禹治水

故事： 舜统治时，华夏大地经常发大水，为了制服洪水，人们推举禹治水。禹新婚不久，就领着治水大军出发了。后来，禹路过家门，听到自己孩子的啼哭声。同行的人说："禹，回家住几天吧！"禹却没有停住脚步："灾情严重，治水要紧！我重任在肩，可不能因家事而误了国事呀！"此后，禹又曾两次路过家门，都顾不上回家看一看妻子和孩子。后来，人们用"三过其门而不入"来表示舍小家为大家的精神。

却

篆文

字形：却，形声字。"卩"作偏旁，像人下跪的样子，即腿骨节屈曲的样子；采用"谷"作声旁。本义，节制并使它退却。

演变：由动词"后退"演变为"推辞"再到"去掉"，程度不断加深。

含义：退、后退，如"相如因持璧却立"（《廉颇蔺相如列传》），意为蔺相如拿着和氏璧后退，站立；推辞、不接受，成语"却之不恭"，指对别人的邀请、赠予等，如果拒绝接受，就显得不恭敬；去、去掉，多用在别的动词前，如"医得眼前疮，剜却心头肉"（《伤田家》），意为为了医治眼下的毒疮，也只有剜去自己心上的肉；还、再，表轻微的转折，如"何当共剪西窗烛，却话巴山夜雨时"（《夜雨寄北》），意为何时归去，共剪西窗烛花，再当面诉说巴山夜雨的况味。

引申："却籍"，南朝齐对检查出的伪冒户籍之称。为了扩大赋役征收范围，齐高帝萧道成专门设置了校籍官，严令整顿户籍。经检出的伪冒户籍，称为"却籍"，要被罚充远戍。

摆袖却金

故事：唐代韦执谊担任翰林学士，接受了别人贿赂的财物，答应为行贿者求取功名，就向夏卿请求，夏卿不答应，韦执谊于是从布口袋中拿出黄金要塞入夏卿衣袖里，夏卿摆袖起身离开了。后用"摆袖却金"来比喻为人廉洁，不受贿赂。

仁

字形：仁，会意字。"仁"字由"亻"和"二"组成。"亻"代表人，而"二"的含义有

甲骨文	金　文	篆　文

三种说法：一是数字，表示大众，指"我和我以外的许多人"，心怀大众，仁心便自然生出；二是天、地，化掉人心，只怀天地心，以天性善良、地德忠厚的心来为人处事，即有博爱心、包容心，自会产生仁爱心；三是作"上"字用，为上，代表崇尚、提升、升华。

字源：人类是群居动物，在长时间的相处中，产生了一系列的情感与行为。这其中，人与人相互友爱、互助、同情等便称为"仁"。

含义：从人，从二，意思是两个人在一起，两个人愿意走在一起，表明相互之间都有亲近的要求，本意为两个人亲近友爱；另一种说法从人，从上，指社会中的上等人，并引申出精华的意思。

引申：仁是古代人的伦理观念，因为儒家的发展而成为中国古代重要的道德指标。孔子将"仁"作为最高的道德境界，并第一个把整体的道德规范于一体，从此中国形成了以仁为核心的伦理思想结构。

孔子的"仁学"

故事：孔子的弟子向孔子请教："人人相爱，以仁义待人，的确是一种美德。倘若仁与生命发生冲突，应该怎么办？"孔子回答："凡是志士仁人，都不会因贪生怕死而损害仁义。"弟子恭敬地给孔子施礼，表示敬服。这时弟子子贡又问："仁德该如何培养呢？"孔子回答："可以从头做起，就好比工匠要做好活，先得有称手的工具。对于一个国家来说，应选择大夫中的贤者去敬奉；对自己来说，就应挑那些士人中的仁者交朋友，这样，才会培养起仁德来。"

日

甲骨文			金　文	篆　文
⊖	◉	◇	⊙	日

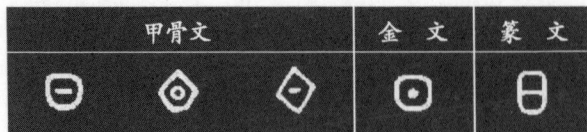

字形：日，象形字。甲骨文中的"日"是在天体形状的圆圈内加一点指事符号"·"，表示发光特性的天体，即太阳。

字源：古代先民将他们看见的太阳刻在甲骨上，形成早期的"日"，但由于书写刻画得不流畅，金文篆文等后世文字便将其简化、抽象化，这才形成我们现在所看到的"日"字。

含义："日"原指在太空中运行发光的天体，因为在白天发光，与黑夜发光的月亮"太阴"相对，故称太阳。《说文解字》解释："日，实也。太阳之精不亏。从口一。象形。凡日之属皆从日。"意为：日，能量充盈。太阳的精华永远不会亏空枯竭，光芒永恒照耀天地。字形由"口"和"一"构成，字形像太阳的形状，所有与日相关的字都采用"日字边"。

引申：古人计时，很多仪器需借助太阳，如日晷、圭表等，都需通过观察太阳的影子来确定时间。

夜以继日

故事：夜以继日，晚上连着白天。形容加紧工作或学习。西周周武王灭商不久就去世了，他的儿子周成王姬诵继承王位，继位时才13岁，朝中大事全由他的叔父周公旦辅佐处理，周公旦为了西周的政权稳固，夜以继日地工作，并精心布置，打败了管叔等人与商纣王儿子武庚勾结的叛乱，为巩固西周政权打下了坚实的基础，周公这种任劳任怨地辅佐朝政的行为也为后人所称颂。

柔

字形：柔，形声字。从木，表示新生树木；矛声，也表示新生树木细长如矛的杆。在篆文中上部分形如带锋头的木枪，下部形如木枪的杆。

字源：《说文解字》："柔，木曲直也。从木。矛声。""柔"字最初是因新生树枝形状而造字的，《尚书·洪范》中说："木曰曲直。凡木曲者可直，直者可曲曰柔。"于是"柔"字作为描述树木韧性的一个字出现了。

含义：本意为富有弹性、适宜作矛枪长柄的木材。树木可曲可直，或植物初生而嫩。引申为"柔弱，细嫩"，如"柔，弱也。"作动词，成为"安抚，平息"，如"怀柔百神"。

引申：柔术是中华民族源远流长的一种艺术表现形式，它正式形成于春秋战国时期，成熟于隋代，唐代进入宫廷，汉代时曾经一度鼎盛。

寂寞深闺，柔肠一寸愁千缕

故事："寂寞深闺，柔肠一寸愁千缕"，出自李清照的《点绛唇》。李清照虽然只是一个柔弱的女子，但她在战乱中拼力守护随身携带的金石文物，然而这些文物书画还是全部散佚，令她饱受打击。她晚景凄凉，在经受国破家亡之苦后，词作感情基调转为凄怆沉郁。她以自己的词作闻名于后世，塑造一个独立而愁苦凄惨的女词人形象。

如

甲骨文	金 文	篆 文

字形：如，会意字。字的一边是"口"，表示主人的命令，另一边是"女"，表示被迫服从的女子。

字源：古代社会，女子地位低下，只能坐在闺中，不能做官出仕。右边的口字就是张着的嘴，需要男人的俸禄换来的食物来养活，象征着"遵从、依照"的"如"字就这样诞生了。

含义：本义为顺从、依照，引申义有比得上、假如、同……一样等。

引申："恕"字，"如"字加一个"心"，强调以自己的心推想别人的心，从而体谅别人。《说文解字》中强调"恕"采用"心"作边旁，采用"如"作声旁，意为"仁"。

如虎添翼

故事：如虎添翼，比喻强有力的人得到帮助变得更加强有力。据说，东汉时期的吕种拜见著名将领马援时说起自己目前结交的王爷很器重他，对他委以重任，还赏赐了他大量的金银珠宝。一边说一边显现出满足和兴奋的神情，并问马援："马将军，我听说也有不少的王孙贵族想要与您结交，您都不太乐意，说实话那些来找您的人真的没有什么发展前途，只有我的王爷才是最有实力的，王爷已经说了，如果能够得到您的支持，他将如虎添翼，并且一定会重用您的。"马援听到这，脸色立刻变了，说："你我相交这么多年，你又不是不了解我的个性，我认定的事情，谁来劝我都不起作用！"吕种知道自己有些冒失，吓得不敢说话。

润

字形: 润, 形声字。王坐朝廷中, 享受水的恩泽。

字源: 水, 浸泡染色; 闰, 加水合成"润", 意为为染色丝品添色。把丝织品浸泡在染色剂中染色为滋, 把染色剂涂抹在丝织品上染色为润。莨绸就是先用薯莨的汁液滋浸染色, 再涂抹塘泥润色。

篆 文

含义: 作动词, 加油或水, 使不干燥, 如"浸润"; 作形容词, 细腻光滑滋润, 如"润泽"; 使有光彩, 如"润色"; 利益, 好处, 如"利润"。

引申: 润笔, 唐宋时期的翰苑官草制除官公文, 例奉润笔物。润笔, 本谓蘸墨水写或画, 后以借指付给作诗文书画之人的报酬。

月晕而风, 础润而雨

故事: 月晕而风, 础润而雨。月晕出现, 那么将要刮风; 柱子础石湿润, 那么就快要下雨了。语出《淮南子·说林训》: "山云蒸, 柱础润"。宋代的苏洵在《辨奸论》中言道: "事有必至, 理有固然, 惟天下之静者, 乃能见微而知著。月晕而风, 础润而雨, 人人知之"。清朝的百一居士在《壶天录》卷云: "燥湿为天地自然之气, 月晕而风, 础润而雨, 人以此测于几先者, 固古今一致也"。亦作"月晕知风, 础润知雨"。长舆《论莱阳民变事》: "月晕知风, 础润知雨, 窃恐踵莱阳而起者, 祸变相寻而来未有已也"。这个成语用来比喻从某些征兆可以推知将会发生的事情。

若

甲骨文	金 文	篆 文
𦥑	𦥑 𦥑	𦥑

字形：若，象形字。像高举两臂理顺长发的女子，表示女子温顺，顺从。

字源：中国古代，人们强调男权主义，自然希望女人对男人无条件服从。古代以左为尊，"若"字中的"右"也证明女人之卑贱。

含义："若"字本义表示女子的顺从应答，还可以表示"如果"等常见意思。在古文中"若"还有你、像、海神名等含义。

引申："诺"是"若"的引申字，唯唯诺诺用来形容一味顺从别人的意见，自己没有主意，一味附和，恭顺听从的样子。

望洋向若

故事：望洋向若，出自《庄子》。讲的是秋天到了，连日的暴雨使大大小小的河流的水都注入黄河，黄河的河面更加宽阔了，隔河望去，对岸的牛马都分不清。河伯很得意，认为天下最壮观的景色都在自己这里，他顺流来到黄河的入海口，只见北海汪洋一片，无边无涯，一眼望不到边，他呆呆地看了一会儿，深有感触地对北海海神若说："俗话说，只懂得一些道理就以为谁都比不上自己，这话说的就是我呀。今天要不是我亲眼见到这浩瀚无边的北海，我还会以为黄河是天下无比的呢！那样，岂不是被有见识的人永远笑话了。"这个典故寓意深刻，意在告诉我们，做人不要狂妄自大，更不能好高骛远，那种坐井观天、夜郎自大的想法和做法实在要不得。

率

字形: 率,象形字。甲骨文字形像捕鸟的丝网,字的上部和下部是捕鸟网的竿和手柄。

甲骨文	金 文	篆 文
率	率 率	率

字源: 像绞麻为索的形态,旁边的点为麻枲之余,西周、战国文字中或省略这个点,战国文字加饰笔补充,后世以加饰笔而旁点不省之形发展至今。

含义: "率"的本义为捕鸟的丝网。现多用来指率领、带领之意。率与帅同音,所以也有带领主管之意,如"刺史,古之方伯,上所委任,一州表率也"(班固《汉书·何武传》)。这里的表率有督促率领,榜样模范之意;作名词,指税率、比例,如"其罚百率"(《史记·周本纪》);作副词,都,如或曰:"六国互丧,率赂秦耶"(苏洵《权书·六国论》);作介词,指沿着、从的意思,"普天之下,莫非王土;率(自、从之意)土之滨,莫非王臣"(《诗经》),这里的"率土之滨"指沿着王土的边界。

引申: 率长,官名,亦作卒帅,春秋时齐国管仲所置。《管子·小匡》:"制五家为轨,轨有长;六轨为邑,邑有司;十邑为率,率有长"。

率兽食人

故事:《孟子·梁惠王上》:"庖有肥肉,厩有肥马,民有饥色,野有饿莩,是率兽而食人也"。战国时期,诸侯国之间的战争使得民不聊生,百姓流离失所。孟子于是到各国游说诸侯,希望他们放弃战争并施行仁政。孟子对梁惠王说:"你厨房内有肥肉,马厩里有壮马,老百姓却面有饥色,野地里到处是白骨,这就是率兽食人。国家要富强必须要爱护人民。"表现了孟子对统治者压榨人民的不满和控诉。率兽食人就是率领野兽吃人,比喻统治者虐政害民。

山

甲骨文	金　文	篆　文
㎡	㎡　山	山

字形: 山，象形字。其甲骨文字形像遥望地平线上起伏连绵的群峰的线描，有三座峰头。

演变: 山，其甲骨文字形像群峰的线描，金文写成剪影。有的金文将三个峰头简化成三个短竖，淡化峰尖形象。篆文保留中间一座峰岭的象形特征。隶书完全失去峰岭形象，类似于现在的"山"字。

含义: 本义为起伏叠嶂的峰岭，现指地面形成的高耸部分，现也用做汉字的部首。

引申: 山长，官名。古代书院的主讲，唐代开始有此名称。宋初学者在山林名胜创办书院，教授学生，其管理者也称为山长。

高山流水

故事: 《伯牙鼓琴》的故事家喻户晓，讲的是俞伯牙弹琴，钟子期听他弹琴，俞伯牙在弹琴时想着泰山，钟子期说："弹得好呀，就像那巍峨的泰山。"一会儿，俞伯牙又想到流水，钟子期说："弹得好呀，就像那浩浩汤汤的流水。"钟子期死了以后，俞伯牙摔琴断弦，终生不再弹琴，认为世上没有值得他为之弹琴的人。"以为世无足为鼓琴者"，知音已逝，弹琴又有什么意义呢？所以伯牙再也不肯弹琴了。故人们后用"高山流水"来比喻知音难觅。

善

字形：善，会意字。字形采用"言言、羊"，"羊"是吉祥的象征，以"羊"为基础进行会意造字。

甲骨文				金 文	篆 文

字源：羊，既是声旁也是形旁，通"祥"，表示眼神安祥温和，所谓"慈眉善目"。两个"言"，表示言语祥和亲切，所以代表"吉祥，心地仁爱，品质醇厚"的"善"字就出现了。

含义：《说文解字》对"善"字的本义解释为"吉祥"，"善"还有心地仁爱、品质淳厚、友好、熟悉等意思。

引申：善才，唐代白居易在《琵琶行》中写道："尝学琵琶于穆曹二善才。"唐代称琵琶师为善才，原专指一位曹姓的琵琶师，但后来引作琵琶师的通称。

从善如流

故事：郑国是春秋时的小国。它为了防御楚国，和晋国签订了盟约。结盟的第二年，楚国即发兵进犯郑国。晋国有约在先，便派栾书带兵救援，晋军途中与楚军相遇，楚军不战而退。晋国大将赵同和赵括等人主张乘机攻占楚国的蔡地，便催请栾书下令行动，但知庄子、范文子和韩非子等人不同意，说："楚军已撤，郑国转危为安，我们就不该进攻楚国。"栾书觉得有理，毅然命令大军撤回晋国。对此，《左传》称赞栾书的举动是"从善如流宜哉"。"从善如流"指听从好的、正确的意见，就像流水那样迅速、自然。

少

甲骨文	金 文	篆 文
小	个	少

字形：少，会意字。幼儿开始走上自己的路，即成长为少年。

字源：上部竖线可理解为一把刀，左右两点表示把一个整体切成左右两部分，若继续切其中一部分，这一部分就会越来越少。下部一撇表示继续前进。小篆的"少"，底下是"人"，表示把一个物体折成两部分，每一部分相对整体都变少了，所以下部一撇还有不断折损削弱某物的意思。

含义：动词，小看，轻视，"且夫我常闻（听说）少仲尼之闻"（《庄子·春秋》）；使少，减少，削弱，"欲天下之治安，莫若众建诸侯而少其力"（贾谊《治安策》）；差欠，不够，"是儿少秦武阳二岁"（柳宗元《童取寄传》）；形容词，数量小，与"多"相对，"人民少而财有余"（《韩非子·五蠹》）。副词，稍稍，稍微，略微，"颜色不少变"（张溥《五人墓碑记》）。名词，年轻人，与"老"相对，"五陵年少争缠头，一曲红绡不知数"（白居易《琵琶行》）。

引申：劣。"劣"字字义可作为"少"意义的引申，因为它多作弱小、不好、低下的意思，或作副词，与"少"的意思关系密切。

少小离家

故事："少小离家老大回，乡音无改鬓毛衰"，出自唐朝贺知章的《回乡偶书》。贺知章在公元744年（天宝三载）时辞去朝廷官职，告老返回故乡越州永兴（今浙江萧山）时已八十六岁高龄。这时，距他离开家乡已经有五十个年头了。当年，他三十七岁中进士，此前他已离家，可谓少小离家；如今，归乡的他已是耄耋之年，乡音无改，鬓毛已衰，即是"老大回"。可是，尽管家乡依旧是家乡，门前的那棵老树仍在，人却非当年人，当年人们所演绎的故事早已随风飘散，无处可寻。现"少小离家"多用来指风华正茂时离开家园。

奢

字形：奢，形声字。从大，从者，者亦声。"者"指"非农家庭""城市人家"。"大者"就是"城市里的大户人家"，而最典型的大户人家就是皇家。

金 文	擂 文	篆 文

字源：封建社会有十分明显的等级制度，大户人家家财万贯，而普通百姓却常常吃不饱穿不暖，还受到官僚的压迫，老百姓看见有钱人住着豪宅，吃着山珍海味，便有了形容这种现象的"奢"字。

含义："奢"的本义为排场大，宅院大。"奢"字体现了中国古代封建社会森严的等级制度。

引申："奢"字常与"侈"字连用，"侈"意为人多，即古代大户人家佣人多，随从多，"奢侈"一词用来形容人挥霍钱财，过分享受。

骄奢淫逸

故事：《阿房宫赋》写道"秦爱纷奢，人亦念其家"。说到奢侈，最典型的就是秦始皇嬴政。秦始皇统一中国后，开始修建阿房宫，据说若阿房宫建成，占地面积约为11平方公里，相当于15个北京故宫，这宅院大得可是不一般。秦始皇还着力修建万里长城、秦始皇陵、秦直道等，征用大量劳动力，而正因其如此奢侈，导致秦二世而亡，所以杜牧写下《阿房宫赋》来讽刺当朝者骄奢淫逸，广建宫室，希望秦朝历史不会在唐朝重现。"骄奢淫逸"现用来形容骄横奢侈，荒淫无度的糜烂生活。

舍

甲骨文	金　文	篆　文
舍	舍　舍	舍

字形：舍，形声字。从亼，从中，从口。亼意为屋顶，中意为大柱、横梁，而口则代表基石，合起来就指一座简易的房子。

字源：中国古代，交通不便，外出者到达较远的地方往往需要很多天。在路途上，外出者不便风餐露宿，于是需要暂时的落脚点，即旅舍。于是，"舍"就在这样的背景下产生了。

含义："舍"是房屋，客栈。作名词还可为路程单位，中国古代行军以三十里为一舍；作动词意为安置。

引申：舍人，官名，汉代为正式职官。又有中书舍人、通事舍人、中书通事舍人、太子舍人等名目。明代武臣有带刀舍人，后俗称武臣子弟为舍人。

退避三舍

故事：退避三舍，是重耳的知恩图报，更是中国的美德象征。春秋时候，重耳在外流亡，经过千辛万苦，来到楚国。楚成王认为重耳日后必有大作为，待他如上宾。一天，楚王设宴招待重耳，两人饮酒叙话。忽然楚王问重耳："你若有一天回晋国当上国君，该怎么报答我呢？"重耳回答若能回国当政，愿与楚国友好。如晋楚国之间发生战争，必命令军队先退避三舍（一舍为三十里），再交战。四年后，重耳真的回到晋国当了国君，就是历史上有名的晋文公。公元前633年，楚国和晋国的军队在作战时相遇。晋文公为了兑现他许下的诺言，下令军队后退九十里，驻扎在城濮。楚军见晋军后退，以为对方害怕了，马上追击。晋军利用楚军骄傲轻敌的弱点，集中兵力，大破楚军，取得了城濮之战的胜利。该词现用来比喻对人让步，不与相争。

涉

字形：涉，会意字。字形像一条弯曲的河流，河的两旁各有一只脚，字形像人趟水过河。

甲骨文	金 文	篆 文

字源：在古代，大小河流较多，而当时的舟楫并不发达，在遇到浅水时，过河还是要靠双脚，所以便有了"涉"字。

含义："涉"字从水，从步。"步"指行走，"水"指溪流。"水"与"步"联合起来表示"行走在溪水中"，故其本义为"趟水过河"。

引申：古代的船夫便叫做"涉人"。《左传·哀公十五年》："虽陨于深渊，则天命也，非君与涉人之过也。"意思是即使堕入深渊之中，那也是上天的命令，不是君王和渡口船夫的过错。

跋山涉水

故事：郑简公派游吉去楚国，到达汉水时，楚国人让他回去，说："在宋国的那次结盟，贵国大王亲自参加。现在派你前来，我们国君让你暂且回去。"游吉说："在宋国的那次结盟，贵国君王的命令有利于小国，也使小国安定他的国家，镇抚它的百姓，用礼仪承受上天的福禄，这是贵国君王的法令，同时也是小国的希望。我们国君因此派我奉上礼物，现在你命令说：'你怎么能参与郑国的政令？一定要让你们国君丢掉你们的疆土和守备，跋山涉水，冒着霜露，以满足我国君王的心意。'小国还想期望贵国君王赐给恩惠，哪里敢不唯命是听？"由此引出成语"跋山涉水"，现用来形容旅途艰苦。

生

甲骨文	金　文	篆　文

字形：生，指事字。甲骨文中在草叶下加一横，作为地面的指事符号，就像一棵刚刚冒出新芽的小草。

字源：古时中国是农耕社会，每当春回大地，万物复苏时，一株株小草从土地中探出头来，郁郁葱葱，一派生机。因而古人造出"生"字。

含义：作为一个指事字，"生"字本意为草木破土萌发。

引申：生员，唐代国学及州、县学的学生均称生员，因学生员额有规定，故得此名。如同职官有一定员额而称官员。宋代以后，监生与生员有别。明清时，凡经本省各级考试进入府、州、县学者，统用此称，即俗称为秀才。

妙笔生花

故事：传说一天深夜中国古代大诗人李白在睡意蒙眬中，一边吟诗，一边随风飘到一座海上仙山上，正陶醉于此处美景时，突然一支巨大的玉柱般的毛笔耸出云海，异常壮美。李白心想："如果能得到这枝巨笔，用大地作砚，蘸海水为墨，拿蓝天当纸，写尽人间美景，那该有多好。"就在他浮想联翩之时，忽然一阵悠扬悦耳的仙乐传来，并有五色光芒从笔端射出，接着在笔尖开放出一朵鲜艳的红花。那支生花之笔渐渐移动，朝着他飘然而来。李白眼看那支光芒四射的生花妙笔越来越近，正想取时，不觉惊醒。自此以后，李白的名诗佳句源源涌来，写下了众多著名的诗篇，被后世誉为"诗仙"。现用"妙笔生花"来指才思日进，比喻杰出的笔法或文笔。也比喻笔法高超的人写出动人的文章。还可讽刺写作时夸大其词，胡编乱造。

声

字形: 声,会意字。下面有口,中间是耳朵;右下有手拿着东西,可能是表示敲击的意思;左上有像三根天线似的符号,表示声在向外散发。

字源: 甲骨文的"声"的确是一个很"热闹"的字,指一只手拿着小锤敲击古乐器"磬",一个嘴巴唱着歌而被包围在中间。

甲骨文	篆 文

含义: 本义,乐器或人发出的乐音,指歌声和乐声。

引申: 音,《说文》中有"声,音也"的说法,但事实上,声不同于音。从甲骨文的字形可以推知,耳朵听见的就是声,而音的解释中,"意"字里面隐藏着奥妙玄机。意,由"音"和"心"组成,暗示着"音"就是心音。因为"大音稀声"(《德道经·闻道》),所以也只有心音才能称得上是能够连通天地能量,直通大道本原的"大音"。

声东击西

故事: 声东击西,指造成要攻打东边的声势,实际上却攻打西边。是使对方产生错觉以出奇制胜的一种战术。东汉时期,地处大漠西缘的莎车国,煽动周边小国,归附匈奴,反对汉朝。班超决定首先平定莎车,莎车国王北向龟兹求援,龟兹王亲率五万人马,援救莎车。敌众我寡,班超遂定下声东击西之计,迷惑敌人。班超率部向西撤退,表面上显得慌乱,故意放俘虏趁机脱逃。俘虏逃回莎车营中,急忙报告汉军慌忙撤退的消息。龟兹王求胜心切,率领追兵追击。班超把部队隐藏起来,迅速回师杀向莎车。汉军如从天而降,莎车猝不及防,迅速瓦解。

胜

甲骨文	篆　文

字形: 胜, 形声字, 从力, 朕声。"胜"的繁体为"勝"。部首为月, 与身体有关; 右上方是"拳"字的上半部分, 右下方则是一"力"字。不难想到"勝"代表的意义了: 依靠拳头与力量, 便能打败对方。

字源: 人类作为群居动物, 在日常生活中不可避免地产生竞争。在上古时期, 竞争的胜利与否主要取决于身体素质的高低。因此, "胜"字就诞生了。

含义: 本义为胜任、禁得起,《说文》中记载, "胜, 任也。""胜"又有其他的意义, 战胜、打败, 如《尔雅》中的"胜, 克也", 苏洵《六国论》"其势弱于秦, 而犹有可以不赂而胜之之势"; 胜过、超过, 如白居易《忆江南》"日出江花红胜火, 春来江水绿如蓝"。"胜"也可作名词, 指名胜古迹, 如陆游《过小孤山大孤山》"三面临江, 倒影水中, 亦占一山之胜"。

引申: 胜迹, 指有名的古迹、遗迹。文人骚客多喜欢去各处游览, 除山水之外, 古迹、遗迹也是他们常去之地, 历代诗人留下了大量优秀篇章, 如孟浩然《与诸子登岘山》: "人事有代谢, 往来成古今。江山留胜迹, 我辈复登临。"

柳永写词求举荐

故事: "东南形胜, 三吴都会, 钱塘自古繁华。"柳永的一首《望海潮》, 道尽钱塘"不是人寰是天上"的如画美景。这首传唱千古的名作背后, 还有一个有趣的小故事。柳永与时任两浙转运使的孙何是布衣之交, 真宗咸丰末年, 柳永从家乡前往京城开封应试, 途经钱塘。柳永想拜访孙何, 但当时官府门禁极严, 柳永一个平民是很难到孙何家去拜访的。柳永于是写下了这首词, 请了当地一位著名的歌女在孙何宴会上演唱, 此法果然有效, 第二天孙何就亲自前往见面。从这个故事可以看出,《望海潮》实际上是一首干谒词, 而柳永写作的目的是希望得到孙何的举荐。

失

字形： 失，形声字，从手，乙声。从战国文字的字形，可以看出"失"字的字形像是"手"的下侧掉下一物品来，经演变后才有如今的字形。

金　文	篆　文

字源： 出自汉字"矢"，与"矢"是一对关系字。"矢"指飞向目标的箭，而"失"指的是没有命中目标的箭。

含义： 根据小篆字形，可知本义指飞行轨道错误的箭。根据丢掉目标或错过目标的意思，可以引申为"丢掉，错过"，古人言："失，纵也。"如"鸡、豚、狗、彘之畜，无失其时，七十者可以食肉矣"（《孟子·梁惠王上》）。

引申： 失道，指失去准则，违背道义。古人观察自然后对照省察自身行为而谨慎抉择进退，人的一切行为都应有参照的标准，是古人受自然启发而总结出来的。这些标准不能违背，违背就是"失道"，是会招致灾祸的。如《易·观》："观我生进退，未失道也。"

塞翁失马

故事： "塞翁失马，焉知非福"是广为流传的成语，比喻好事和坏事在一定条件下可以互相转化。其背后的故事也令人津津乐道。从一开始的"马无故亡而入胡"，众人都表示惋惜，老翁却不以为意，只是淡淡地说："此何遽不为福乎？"后来良马带着胡马归来，他又说："此何遽不为祸乎？"因为良马，儿子获得马匹而摔断腿酿成灾祸，后遇上战乱，又因跛脚未上战场得以保全性命。他对"祸兮福所倚，福兮祸所伏"的道理也是有着很深的领悟的。他的那种对得与失的淡然和对未来祸福的推测，让我们看到了一位智者形象。

师

甲骨文	金 文	篆 文
₿ Ꮓ	𝕰	𝕻

字形: 师, 会意字。繁体字为 "師"。垍是小土山, 帀是包围。四下里都是小土山, 表示众多。

字源: "师"的名称, 在夏、商、周三代就有了。而"师"字最早出现在甲骨文中, 甲骨文中有"文师"之称。起初是指为了防止农民起义而部署的军队, 而后来逐渐发展为"教导所有人(包括贵族子弟和众人)走向和平、文明的人", 有了教导、示范之意。

含义: 本义为古代军队编制的一级。"五人为伍, 五伍为两, 四两为卒, 五卒为旅, 五旅为师", 此处师指军队编制的一级, 二千五百人为一师。

引申: "国有贤相良将, 民之师表也", 意思是国家有贤明的辅臣和优秀的良将, 是百姓学习的榜样。说明了言传身教的示范作用和导向作用。此处"师"重在师的表率作用。

一字之师

故事: 齐己是一位擅长写诗的和尚, 有一次, 他带着自己写的一首《早梅》诗前去请教郑谷, 郑谷看到"前村深雪里, 昨夜数枝开", 总觉得有些不妥, 经过认真思考后, 认为把"数枝"改为"一枝"更能体现出梅花开得早。齐己听了以后非常佩服郑谷的匠心独运, 向郑谷表示谢意。当时的人, 都佩服郑谷把齐己的诗只改换了一个字, 就使整首诗更加确切生动, 于是"以郑谷为一字师"。现"一字之师"用来指在一个字上能对自己有帮助的人, 也泛指诗文的改正者。

时

字形：时，形声字。繁体字"時"，意为四季，字形采用"日"作边旁，"寺"作声旁。

甲骨文	金文	篆文
旹	旹	旹 時

字源：中国古代，先民从一年四季春夏秋冬之中，逐渐体会到了时间的流逝，而为了表达这种感觉，人们便创造出了"时"字。

含义："时"字，意为太阳运行的节奏，季节。引申义为"适当的机会"或"钟点"，由词性可以引申出"当下的"或"经常地"。

引申：时髦，原指英俊之士。《尔雅·释言》："髦，俊也。"郭璞注曰："士中之俊，犹毛中之髦。"士之俊者譬若毛中长毫（髦），故曰"时髦"。"时髦"之士自会被人喜爱、仿效，故此语后谓新颖趋时之意，犹言"时尚"。至此，"时髦"便由名词变为形容词了。

识时务者为俊杰

故事：识时务者为俊杰，意思是能认清时代潮流的，聪明能干的人，方可为英雄豪杰。认清时代潮流形势，才能成为出色的人物。三国时期，刘备曾被曹操打败，被迫依附于荆州牧刘表，但他胸怀复兴汉室之大志，不甘心寄人篱下。他深知要成大事，必须有才智之士的辅佐，因此暗地里一直在物色杰出的人才。后来他听说司马徽在襄阳一带名声很大，是个有才能的人，便去拜访，并向他询问对于天下大事、政治时局的看法。司马徽向他推荐"卧龙"和"凤雏"两个人，此二人后来都被刘备访求征召，成为蜀汉的重要大臣。诸葛亮隐居隆中，饱读史书，具有丰富的政治、军事、历史方面的知识，自认为有王佐之才，最终帮助刘备建立了蜀汉政权。庞统也是目光远大之人，能把握政务全局，察知形势发展变化的趋势。诸葛亮和庞统都是识时务者为俊杰的代表。

识

金文	篆文

字形：识，形声字，从言，戠（zhí）声。善于言谈，表示有知识，故从言。

字源："戠"本指军队方阵操演，引申为"（团体操）图形及其变换"。"言"与"戠"联合起来表示"用语言描述图形的形状和细节"。

含义：本义为区别、辨别图形或事物形状，并用语言描述之。识即对事物的一种认知、理解。引申到佛教的"六识""八识"等，也可指见识，识人、事之明等。

引申：与"识"有关的成语熟语。"不打不相识"，指经过交手，相互了解，能更好地结交、相处，此处"识"是结交相处的意思；"不识庐山真面目"（苏轼《题西林壁》），比喻认不清事物的真相和本质，此处的"识"指对事物的认知；"见多识广"，见过的多，知道的广，形容阅历深，经验多，此处的"识"指阅历经验。

老马识途

故事：《韩非子》中记载了"老马识途"的故事。管仲和大夫隰朋随齐桓公一同前往攻打孤竹，齐军是春天出征的，到凯旋时已是冬天，因季节变换而迷失了道路。管仲说："老马的智慧是可以利用的。"于是放开老马，让大军跟随着它们，最终找到了回去的路。"老马识途"比喻阅历多的人富有经验，熟悉情况，能起到引导作用。

使

字形：使，形声字，从人，吏声。从人表示人的动作行为，左边的单人旁指"人"，右边的"吏"像一个人戴了一顶帽子伸手办理政事。

字源：封建统治时期，官吏大都要戴帽子，以示尊贵。左边的单人旁，也说明官吏需要辅助、随从，更凸显出人手持权杖发号施令的特殊身份。

含义：本义为命令，多用来表示具有某种责任的特殊人员，身负重大命令的特派员，如节度使，转运使等。

引申：节度使，官名，唐代开始设立的地方军政长官。因受职之时，朝廷赐以旌节，节是当时一种全权印信，受有此全权印信者，便可全权调度，故称节度使。地位大致相当于现在的省委书记兼省军区司令员。

不辱使命

故事：不辱使命，指不辜负别人的差使。春秋末期，楚国强大，齐国弱小，齐相国晏婴奉齐景公之命出使楚国。楚灵王听说齐使为相国晏婴后，对左右说："晏平仲身高不足五尺，但是却以贤名闻于诸侯，寡人以为楚强齐弱，应该好好羞辱齐国一番，以扬楚国之威，如何？"众人都说好，到了那一天，晏婴身着朝衣，乘车来到楚国都城东门，见城门未开，便命人唤门，守门人指着旁边的小门说："相国还是从这狗洞中进出吧！这洞口宽敞有余，足够您出入，又何必费事打开城门从门而入呢？"晏婴听罢，笑了一笑，言道："这可是狗进出的门，又不是人进出的门，出使狗国的人从狗门出入，出使人国的人从人门出入，我不知道自己是来到了人国呢，还是狗国呢？我想楚国不会是一个狗国吧！"守门之人将晏婴的话传给了楚灵王，楚灵王听罢，沉思了一会儿，才无可奈何吩咐打开城门，让晏婴堂堂正正地进入了楚都。晏子通过自己的才智，没有使自己和齐国受到侮辱，不辱使命。

试

字形： 试，形声字。繁体字"試"，从言式声，"言"与"式"联合起来表示"规范性言论""程序性问答"。说得少了，规范少了，不成方圆。因此，多说，多规范，多考察，也就成了"試"。

字源： "试"，反映了中国封建社会的科举考试制度并反映了人们善于利用，努力尝试的精神。

含义： 《说文解字》："试，用也。"凡事都需要尝试，而"试"的本义即为利用、使用。据《尚书·尧典》，尧帝在选择接班人舜时，采用了"试"的方法，有"我其试哉"一说。于是，"试"也就有了考试、测验的意思。现在，试也可以表示尝试、试探等。

引申： 试年庚，古时风俗，在除夕夜聚博，以胜负来作为来年运气的征兆。如陆游在《岁首书事》"呼卢院落哗新岁"中自注："乡俗岁夕聚博，谓之试年庚。"

牛刀小试

故事： 孔子有个叫子游的学生在鲁国的武城做官，他信奉孔子的"礼乐"思想，就在武域推广礼乐。一次，孔子路过武城，在城中处处都听到弹琴唱歌的声音，就微笑着对子游说："治理武城这样一个小地方，根本不需要用礼乐来进行教化，就像杀鸡，何必要用宰牛的大刀呢？"子游知道老师存心考查自己，就巧妙地回答："以前我听您说过，君子如果学了礼乐就能相亲相爱，百姓学了礼乐就能较好地管理。我照您的话去做，为什么您还要笑话我呢？"孔子听了，连忙改口道："对！你讲得对，刚才我是跟你开个玩笑而已！"人们便用"割鸡焉用牛刀"来概括这个故事，比喻做小事情不值得用大力量。后来，人们就用"牛刀小试"这个成语来比喻大材初次任职，就已经显出才干。

是

字形：是，会意字。"日"，指太阳，中间的"一"是人的手，下面的部分则是人的脚，表示太阳直射，时至夏至，人们手脚并用进入夏季农忙。

金 文	篆 文

字源：夏至，太阳当头，适宜农务。

含义：本义为"正、直"。形容词，意为"适宜的，正确的，对的"；代词，意为"这，这样，这些"。

引申：书信是沟通人与人情感的工具，写信有一些固定的词语，如"是荷"，也说"为荷"，意谓对你的帮助或恩惠表示感谢，多用于书信的末尾。《花月痕》第三回："席设宝髻坊荔香仙院，务望便衣早临，是荷。"

各行其是

故事：各行其是，按照各自认为对的去做，比喻各搞一套。出自《庄子·徐无鬼》："天下非有公是也，而各是其所是，天下皆尧也，可乎？"写庄子和惠子的对话，庄子说："天下本没有共同认可的正确标准，却各以自己认可的标准为正确，那么普天下都是唐尧那样圣明的人，（难道）可以这样说吗？"指出天下并没有共同认可的是非标准，从而批评了各家各自为政，各是其所是的态度。

适

金文	篆文
遤	遹

字形：适，形声字。繁体字"適"，半包围结构。字形采用"辵"作边旁，"啻"作声旁。适，这是宋鲁方言对"之"的说法，表明了适的意思在古代是动身前往目的地。

字源："啻"本义为"看准的""照准的"。"辵"与"啻"联合起来表示"往目标方向走"，意为"走向目的地"，"適"就是表示古代人前往目的地的一种意象，表明了古代人民在劳动繁忙中想要创造一种表达自己出行的词汇，于是便有了今天的"适"。

含义："适"的本义为"往，到……去"，如《诗经·魏风·硕鼠》："逝将去女，适彼乐土。"；作动词，意为"女子出嫁"，如乐府《孔雀东南飞》："贫贱有此女，始适还家门。"；作动词，指适合、按照，如《诗经·郑风·野有蔓草》："邂逅相遇，适我愿兮。"

引申："忘适"，《庄子》说："忘足，履之适也；忘要，带之适也；知忘是非，心之适也；不内变，不外从，事会之适也。始乎适而未尝不适者，忘适之适也。"可见，忘适之适是不刻意求适而适自得的无往不欢的境界。

无所适从

故事：无所适从，出自《左传》。晋献公命人在蒲池、屈地两地分别为晋公子重耳和夷吾修建城池。夷吾认为城池修得不好，就到晋献公那里告状。晋献公问负责修建城池的士大夫为什么不认真修，他回答说主子太多让他无所适从。晋献公认为有道理，就逼太子申生自杀，并把重耳赶到狄国。现在用来指不知听从哪一个好或不知怎么办才好。

守

字形: 守,会意字。一说部首为"宀",表示房屋;"宀"下一"寸",表示法度。两者组合,即为"守"。另一说从宀从寸,房屋里面,有人手持器械。

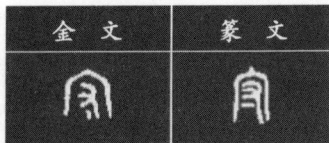

金 文	篆 文

字源: 随着生产力的发展,原本共享生产资料的人类渐渐懂得私有财产的概念。人们持器械护卫家园,保护自己的私有财产,逐渐演化出"守"字。

含义: 守的本义为(官吏的)职责、职守。《说文解字》中"守,官守也。从门,寺府之事也。""守"字体现了人们敢于反抗和敢于斗争的精神。

引申: "守"字多与官职相关,如守祧,古官名,掌守先王先公的祖庙;郡守,为一郡的最高行政长官。

守株待兔

故事: 战国时代的宋国,有一个农民,勤勤恳恳地劳作,但是遇到好年景,也只能堪堪饱腹而已;若是遇见灾年,就只能忍饥挨饿了。他想改善生活条件,又不想认真干活,希望能够不劳而获,梦想碰到从天而降的意外之财。没想到,奇迹真的发生了。一天,他正在田里耕地,听到周围有人在打猎,吆喝声四处起伏,受惊的野兽拼命地奔跑。突然,有一只兔子,慌不择路,正好一头撞死在他田边的树根上。当天,他美美地饱餐了一顿。从此,他便不再种地。一天到晚,守着那田边的树根,期望奇迹再次出现,让他再得到一只兔子。这就是"守株待兔"故事的由来,用来批判那些不知变通,死守教条的思想方法。

书

甲骨文	金 文	篆 文

字形：书，形声字。繁体字为"書"，上面的"聿"字是象形字，是用手握着笔写字的意思，甲骨文中，书内还有一个"者"字，是它的声旁。整个字即有书写之意。

字源："箸也。从聿者声。"意思是把文字刻画或写在竹简上。字形采用"聿"作偏旁，采用"者"作声旁。书作为文化传承的重要手段，便诞生了。

含义：书是人类用来记录一切成就的主要工具，也是人类交融感情，获得知识，传承经验的重要媒介，对人类文明的发展，贡献非常大。另外，书也可以指书法（例如王羲之是"书圣"）；作为动词可以指"写"。

引申："书"在古代中地位非常高，杜甫写道："烽火连三月，家书抵万金"。这里的家书饱含了诗人经历安史之乱的沧桑，渴望得知亲友音讯的情感。书法作为中国的传统艺术，在世界享有崇高的地位和声誉。例如，晋代的书圣王羲之，代表作有《兰亭集序》，书文俱佳，可惜真迹失传，但现在我们还可以看到精彩的摹本，其文章收录在高中的课本中。

罄竹难书

故事：罄竹难书，把竹子用完了都写不完，形容罪恶很多，难以说完。罄，用尽的意思。古代的字写在竹简上，意思是写尽了竹简也写不完其罪恶。隋末时，天下大乱，李渊自任大将军，在太原起兵，积极向隋军进攻。同时，李密也在现在的河南省东部，拥有极大的力量。据《旧唐书·李密传》记载，李密当时发表了一篇著名的檄文声讨隋炀帝，其中名句"罄南山之竹，书罪未穷；决东海之波，流恶难尽"，历数隋炀帝的十大罪恶。此篇檄文一出，海内轰动，人人传阅，李密的声势也如日中天。"罄竹难书"的成语也由此而来。

孰

字形：孰，会意字，"熟"的本字。小篆字形，左上是"享"，左下是"羊"，表示食物是羊肉；右边是"丮"（jí），表示手持。合起来表示手持熟食来吃。

甲骨文	金 文	篆 文

字源：中国古代人民在节日时，要用食品来祭祀祖先。而这些食物，必须要烹煮熟才能用来供奉给祖先。因此，人们会将祭祀的熟肉奉上，向祖先问卜。

含义：本义为熟，煮熟。这个字，表示带着困惑用煮熟的香肉献祭，向祖先问卜。

引申：熟，形声字，字从火，从孰，孰亦声。"孰"意为"享用肉丸"，"火"指"烧煮"，"火"与"孰"联合起来表示"烧煮肉丸以享用"。本义：把食物烹煮到可口。

是可忍，孰不可忍

故事：在奴隶社会中，等级制度在奴隶主阶级内部十分森严。违反了礼法，就会受到惩罚。当时，鲁国的卿大夫季平子权势很大，十分嚣张，不仅操纵着国家政权，而且还控制着鲁国国君。作为卿大夫，按照规定他只能用三十二人的乐舞队，可是他却在自家的庭院里用六十四人的乐舞队奏乐和舞蹈，堪比天子的规定，从而违反了礼制。这件事被孔子知道后，认为季平子破坏了周礼，并批评他："你竟然敢在自家的庭院里违背周礼，用六十四人的乐舞队奏乐舞蹈，对这样的事情绝不能容忍！"后来，人们就用"是可忍，孰不可忍"这个成语，指事情恶劣到了让人不能忍耐的地步。

数

金　文	篆　文

字形： 数，形声字。字形采用"攴"作形旁，"娄"作声旁。

字源： 由古代的六艺，逐渐发展到现在的数学这门学科。

含义： 数是古代的"六艺"之一，（六艺：中国周朝的贵族教育体系，周王官学要求学生掌握的六种基本才能——礼、乐、射、御、书、数。）因此是王公贵族和一些上层的士人所必备的技能之一，在古代，"数"的功能主要用在方田、粟米、差分、少广、商功、均输、方程、赢不足、旁要；今有重差、夕桀、勾股等方面，这是因为中国古代是农业社会，数自然是要为农业发展服务的。便由此发展起了我国古代的数学学科。

引申： 我国古代的数学是十分发达的，古代数学家把数学的起源归于《周易》以及"河图洛书"，可见我国古代数学发展之早。

擢发难数

故事： 战国中期，魏国贤士范雎随魏中大夫须贾出使齐国，齐襄王听说范雎很有才能，派人赐他十斤黄金，还有牛酒等礼品。须贾知道后大怒，认为范雎与齐国有私通。回国后，便向魏相魏齐告了范雎的状。范雎遭毒打后装死，并找机会得以逃脱，更名张禄。然后来到秦国，范雎的才能得到秦昭王的重用，后被任命为相国。魏国听秦国将东伐韩国、魏国，便派须贾出使秦国。范雎私下去面见须贾，须贾大惊，他以为范雎早已死去，不想他还活着。于是送东西给范雎，希望他为自己引荐见秦相张禄。到相府后，须贾发现范雎就是张禄，惊恐万状，敞开衣服爬行到范雎面前谢罪说："擢贾之发以续贾之罪，尚未足。"意思是说，将我的头发都拔下来计算我的罪过，都还不够数的。范雎当面历数须贾三大罪状，报告秦昭王，将其赶走。"擢发难数"现用来形容罪恶多得像头发那样，数也数不清。

说

字形：说，形声字。左边
"言"下面是"舌"字，下面一横
表示言从舌出。"言"是张口伸舌
讲话的象形。从"言"的字与说

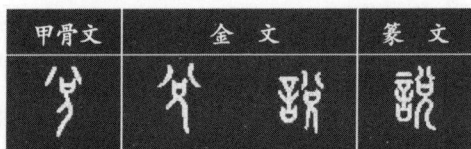

甲骨文	金　文	篆　文

话或道德有关，意为言出传达真理。右边兑，指的是按已经许诺的去做。言和兑组
合在一起，便组成了说。

字源：古人对自然灾害等灾祸无力抵抗，只能借助神灵保佑，愿望用语言传达
给神灵即为"说"。

含义：本义为说话。从言从兑，言辞以兑付。说为古代一种议论文体，既可说明
记叙事物，也可发表议论，都是为了表现作者的见解，说明寄寓的道理。

引申：说书，宋朝有崇政殿说书，主要负责讲解经义。学士侍从有学问的为侍
讲、侍读，其秩低资浅而可备讲说的人则为说书。

说曹操，曹操就到

故事："说曹操，曹操就到"的故事主要有两种说法。第一种说法是东汉末年，
天下大乱，汉献帝刘协处境艰难，曾受到李傕、郭汜的追捕，在此危急时刻有人推
荐曹操，说他平剿青州黄巾军有功，可以救驾。然而，信使还未派出，李、郭的联军
就已经杀到了。眼看走投无路，不曾想夏侯惇奉曹操之命率军前来救驾，曹操因此
被加封官爵。故有"说曹操，曹操就到"之说。第二种说法是曹操与济北相鲍信共
同讨伐黄巾军，招安三十余万降兵。自此曹操威名日重，被朝廷加封为镇东将军。
后来李傕、郭汜叛军作乱，汉献帝宣曹操入朝，以辅王室。曹操接旨后，尽起山东之
兵，赶来洛阳护驾，刚到洛阳城外，适逢李傕、郭汜领兵来攻洛阳。这种"说曹操，
曹操就到"的说法是"曹操被动前来救驾"。"说曹操，曹操就到"后用来形容对方
出其不意的出现在说话者面前，常常给人惊喜。

私

篆 文

字形: 私,象形字。"厶"是"私"的本字,古代"厶"、"私"通用。甲骨文"私"(厶)与"以"通用,像在胞衣中头朝下、尚未出生、不明性别不明模样的胎儿。篆文中,"禾"代表粮食、财产,"厶"代表胎儿。

字源: 在共产平分的原始时代,人们对胎儿与个人所隐藏的粮食、财物,既好奇又无奈。所以,"私"字的造字本义是不知其详的胎儿或暗藏的家产。

含义: 名词,不知其详的胎儿或家产,后本义消失,形容词,无人知晓的,秘密的,暗中的;副词,秘密地,非法地;名词,个人,个人财产;形容词,个人的,非公共的。

引申: 私塾,是我国古代社会开设在家庭、宗族或乡村内部的民间幼儿教育机构。它是一种私人兴办的学校,以儒家思想为中心,是私学的重要组成部分。

铁面无私

故事: 铁面无私,形容公正严明,不怕权势,不讲情面。有一年,开封发大水,惠民的河道阻塞,水排泄不出去。包拯经过调查,发现是有些宦官、权贵侵占了河道,并在河道上修筑花园、亭台从而阻塞了河道。包拯立刻下命令,要将这些违法建筑全部拆掉。但有个权贵不肯拆除,还拿出一张地契,说那块地是他的产业。包拯仔细检查,发现地契是伪造的,于是他十分生气,除了勒令那人拆掉花园,还写了一份奏章向宋仁宗揭发。那人一看事情闹大,要是仁宗真的追究起来,对他也没有好处,只好乖乖地把花园拆了。包拯就是这样一位铁面无私的清官。

思

字形：思，会意字。从囟（xìn），从心，容也。自囟至心如丝相贯不绝也。是有心与囟同时作用的"信息处理"方式，即用心与脑（囟）来考虑事情。

字源：决策讲求"合情合理"，不但要以理智分析，也要考虑他人感受。头脑控制人的理智，而心控制人的情感，两者兼顾称为思。

含义：本义为"考虑、思考"，如荀子《劝学》"吾尝终日而思矣，不如须臾之所学也"；后引申为"思念、想念"，如《古诗十九首·涉江采芙蓉》"采之欲遗谁，所思在远道"；此外，还有悲伤、哀愁，句首、句中、句末语气词等意。

引申："腮"字，人吃饭的时候，腮帮子就会鼓起来。这个"腮"字从肉从思，说明"思"也与粮食有关。所以有一种观点认为"田"指农田，引申指谷物、粮食；"心"指"牵挂""考虑"；"田"与"心"联合起来表示"记挂谷物收成""考虑吃饭问题"。

莼鲈之思

故事："莼鲈之思"说的是西晋人张翰的故事。张翰是苏州人，在洛阳做官。当时执政的齐王任命他为大司马东曹掾。一年秋天，张翰在家中和朋友聚会，忽然刮来一阵秋风。于是，张翰就想起了老家苏州的莼菜羹和鲈鱼脍，他跟朋友们说："人这一辈子，最快乐的，莫过于做自己喜欢做的事，哪能为了高官厚禄，为了一个好名声，而在远离家乡的千里之处做官呢？这些年来，我一直不明白这一点，现在我终于想明白了。"张翰说走就走，辞官回乡，过上了他理想中的生活，后来被传为佳话。

"莼鲈之思"也就成了思念故乡的代名词，或表示归隐之志。

宋

甲骨文			金文	篆文

字形：宋，会意字。从宀，从木，居也。古甲骨文、钟鼎文和金文中的"宋"字，也是以房屋的象形为特征。

字源：根据《千家姓查源》记载，宋姓出自东周时期的战国，商朝纣王的庶兄启，被周武王封于宋，建立宋国，他的子孙以国为名作为姓氏，从此有了宋氏。

含义：清朝段玉裁所著《说文解字注》："古者屋四注，东西与南北皆交覆也。有堂有室，是为深屋"。看来，"宀"就是远古时代，类似于四合院的原始房屋的雏形。也有注释认为是半地下、半地上且屋顶高大的原始茅屋。

引申：北宋（960~1127年）是中国历史上继五代十国之后的朝代，传九位皇帝，享国167年。与南宋合称宋朝，又称两宋，因皇室姓赵，也称赵宋。

陈桥兵变

故事：公元960年正月初一，传闻契丹联合北汉南下攻周，用宰相范质等人急遣赵匡胤统率诸军北上御敌。周军来到陈桥驿，赵匡胤和赵普等密谋策划，发动兵变，众将以黄袍加在赵匡胤身上，拥立他为皇帝。随后，赵匡胤率军回师开封，京城守将石守信、王审琦开城迎接赵匡胤入城，胁迫周恭帝禅位。赵匡胤即位后，改国号为"宋"，仍定都开封。陈桥兵变奠定了宋朝成立的基础，由此开启了宋朝三百一十九年历史。

恕

字形: 恕, 形声字。由一个代表女子顺从的"如"字和一个代表态度的"心"字组合而成。强调女性的柔顺大度, 宽谅他人犯下的错误。

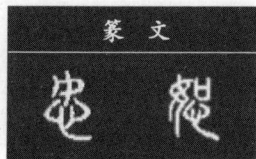

篆 文

忠 恕

字源: 古时的人们和我们一样相互之间也常常有着矛盾, 人们为了去解决这些矛盾, 往往会将心比心, 依照自己的心去推想别人的心。由将心比心简略成"心", 由己及人简略成"如", 这便创造出了"恕"字。意为体谅。

含义: 本义作名词, 恕道, 体谅, 如"强恕而行, 求仁莫近焉"(《孟子》), "忠恕违道不远"(《礼记·中庸》); 后作动词, 意为饶恕, 宽恕, 如"故今具道所以, 冀君实或见恕也"(《答司马谏议书》)。

引申: 子贡问曰: "有一言而可以终身行之者乎?"子曰: "其恕乎! 己所不欲, 勿施于人。"这是儒学中的大学问, 也是中华文化的精髓, 揭示了我们处理人际关系的重要原则。孔子所言是指人应当以对待自身的行为为参照物来对待他人, 应该有宽广的胸怀, 待人处事之时切勿心胸狭窄, 而应宽宏大量, 宽恕待人。

情恕理遣

故事: 永嘉四年(310年), 当时中原战乱渐起, 卫玠因天下大乱, 搬家到南方, 去往豫章。当时大将军王敦镇守豫章, 长史谢鲲先前就一直尊重卫玠, 相见后很高兴, 交谈了一整天。世人对卫玠的评价为: "玠尝以人有不及, 可以情恕; 非意相干, 可以理遣, 故终身不见喜愠之容。"这便是"情恕理遣"的出处, 指待人接物宽厚和平, 遇事不加计较。

素

金　文	篆　文

字形：素，会意字。小篆字形，上是"垂"，下是"糸"（mì）。糸，丝。丝织物光润则易于下垂。

字源：由于生帛较粗，容易下垂，为了形象的表现丝织品的这一特点，所以"素"字就产生了，同时金文和小篆的"素"字就表示了这个特点。

含义：本义为"没有染色的丝绸"，引申出"本质、本性、质朴"之意。

引申：素族，又称素姓、素门、素士、素贵，即寒族。南朝时相对于高门甲族或门第较低之士族，称素族。如梁钟嵘曾言，"军官是素族士人"。又相对于皇室王族，亦称素族。

腰如约素

故事："腰如约素"是《洛神赋》中曹植对心中洛神的幻想，形容女子腰身圆细美好，宛如紧束的白娟，夸张地形容了洛神纤细身材的美丽绝伦。曹丕即帝位不久即杀曹植密友丁仪、丁廙二人，曹植本人也多次被贬，这些对决心"勠力上国，流惠下民，建永世之业，流金石之功"的曹植来说，可谓打击沉重。在回封地鄄城途中经过洛水时，"感宋玉对楚王神女之事"的曹植便写下了《洛神赋》这传世名篇，抒发了因人神不能结合的无限悲伤怅惘之情，若有寄托，以此来比自己空怀为国建功立业大志却遭排挤迫害、无力回天的状态。

所

字形：所，形声字，从户从斤。户，象门字的一半，从"户"的多与门户有关；斤，甲骨文字形，上面是横刃，下为曲柄，象斧斤形。

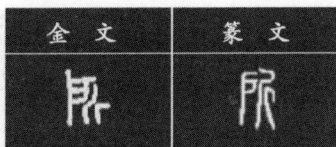

金　文	篆　文

字源："所"，有人说这个姓氏是从《百家姓》"索"改过来的。据说当时索姓人家为了避罪，所以改了姓。还有人说是少数民族的后代，南北朝的时候，大批胡人进入中原，其中有人根据音译改了所姓，现在的回族中就有姓所的。

含义：本义为伐木声，"所"经常假借为"处"，又表示处所、地方的意思。

引申："所者伐木声，本虞衡主伐木之官，问声以为氏。"这是在山东的地方志上记载的，可见姓所的人在山东很早有之了。《汉书·司马相如传》记载："天子曰：'司马相如病甚，可往从悉取其书，若后之矣。'使所忠往，而相如已死，家无遗书。问其妻，对曰：'长卿未尝有书也，时时著书，人又取去。长卿未死时为一卷书，曰有使来求书，奏之。'其遗札书言封禅事，所忠奏焉。"所忠，武帝近臣，曾任谏大夫，事迹散见《食货志》《郊祀志》等。可见，所这个姓氏在汉朝的时候就已经存在了。

流离失所

故事：汉元帝时期，御史大夫薛广德陪同汉元帝外出打猎。元帝打猎的兴致很高，不断扩大打猎范围和延长打猎的时间，这样严重影响了当地百姓的生活。薛广德上书说当地百姓因为皇帝狩猎而流离失所，希望皇帝体恤百姓的疾苦。元帝认为言之有理，就与光禄大夫张猛等人立即回宫。现用来指无处安身，到处流浪。

泰

金 文	篆 文

字形：泰，形声字。"水"为形，"大"为声。"泰"，亦作汏。疑似泰、太、汏三字形实为同字，其小篆字形似水从手中滑脱。

字源：根据小篆字形中"泰"字形似水从手中滑脱，滑则宽裕自如，故引申为纵泰，义与"达"相近。《周易》中有："泰，通也。否，塞也。"故"泰"有通达之义。

含义："泰"的本义是"洗濯"。有安定，和平的意思，如"泰，安也"（《字汇》），"泰而不骄，威而不猛"（《论语·尧曰》），"宇泰定者，发乎天光"（《庄子·庚桑楚》）；还有奢侈的意思，如"泰，奢也"（《玉篇》）。

引申："秦"字与"泰"形近，是周代诸侯国名，战国七雄之一，在今甘肃天水、陕西宝鸡一带。公元前221年秦王嬴政统一中国，建立中国历史上第一个统一的中央集权制的封建国家——秦朝。汉时西域诸国沿称中国为秦，如秦人（秦代统一后，北方与西方邻国往往称中国人为秦人）、秦地（汉时西域诸国对中国的称呼）。

处之泰然

故事：处之泰然，形容碰到困难厄运或异常情况，毫不在乎，镇定自若，也指对待问题毫不在意。春秋时期，孔子在他的学生中最喜欢颜回，颜回也十分尊敬孔子。孔子指出缺点马上就改正，孔子问他为什么不去谋个一官半职，颜回说只要学到老师的道德学问何必去做官。孔子赞叹颜回吃的是一竹筐饭，喝的是一瓢水，处之泰然，自得其乐。

坦

字形：坦，形声字。"旦"，既是声旁也是形旁，表示天亮、敞亮。加上一个表示地面的"土"，意思为地面平展，开阔敞亮。

金　文	篆　文

字源：古时的人们喜欢观察天象，日出日落显然是人们观察的重点，而最佳的观测地点无非是地处平坦没有遮挡物的开阔地方，即坦荡的平原。为了记住这些地方，创造了"坦"字，意为平坦。

含义：作形容词，意为地面平展，开阔敞亮，如"坦，平也"（《广雅》）；真诚直接的，不藏心计的，如"政坦白而莫欺"（《祭陕府王待制文》）；作动词，意为敞开，如"坦腹江亭暖"（《江亭》）。

引申：坦绰，唐代南诏官名。职位如同宰相或辅相，亦称清平官，并居清平官首席。元李景山《云南志略》说，南诏太子亦称坦绰。

胸怀坦白

故事：清·吴敬梓《儒林外史》中曾记载道："余大先生本来极有文名，徽州人都知道。如今来做官，徽州人听见，个个欢喜。到任之后，会见大先生胸怀坦白，言语爽利，这些秀才们，本不来会的，也要来会会，人人自以为得明师。又会着二先生谈谈，谈的都是些有学问的话，众人越发钦敬。每日也有几个秀才来往。"这便是"胸怀坦白"的出处，形容人心地纯洁，待人诚恳，光明正大。

汤

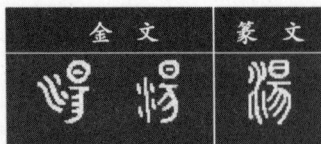

字形：汤，形声字。左边是水，泉流，右边是易，"阳"的本字，表示天然的温热。在古代，汤的意思就是滚开的水。

字源：温泉水是热的，古人无法解释原因，误认为太阳照射使水温升高，故造"汤"字。

含义：本义指温泉，如汤池，温泉浴池；汤殿，温泉浴室。也指热水、沸水，如"媵人持汤沃灌，以衾拥覆，久而乃和"（《送东阳马生序》）；也指食物或药物加水煮过的汁液，如"三日入厨下，洗手作羹汤"（《新嫁娘》）。动词，汤镬，指滚开的水锅或油锅，是古代一种酷刑，如"臣请就汤镬"（《史记·廉颇蔺相如列传》）；动词，音shāng，指水沸腾、翻滚，如"衔远山，吞长江，浩浩汤汤，横无际涯"（《岳阳楼记》）。

引申：烫，本作汤，指热水温物。烫酒，指用热水暖酒，如"叫浑家把肠子煮了，烫起酒来"（《儒林外史》）。现指被火或高温灼痛或灼伤，如烫了泡儿。

赴汤蹈火

故事：司马氏专权后，嵇康因不满其统治，隐居山阳，而与嵇康同为竹林七贤的山涛在朝廷里做官。因此嵇康写了一封绝交信表示他的蔑视，信中他以麋鹿作比，鹿很少见有驯育服从的，如果羁绊、束缚它，那它必定狂躁不安，即使赴汤蹈火，也不在乎，以此表示如果司马氏请他做官，他就会像野性难驯的麋鹿一样"狂顾顿缨，赴汤蹈火"，表达了坚决不在司马氏政权中任职的决心。后比喻不避艰险，奋勇向前。为某事付出全部的勇气，不留余力地前行。

听

字形： 听，形声字。斤，既是声旁也是形旁，是"欣"的省略，表示开心。篆文中，听由口和斤的字形组成，表示张大嘴巴笑。

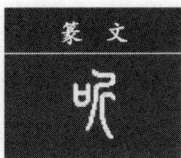

篆 文

演变： "听"合并"聽"之后，"听"发生变读，有的甲骨文简化为一口一耳，金文承续甲骨文字形。有的金文在一口一耳的基础上 "十口"加"壬"，表示在远古时代，听，是人类明察、判别、选择的重要能力。篆文省略"口"，加"德"，强调倾听是重要品质。

含义： 本义是指用耳朵感受声音，如"听妇前致词"（《石壕吏》）；也指接受，接纳，如"诚宜开张圣听"（《出师表》）；又可指耳朵，如"不啻风泉之满听矣"（黄宗羲《金介山诗序》）；还指耳目，如"且仁人之用十里之国，则将有百里之听"（《荀子》）。

引申： 与听有关的短语很多，如听政，指执政，处理政务；听人，指听从别人的意见，任人支配，比喻愚昧；听用，是指听从并予采用或任用；听纳，指听从采纳，听谏，纳善；听能，则是指听从能者的意见。

兼听则明，偏信则暗

故事： "兼听则明，偏信则暗"，意思是听取多方面的意见，才能明辨是非；听信单方面的话，就分不清是非。唐太宗问魏征："作为一国之君，怎样才能明辨是非呢？"魏征回答说："作为国君，只听一面之辞就会糊里糊涂，作出错误的判断。只有广泛听取意见，采纳正确的主张，才能不受欺骗，情况您也就了解清楚。"从此，唐太宗很注意听取谏言。

亭

古　陶	篆　文
㐂	亯

字形：亭，象形字。战国文字字形，其中"丁"指矗立的亭柱，上部状如亭顶。

字源：中国记载出现得最早的亭可以追溯到商周苑圃中供帝王停歇的高台，伴随此种建筑物的出现，"亭"字产生。

含义：驿亭，"亭，人所安定也"（《说文》）；秦汉时的基层行政单位，"大率十里一亭，亭有长。十亭一乡"（《汉书》）；养育，如亭育，亭毒；停止，同"停"，"其水亭居，冬夏不增减，皆以为潜行地下"（《汉书·西域传上》）；适中，如亭匀；直，如亭亭款款；正，"鹤迹秋偏静，松阴午欲亭"（《和史宫赞》）。

引申："亭"旁加一个"人"，便是"停"。《释名·释官》：亭，停也，亦人所停集也。因此，与人在亭中的行为相对应，停的本意是定于所在。

失街亭

故事：公元228年春天，诸葛亮出兵伐魏，南安、安定、天水三城望风而降，此后，在军事要地街亭的防守中，诸葛亮没有使用赵云或魏延，而任用了参谋马谡，马谡虽智谋过人，但自认饱读兵书而骄傲自负，在战斗时只知死搬兵书教条，不听从副将王平的正确建议，导致蜀军被包围在山顶而不战自乱，失了街亭，丧失了在雍州开创前沿根据地的天赐良机。战后，为申明法度，诸葛亮挥泪斩马谡。失街亭的惨痛教训也成为后世用以警醒自我切勿过分自负的来源。

徒

字形：徒，象形字。在甲骨文中，尘埃飞扬的"土"加上"止"，即"趾"，表示光着脚在泥地上行走。

甲骨文	金文	篆文

演变：金文将甲骨文字形简写成"土"，并加"彳"（行走）。有的金文将"土止"结构写成"夭止"结构，强调"行走"的含义。篆文异体字调整成"辵土"结构。赤脚走路为"徒"，穿鞋走路为"履"。

含义："徒"，步行，赤脚走路。因为是光着脚，所以也有"空"的意思，进而引申为"徒然、枉然""白白地"，如"徒见欺"（《廉颇蔺相如列传》）；还有同党、朋友的意思，如"水至清则无鱼，人至察则无徒"（《大戴礼记·子张问入官篇》）。

引申：有"徒"便有"师"，便有拜师礼。传统的拜师礼仪，一般由徒弟与师傅二人完成，也有一些由新入门弟子与已入门弟子、师母等人一起参加。传统的师徒关系仅次于父子关系，即俗谚所谓"生我者父母，教我者师父""投师如投胎"。有的行业，一入师门，全由师父管教，父母无权干预，甚至不能见面。建立如此重大的关系，自然需要隆重的风俗礼仪加以确认和保护。

马齿徒增

故事：《谷梁传》记载，荀息牵马操璧而前，曰："璧则犹是也，而马齿加长矣。"公元前658年，晋献公采用大夫荀息的"假道伐虢"计策，给虞公送去良马和玉璧。晋军伐虢凯旋途中，晋献公接受荀息的建议，灭了虞国，俘虏了虞公，夺回了宝马和玉璧。荀息牵马操璧，来到献公面前说："玉璧还是先前的玉璧，只是马齿徒增了几个。"后人便由这一历史事件，演绎出"马齿徒增"，比喻自己年龄增长而学业等没有长进。

土

甲骨文	金　文	篆　文
𝛺　⊥	⊥　𝚮	土

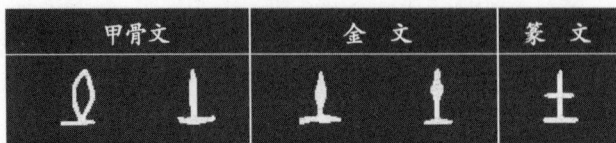

字形： 土，指事字。甲骨文像是地平线上高耸的立墩。有的甲骨文在立墩上加三点指事符号，表示溅泥灰尘。有的甲骨文将立墩形象简化成一竖。金文将甲骨文字形中的立墩形象写成实心的菱形。

字源： 耸立在地面的泥墩。土，大地用以吐生万物的介质。上下两横的"二"像地之下、地之中，中间的一竖"丨"，像植物从地面长出的样子。所有与土相关的字，都采用"土"作偏旁。

含义： 本义，作名词，指耸立在地面的泥墩，如"天子祭天，诸侯祭土"（《公羊传·僖公三十一年》）；还可指"地，大地"，"土，地之吐生物者也"（《说文》）；作形容词，意为本地的，手工的，民间的，民族的；作副词，指在地里，在当地。

引申： 说起"土"，就能让人想起五行，五行系指古人把宇宙万物划分为五种性质的事物，也即木、火、土、金、水五大类，并叫它们为"五行"。《尚书·洪范》记载："五行：一曰水，二曰火，三曰木，四曰金，五曰土。水曰润下，火曰炎上，木曰曲直（弯曲，舒张），金曰从革（成分致密，善分割），土曰稼穑（意指播种收获）。润下作咸，炎上作苦，曲直作酸，从革作辛，稼穑作甘。"

土崩瓦解

故事： 土崩瓦解，比喻彻底崩溃，不可收拾，彻底垮台。出自《史记·秦始皇本纪》："秦之积衰，天下土崩瓦解。"商纣王是商朝的末代君主，是一个暴虐无道的昏君。在他暗无天日的统治下，百姓无不怨声载道，苦不堪言。虽说商朝的疆土辽阔广袤，但是打起仗来，士兵不愿意效力，商朝的政权自然是岌岌可危了。所以，当周武王坐着战车，势不可挡地杀来时，所到之处，无不披靡，纣王军队的溃败，商纣王政权的垮台，就如瓦片的碎裂，泥土倒塌，迅速而无法挽救。

罔

字形: 罔，形声字，从网，亡声。其内部可以理解为网的内部结构，也可以想成一个人为了猎捕而自藏于网中。

字源: "罔"在古文中是"网"的异体字。为了捕捉鱼或鸟等动物，古人先编织一个大框，里面用细线等编成网格，避免猎物逃脱。

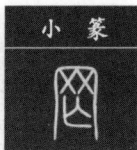

小 篆

含义: 本义为渔猎用的网，如"死于罔罟"（《庄子·逍遥游》），意为野兽死于猎网之中。作动词，结网，如"罔薜荔兮为帷"（《楚辞》），意为把薜荔结成帷帐。作名词，法网，如"天之降罔，维其优矣"（《诗·大雅》），意为上天无情降下罗网，牢不可破难以躲藏。形容词，"网"迷惑自己是"无知的"，如"罔觉（无知）"；迷惑他人是"不正直的"，如"罔冒（存心假冒）"。再引申为欺骗、陷害，如"及陷于罪，然后从而刑之，是罔民也"（《孟子·梁惠王上》），意为等到老百姓犯了罪，这之后就用刑法处置他们，这就像是（安下罗网）陷害百姓。作副词，不，如"罔不因势象形"（《核舟记》），意为都能就着木头的原样来模拟雕刻那些事物的形状。

引申: 罔象又称罔像，魍象。古代中国传说中的一种水怪，或谓木石之怪。通"魍"，如张籍《罔象得玄珠》："罔象乃通玄。"

昊天罔极

故事: 昊天罔极，谓父母尊长养育的恩德深广。汉哀帝想封祖母傅太后的堂弟傅商为侯，大臣郑崇极力反对，汉哀帝说："我幼年丧父，皇太后亲身养育，用礼教导我成人，太后的恩德深广啊！"最终还是封傅商为汝昌侯。

武

甲骨文	金　文	篆　文

字形：武，会意字。武由"止"和"戈"两字组成，持戈而行。

演变：一开始是象形字。戈是古代的一种兵器，止在甲骨文中实则为人的脚趾的象形。甲骨文中"武"的最初表现形式是"足戈并立"，二者组合成其雏形，并以象形取意，即立足持戈；在此基础上字体由左右结构变成了上下结构，进而形成了"止戈竖立"的组合，此时最大的变化在于足型被"止"字所代替，而戈型被"戈"字所代替，使字的象形具体化，其意是持戈而行。

含义：本意是"持戈而行"，引申为"脚印"，如"及前王之踵武"（屈原《离骚》）；演变为量词，古时以六尺为步，半尺为武，如"不过步武尺寸之间"（《国语·周语下》）；后会意为"止戈"，即"止息战争"，有成语"止戈为武"；引申为名词，泛指与武力、军事、战争有关的事物，与"文"相对，如"惜其用武而不终也"（苏洵《六国论》）；亦可为形容词，指勇猛、刚健、威武，如"诚既勇兮又以武"（屈原《国殇》）。

引申：中国历史上的英明帝王汉武帝刘彻，"武"是他的谥号，他在位五十四年，打败匈奴，解除了中国北方边境的威胁，功莫大焉。《谥法》说"威强睿德曰武"，就是说威严、坚强、明智、仁德叫武。

止戈为武

故事：止戈为武，语出《左传》。楚国大夫潘党劝楚庄王把晋国军人的尸体堆积起来，筑成一座大"骨骸台"，作为战争胜利的纪念物，借以威慑诸侯。楚庄王却不同意，认为战争不是为了宣扬武功，而是为了制止暴力，给百姓带来安定的生活。从文字组成上讲，"武"字是由"止"和"戈"两个字组成的，"止戈"才是"武"。止息兵戈才是真正的武功。楚国的军队按照楚庄王的命令，到黄河边祭祀了河神，修筑了一座宫室，很快就班师回国了。

亡

字形：亡，会意字。"亾"，小篆字从入，从乚。"入"是人字，"乚"（yǐn），隐蔽之义，合起来表示人到隐蔽处。

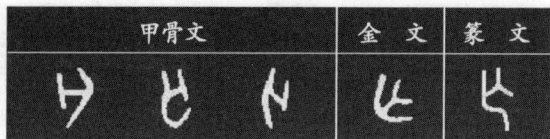

甲骨文			金 文	篆 文

字源：古人打仗，失败的士兵举起盾牌掩护逃命，躲到敌人发现不了的地方也就安全了。

含义：本义是人"逃离""出走"，如"今亡亦死，举大计亦死"（《史记·陈涉世家》）；物不见就是"丢失"，如"暮而果大亡其财"（《智子疑邻》）；程度更深则为"灭亡""死亡"，如"遂并起而亡秦族矣"（《过秦论》）；通假字"无"也与之相关，如"河曲智叟亡以应"（《愚公移山》）。

引申：古代父母亡故，根据儒家传统的孝道观念，朝廷官员在位期间，无论此人任何官何职，从得知丧事的那一天起，必须辞官回到祖籍，为父母守制将近三年，这叫丁忧。守孝制度，为中国古代通过丧服等级表明亲属范围和亲属关系亲疏远近的一种制度，是封建法律的重要组成部分。分为斩衰（服三年）、齐衰（服一年）、大功（服九个月）、小功（服五个月）、缌麻（服三个月）五个等差，故称"五服"，《陈情表》中有"外无期功强近之亲"，期，服丧一年。功，按关系亲疏分大功和小功，大功服丧九月，小功服丧五月。"期功之丧"指比较亲近的亲戚去世了。

重耳之亡

故事：《左传》记载了晋文公重耳从出奔、流亡到回国夺取政权的经历。晋公子重耳出亡十九年，备受艰难险阻，也取得了丰富的政治经验，为日后振兴晋国、成就霸业奠定了基础，这就是"重耳之亡"的故事。后有重耳为守约定报恩楚国而留下了"退避三舍"的典故。

望

甲骨文	金 文	篆 文
𦥑	𦥑 𦥑 𦥑 𦥑	望 望

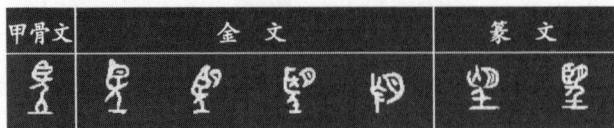

字形：望，象形兼会意，往远处看。

演变：甲骨文字形，像侧身之人立于土堆之上，竖目，瞳孔突出，有登高远看之意。金文上面是"臣"，像眼睛，下面是"壬"（tǐng），像一个人站在土地上远望。小篆又加"月"字，表望的对象。

含义：本义是"看"，如"吾尝跂而望矣，不如登高之博见也"（荀子《劝学》）；又因远看而生出"盼望，希望"之义，如"日夜望将军至，岂敢反乎？"（《鸿门宴》）；还可引申为"名望，声望"，如"先达德隆望尊，门人弟子填其室"（《送东阳马生序》）；也表示祭祀山川，如"望于山川，遍于群神"（《尚书·尧典》）；程度更深的是"埋怨，怨恨，责怪"，如"敢用是为怨望"（《书博鸡者事》）。

引申：农历十五日左右，太阳西下时月亮正从东升起，遥遥相望，因此，古人称农历的每月十五日为"望日"或"望"，如《五人墓碑记》："在丁卯三月之望"；而农历每月十六叫"既望"，如《赤壁赋》："壬戌之秋，七月既望。"

望门投止

故事：望门投止，在窘迫中见有人家就去投宿。比喻情况急迫，来不及选择存身的地方。东汉时，山阳高平有一个叫张俭的人，出任山阳东部督邮一职。当时，有一个专权的宦官侯览是山阳防东人，侯览家里的人依仗权势在防东，无恶不作。为此，张俭写信告发了侯览和他的母亲。这封信没到皇帝手中就被侯览扣下了，从此侯览和张俭结了仇。张俭有个同乡叫朱并，是个奉迎拍马的小人，朱并为了讨好侯览，便向朝廷告密，说张俭私结党羽，图谋不轨。侯览立即下令逮捕张俭。张俭见官府人马来势汹汹，只好匆匆逃亡，看到谁家可以避难，就投在人家门下。因为当地老百姓都知道张俭历来很正直，名声很好，都愿冒着风险收留他。

为

字形： 为，象形字。按字，从爪，古文下像两母猴相对形。

演变： 甲骨文和金文左边像一只手，右边像一头大象，意为驯服大象，改变野性，使之服役。篆文手的形象没变，大象变成两只相向的猴子，意为母猴。

甲骨文	金 文	篆 文

含义： 本义为"做"，如见义勇为，引申为"治理"。作为、当做，如"霓为衣兮风为马"（《梦游天姥吟留别》）。引申为变为、成为，如"化而为鸟，其名为鹏"（《逍遥游》）。认为，如"窃为大王不取也"（《鸿门宴》）；是，如"宫中府中，俱为一体"（《出师表》）；除了动词，还可作虚词。连词"如果、假如"，如"秦为知之，必不救矣"（《战国策·秦策》）。介词"给、替"，如"庖丁为文惠君解牛"（《庖丁解牛》）。介词，因为、为了，如"天行有常，不为尧存，不为桀亡"（《荀子·天论》）。介词，表被动，如"身客死于秦，为天下笑"（《史记·屈原贾生列传》）。句末语气词，表疑问、反诘、感叹等语气，如"如今人方为刀俎，我为鱼肉，何辞为"（《鸿门宴》）。与"之"相配合，表宾语前置的语气助词，如"惟弈秋之为听"（《孟子·告子上》）。

引申： 老子的"无为"思想是一种对道的追寻。强调道法自然，无为并不是不作为，而是顺应天道的作为。所做之事不用刻意，而是自然而然地顺应天命的结果，是经历过有为阶段最终达成的一种道家境界。

聚米为山

故事： 东汉统一之战，以平定陇西隗嚣之战最为艰苦，前后数十战，胜少败多。然而那场大胜之战，是汉光武帝刘秀亲征，其中战争的重大变化，在于光武帝令隗嚣降将马援（后以伏波将军闻名于世）聚米为山谷，为众将讲明陇山的山川形势，要隘及诸军进出之道，开军事进攻前制作兵棋沙盘、进行战役协同演练之先河。这就是"聚米为山"的来源，意为形象地陈述军事形势和险要的地形。

微

甲骨文	金　文	篆　文

字形：微，形声字，隐秘地行走。

字源：甲骨文是一个长发的老人手执棍杖，表示老人拄杖而行。金文加偏旁"彳"，强调行走。《说文解字》："微，隐行也。"老人走路是"缓缓地、小幅度地、不明显地"。

含义：隐蔽、藏匿，引申为不显露的、暗中伺察，如帝王微服私访；深奥、微妙，"其辞微，其志洁"（《屈原列传》）；微小、轻微，"动刀甚微"（《庖丁解牛》）；稍微、略微，"见其发矢十中八九，但微颔之"（《卖油翁》）；地位低下，"今臣亡国贱俘，至微至陋"（《陈情表》）；衰弱、衰败，"周室卑微"（《李斯列传》）；如果不是、如果没有，引申为非、无，"微斯人，吾谁与归？"（《岳阳楼记》）。

引申：紫微垣，三垣（三垣分为紫微垣、太微垣、天市垣）之一，源于中国人对远古星辰自然的崇拜，是古代中国神话和天文学结合的产物。古人认为紫微垣之内是天帝居住的地方，预测帝王家事便观察此天区，"流星现则内宫有丧，星象异则内宫不宁"。

拈花微笑

故事：一次，大梵天王在灵鹫山上请佛祖释迦牟尼说法。大梵天王率众人把一朵金婆罗花献给佛祖，礼毕大家退坐一旁。佛祖拈起金婆罗花，意态安详，却一句话也不说。大家都不明白他的意思，唯有摩诃迦叶破颜轻轻一笑。佛祖当即宣布："我有普照宇宙、包含万有的精深佛法，熄灭生死、超脱轮回的奥妙心法，能够摆脱一切虚假表相，修成正果。其中妙处难以言说，我以观察智，以心传心，于教外别传一宗，现在传给摩诃迦叶。"然后把平素所用的金缕袈裟和钵盂授予迦叶。这就是禅宗的"拈花微笑"，包含两层意思，一是对禅理有了透彻的理解，二是彼此默契、心领神会、心意相通、心心相印。形容师徒之间的默契、心灵相通。

文

字形：文，象形字，甲骨文像纹理纵横交错形。"文"是汉字的一个部首，本义是花纹、纹理。

甲骨文	金　文	篆　文

字源：远古祖先在易于长期保存的岩壁或龟甲兽骨上，刻画能表现事物形象特征的线条、图案，用来记录战争、天象、祭祀等重大历史事件以及重要的日常生活经验，以便传诸后世。

含义：名词，线条交错的图形、花纹，后写作"纹"，"蝮蛇多文"（《论衡·言毒》）；形容词，华美、有文彩的，与"质"相对，如"文质彬彬"；名词，文字、文章、文化、法令条文等义，如"独其文犹可识"（《游褒禅山记》）；动词，修饰，掩盖，如"文过饰非"。

引申：文身俗称刺青，古文中叫涅，中国古代就有关于刺青的记载，先秦以来黥刑就是在犯人脸上刺字。在中国古代典籍中，就曾出现文身、镂身、扎青、点青、雕青等文字，还有用刺青来作警示的例子，如岳母刺字的故事，但慢慢刺青已演变成个人装饰的一种，例如《水浒传》中，至少就有三个身满刺青的重要角色——花和尚鲁智深、九纹龙史进和浪子燕青。闽越人流行断发文身的习俗，剪去头发、在身上纹上蛇的图案，用以吓走水怪。

回文织锦

故事：回文织锦，比喻有关相思的绝妙诗文。前秦时期，秦州刺史窦滔因得罪了苻坚手下的大官被流放到流沙县。夫妻天各一方，他的妻子苏蕙为了表达对丈夫的思念与关心之情，特地在一块锦缎上绣上纵横29个字的方图，可以任意地读，共能读出3752首诗。

王

甲骨文	金　文	篆　文

字形：王，指事字。指最大的战斧，借代战场上所向无敌的统帅。

演变：甲骨文中"王"与"士"同源，后分化。"士"的金文字形与"王"的甲骨文字形一致。王，甲骨文字形像带手柄的宽刃巨斧。有的甲骨文在战斧（士）的基础上加一横指事符号，表示"王"是超级的"士"。

含义：帝王，："先王之所以为法者，何也？"（《察今》）；秦汉以后帝王称皇帝，"王"成为封爵最高一级，如"王侯将相，宁有种乎？"（《陈涉世家》）；诸侯或外族来朝见天子，"莫敢不来王"（《诗经·殷武》），意为那些远方民族没人胆敢不来朝拜天子；称王、统治天下，"沛公欲王关中"《鸿门宴》。

引申：在远古冷兵器时代，军人所使用的武器，代表军人的级别与地位，在前线用小型战斧作战的叫"兵"，在将帅身边使用大型战斧的高级警卫叫"士"，使用特大战斧的将帅叫"王"。竹制武器叫"不"，带刃的木制武器叫"帝"，文治天下的叫"君"，头戴金冠之王叫"皇"。

尊王攘夷

故事：尊王攘夷，指尊重周王室，排斥少数民族，效忠统治者，排除少数民族侵扰。春秋时期，周天子的地位一落千丈，诸侯王不再听命于周王，一些强大的诸侯趁机发动兼并战争，强迫其他各国承认其霸主地位。管仲辅佐齐桓公打着"尊王攘夷"旗号，帮助齐桓公"九合诸侯，一匡天下"，成为春秋时期第一个霸主。

危

字形：危，会意字，人在高处而恐惧。

甲骨文				金 文	篆 文

演变：甲骨文字形像悬崖边倾斜的巨石，表示悬崖坠石。小篆字形上面是人，中间是山崖，下面腿骨节形，合起来表示人在崖顶，担心坠崖；人在崖下，担心坠石。

含义：高，如"危乎高哉！蜀道之难，难于上青天"（《蜀道难》）；危险，如"危如累卵"，比喻形势非常危险，如同堆起来的蛋，随时都有塌下打碎的可能；正、端正，如"危言危行"，说正直的话，做正直的事，泛指正直的言行；屋脊，如"上屋骑危"（《史记·魏世家》），意思是上了屋顶骑在屋脊上。

引申：危氏源出于三苗族。相传上古时帝尧因儿子丹朱行为不检，故而把帝位禅让给舜。当时居住在河南南部至湖南洞庭湖、江西鄱阳湖一带的三苗部族比较强大，他们也反对禅让。丹朱就联合三苗起兵，与舜争夺天下。舜派大禹领兵镇压，禹在丹水一带打败了三苗，三苗君主被杀，丹朱不知所终。叛乱被平息后，舜帝将三苗族人迁徙到西北的三危山（甘肃敦煌东）一带居住。三苗后裔遂以危为姓，称危氏。

危而不持

故事：危而不持，原义为人即将跌倒而不搀扶，又指国有危急之事，不须外力扶助便能安然平息。鲁国季孙大夫将要讨伐颛臾，冉有当时是季氏的家臣，孔子批评他说："冉有，这不就是你的过错吗？颛臾已经是鲁国的臣属啊，为什么要讨伐他呢？盲人有了危险不去扶助，跌倒了不去搀扶，那还用辅助的人干什么呢？你既然辅佐季孙大夫，就应当担负起臣子的责任，劝季孙大夫不要讨伐颛臾。"

万

甲骨文	金　文	篆　文

字形：万，象形字。甲骨文像尖头大螯有尾的蝎子，造字本义是蝎子。

字源：远古时期中原地带蝎子数量巨大，因而古人借蝎子代表巨大的数目。

含义：本义为数词，十个一千，引申为数量多、程度高，如"千刀万剐""万众瞩目"等；绝对，如"万无一失"，指非常有把握，绝对不会出差错；古代的一种舞名，如"万舞"，先是武舞，舞者手拿兵器，后是文舞，舞者手拿鸟羽和乐器，亦泛指舞蹈。

引申："卍"这个符号藏语叫做"雍仲"（"雍"是胜义无生，和谐永恒的象征，就是诸法的空性与真谛；"仲"是世俗无灭的意思），是佛祖的心印。在汉语中该符号标志读作"万"，表达的是吉祥，这一点，藏族同汉民族是一样的。

自毁长城

故事：万里长城，喻指国家的依靠。宋文帝七年，南朝宋军在滑台受挫。文帝派檀道济去救援，在寿张大破北魏军，二十多天打了三十多场仗，终于进抵历城（山东济南）。这时滑台已经失守，而且道济部队的粮食没了，大家都很害怕。道济却不慌不忙，命令士兵夜里在大帐中用斗量沙子，在沙子上洒上仅有的粮食，这样量了一夜，第二天命令众将士身穿重甲南撤，自己穿着布衣，坐在马车上，谈笑自若跟在最后，南朝宋军安全返回。自此北魏军很怕他，士兵们用他的像来避邪。后来文帝听信谗言把道济杀了。死时，道济瞪圆着眼，把头巾摔在地上，说："你们不是在毁自己的万里长城吗？"后用"自毁长城"喻自己削弱自己的力量，自己破坏自己的事业。

夕

甲骨文	金 文	篆 文
𝖣 𝖣	𝖣	𝖯

字形：夕，象形字，其甲骨文字形与"月"字几乎一模一样，都是半个月亮中间加上一点。

字源："夕"与"月"同源，甲骨文"夕"与"月"的字形相同，皆像初月形，后分化，将"月"的字形减去一短竖指事符号，夕字的字形演变表示月上黄昏，月光不明。楷书写作"夕"，就其形说为"月"，就其时说为"夕"。

含义：本指月亮初显的黄昏，如"朝晖夕阴，气象万千"（《岳阳楼记》）；夜晚，如："不知天上宫阙，今夕是何年"（《水调歌头》）；通"汐"，指的是晚潮，夜间的潮；通"昔"，指往日；指古代的一种礼制，傍晚朝见君主，如："古者旦见曰朝，暮见曰夕"（《朝日说》）。

引申：除夕与清明节、中元节、重阳节并列为中国传统的祭祖大节，也是流行于汉字文化圈诸国的传统文化节日，俗称"大年三十"，民间最为重视。除夕自古就有通宵不眠、守岁、贴门神、贴春联、贴年画、挂灯笼等习俗，流传至今，经久不息。据《吕氏春秋·季冬纪》记载，古人在新年的前一天用击鼓的方法来驱逐"疫疬之鬼"，这就是"除夕"节令的由来。据称，最早提及"除夕"这一名称的，是西晋周处撰著的《风土记》。

孔子悟"道"

故事："朝闻道，夕死可矣"，出自《论语·里仁》。春秋时期，孔子在鲁国政坛受排挤后，带领弟子们周游列国，经历卫、郑、陈、晋等地碰壁后，在蔡国闲居，孔子与弟子们谈起自己的经历，说他从30岁开始立志弘道，经历不惑之年直至现在，感慨自己"朝闻道，夕死可矣"，但是还是要将仁政推销出去。"道"不是一般的道理、事理，而是特指儒家的"仁义之道"。孔子认为懂得了仁义的道理，就应该用自己的一生去实践它，有时为了捍卫它，甚至不惜牺牲自己的生命。

悉

篆　文	隶　书
𠂹	𠂹

字形：悉，会意字。在古汉字中，上部是野兽的足迹，下部是"心"，表示心里很清楚当时的情况。

演变：由战国文字到楷书，"悉"慢慢定形，上部演变为"釆"字，意为"动物用爪子翻捡，辨别食物"，下部为"心"字，二者结合起来表示"在心中仔细辨别事物"。

含义："悉"的本义为"详尽"，如"悉，尽也"（《尔雅》）；作副词，解为"全、都"，如"悉以咨之"（《出师表》）；作动词，详尽地叙述，如"书不能悉意"（《报任安书》）；详尽地知道、了解，如"丞相亮其悉朕意"（《三国志》）；尽其所有，如"悉浮以沿江"（《资治通鉴》）。

引申：不悉，旧时书信结尾处的套语，犹言不尽。《文选·孔融〈论盛孝章书〉》："欲公崇骂斯义，因表，不悉。"刘良注："言因孝以表见志，不尽所怀也。"三国魏曹植《与吴季重书》："适对佳宾，口授不悉。"

悉索敝赋

故事：悉索敝赋，指尽全国所有的兵力，也指拿出所有的一切来供应。《左传·襄公八年》记载：春秋时，郑国攻打楚国的附属国蔡国，楚国讨伐郑国。郑国屈服于楚国后派王子伯骈向自己的盟国晋国报告，他说："过去晋国国君对我们说'整修你们的战车，使你们的士兵保持戒备，以讨伐动乱'。蔡国不从，所以我们悉索敝赋攻他。如今楚国重兵压境，希望得到你们的救援。"晋国子员不满地说："有了战事也不派人报告，却先向楚国屈服！"不过晋国最后还是答应了出兵。

习

字形：习，会意字。甲骨文中，其字上为"羽"，表示鸟的翅膀；下为"日"，表示太阳。合起来即为"鸟在阳光中飞翔"的意思。

甲骨文		金 文	篆 文

演变：在小篆时代，其字形小有变化：上面仍是"羽"字，下面的"日"讹变成了"白"。由于"日"与"白"字形相似，所以慢慢就将"日"误变为"白"了，即"習"为"习"的繁体。

含义：本义指小鸟反复地试飞，如"习习笼中鸟，举翮触四隅"（《咏史》）；又指反复练习，钻研，如"学而时习之，不亦说乎"（《论语》）；也指通晓，如"六艺经传，皆通习之"（《师说》）；还指习惯，如"性相近也，习相远也"（《论语》），此外，它还有经常、常常之意。

引申：含习的短语很多，如习习，既指鸟飞来飞去；又形容微风和煦，如秋风习习；习焉不察指习惯于某种事物而觉查不到其中的问题；习非成是指对于某些错的事情习惯了，反认为是对的；习俗移性指风俗习惯可以改变人的习性。

右军习气

故事：右军习气，比喻一味摹拟古人，不能自创一格。出自宋曹《书法约言》："既脱于腕，仍养于心，方无右军习气。"晋代王羲之曾任右军一职，世称王右军。王羲之书法有一定规范与风格，学羲之书法者，只知一味摹仿，不能脱化，世称之为"右军习气"。

玺

字形：玺，形声字。从玉，尔声。古字形为"壐"。

字源：《释名》："玺，徙也。封物使可转徙，而不可发也"。

这道出了早期玺印的作用是封泥、器物上的记名。秦以前玺的写法为"金尔"或"土尔"，因材料不同而名。秦统一六国后，统一写法为"尔玉"，即玺。此时的玺只能作为皇帝的玺印独称且材质通用玉。

含义："玺"的本义为印章，古时尊卑通用，如"货贿用玺节"（《周礼·掌节》）；自秦以后，多指帝王印玺，如"玉玺不缘归日角，锦帆应是到天涯"（李商隐《隋宫》）；此外，"玺"还用作姓氏。

引申：负玺的本义为背负玺印，或指随侍皇帝左右，引申为指近侍官；因"玺"通常代表皇权，玺运即指帝运，玺剑指传国之宝，解玺指退让帝位，释玺指辞官，怀玺比喻隐藏君主身份。

传国玉玺

故事：传国玉玺与卞和献玉之间存在着渊源，相传楚人卞和发现了宝玉后，先后送给两代楚王，但他们都认为这不是宝玉，而先后砍去卞和的两足。直到楚文王登基后，卞和抱石泣玉说："明明是国宝却被说是石头，明明是忠诚却被说是欺罔。"这时楚文王才开石查看，里面果然是美玉，而后宝玉被制成玉璧，因卞和的缘故被称为"和氏璧"，它几经流落，被秦始皇制成玉玺，被后世称之为"传国玉玺"，蕴含着民族的执着与忠诚。

喜

字形：喜，象形字，是由一个代表庆典的鼓的"壴"和代表笑着的嘴的"口"构成。

甲骨文	金 文	篆 文

表示人们在庆祝活动中欢笑。

字源：古时人们每逢碰到欢庆的日子，往往会采取击鼓的形式来表达内心的快乐幸福。为了将这种情绪记录下来，人们便创造了"喜"字。把鼓敲起，笑口常开，显然是因为这里有喜庆的事啊。

含义：作动词，喜爱，欢迎，如"齐威王之时喜隐"（《史记·滑稽列传》）；作名词，可喜庆的事，如"固庆其喜而吊其忧"（《国语·鲁语》）；作形容词，可庆贺的，得意的，快乐的，如"既见君子，我心则喜"（《诗经·小雅·菁菁》），"不以物喜"（《岳阳楼记》）。

引申：喜事。我国民间将喜事分为"红喜事"和"白喜事"两种。红色在中国一般是指喜庆，白色指和死有关的事。红喜事一般指婚事，白喜事一般指丧事。白喜事可追溯到庄子的一段故事，庄子的妻子死了，惠子前往吊唁，却见庄子一边击缶一边唱歌，十分困惑。庄子说："人且偃然寝于巨室，而我噭噭然随而哭之，自以为不通乎命，故止也。"他认为人死回归自然，本身并不是一件悲伤的事情。

见猎心喜

故事：北宋学者程颢，十六七岁时喜爱打猎，后来集中心思研究学问，便没有时间和精力去打猎了。有个名叫周茂叔的朋友，不相信，就跑过去质问："何言之易也！但此心潜隐未发，一日萌动，复如初矣！"程颢哈哈一笑不相信。十二年后程颢外出晚归，在田野里见人打猎，顿时想起了打猎的乐趣，高兴得手痒起来。但他忽然回忆起周茂叔说过的话，便硬是压制了要打猎的欲望，径直走回家去。这便是"见猎心喜"的出处。比喻旧习难忘，见其所好，便想试试。

鲜

金 文	篆 文

字形：鲜，形声字。羊，既是声旁也是形旁，是"祥"的省略，表示吉利的、平安的。加上鱼，表示虽死但安好未腐的肉，可以安全烹饪食用。

字源：羊，是"羴"的省略，羴表示羊臭，意同"膻"，即膻味。鱼，是指鱼臭，即腥味。鱼加上羊为鲜，意为鱼腥味和羊膻味混合一起烹食，非但不腥不膻，反而味道极其鲜美。民间对于"鲜"字的"鱼咬羊"其味"鲜"的解释，便由此而来。

含义："鲜"字泛指活鱼，如"治大国若烹小鲜"（《老子》）；古代买活鱼吃的人少，因此"鲜"字引申出"少"的含义，如"既无叔伯，终鲜兄弟"（《陈情表》）。

引申："鲜"作为姓氏，其来源有多种，现介绍其中一种。鲜氏源于子姓，出自殷商王族后裔箕子支子仲，属于以国名、封邑名合并为氏。公元前十一世纪，西周初年，周武王灭商后，封箕子于朝鲜而得姓。

孔子造鲜

故事：相传孔子周游列国时，曾经一度很困顿，一天，孔子早晨只喝了一碗菜汤，于是弟子们分路乞讨。子路捧着一块羊肉，冉有提回几尾鱼。合烹的肉、鱼很快就熟了，孔子尝了一口，觉得羊肉很香，鱼味很美，汤汁分外好喝，令人回味无穷。孔子突然想到，鱼和羊肉合烹味道如此好，那就把"鱼"和"羊"字凑成一个"鲜"字吧。

详

字形：详，形声字。左半边，言（讠）表意，其古文字形体像张口伸舌讲话，表示说话详细；右半边，羊表声，古文字像一头山羊。

金 文	篆 文
详	詳

字源：古文中"详"字最早用于祭师或巫师祭祀时向神巨细如实地祝告，《左传·成公十六年》："详以事神，义以建利。"

含义：本义为审查，审理，如"度作详刑，以诘四方"（《尚书·吕刑》）；作为名词，可指旧时的一种公文，下级官员对上级的报告，如"只好藏在家中听候转详"（《红楼梦》）；作动词，表示清楚地知道，如"亦不详其姓字"（陶潜《五柳先生传》）；作形容词，详细，详尽，如"博学而详说之"（《孟子》）。

引申：详星拜斗，指的是古代的祭拜星斗，是道教仪式之一，是古时的人们以此驱妖疗疾来庇佑自己的风俗。语出于曹雪芹《红楼梦》第一〇二回："过了些时，果然贾珍患病。竟不请医调治，轻则到园化纸许愿，重则详星拜斗。"

耳熟能详

故事：欧阳修《泷冈阡表》的开端记录了母亲对欧阳修的谆谆教诲。当其父亲判定罪行时，往往因无力挽救囚犯而感叹，并要求妻子教导尚未长大的儿子欧阳修为人孝顺仁厚。因此其母说："其平居教他子弟，常用此语，吾耳熟焉，故能详也。"这便是"耳熟能详"的出处，意思为听的次数多了，熟悉得能详尽地说出来。

响

篆 文	隶 书
響	響

字形: 响,形声字。繁体字"響",上面"鄉"作声旁,下面"音"作偏旁。

演变: "鄉",既是声旁也是形旁,表示"向"或"饷"的本字,表示主宾相向而坐,亲密共餐。音则指说出的话,表示宾客以谦辞回应主人的盛情,后用"向"代替正体楷书的"鄉",用"口"代替正体楷书的"音",于是"响"字就形成了。

含义: 本义是表现主宾之间应酬答谢,现多指声音,主要指听觉上对声音强弱感到的轻重程度,如"簌簌衣巾落枣花,村南村北响缲车"(苏轼《浣溪沙·簌簌衣巾落枣花》)。

引申: "响拓"为复制法书的一种方法。法书墨迹因年代久远,纸色沉暗,字迹难辨,故在模制时,须向光照明,以纸覆帖,勾勒其原字笔画,然后再以墨笔填充。响拓也叫"影书""影覆"。

响遏行云

故事: 《列子·汤问》记载,秦国有个喜欢唱歌的人叫薛谭,他向秦青学习唱歌,但还没有学得全部技巧,他就自以为学完了,于是告辞回家。秦青也不留他,还在郊外大路上设酒食为他送行。秦青打着节拍唱起悲壮的歌曲,嘹亮的歌声振动林间的树木,使天上的浮云停止飘动。薛谭于是向秦青认错并请求留下,终生不敢再提学成归乡的事了。而原文中用来形容秦青歌声的句子"声振林木,响遏行云",后来就演变为"响遏行云",形容歌声嘹亮高亢。

小

字形：小，象形字。甲骨文像沙粒形，而小篆解析为会意。

甲骨文	金 文	篆 文
小 小	小 小 小	川

演变："小"是"沙"的本字，"少"和"小"同源。小，甲骨文像三（众多）颗细微的细沙。金文中突出沙粒形状。有的金文将中间的点写成长竖，将左边的点写成撇画，将右边的点写成捺画，篆文则承续金文字形。当"小"的沙粒本义消失后，金文再加水，另造沙代替，表示水边细沙。

含义：小，造字本义是名词，细微的沙粒，也可指很小的事情，如"巧言乱德，小不忍则乱大谋"（《论语·卫灵公》）；作形容词，形容事物在体积、面积、数量、力量、强度等方面不及一般的或不及比较对象，如"小知不及大知，小年不及大年"（《逍遥游》）。

引申："小"与衡量的工具"度量衡"相关。度量衡是指日常生活中用于计量物体长短、容积、轻重的物体的统称。度量衡的发展大约始于原始社会末期，传说黄帝"设五量"，"少昊同度量，调律吕"。因地域和国情不同计量统计方式不同。

大材小用

故事：南宋著名爱国词人辛弃疾因遭排挤和打击，曾长期闲居在江西上饶一带。直到64岁时才被任命为绍兴府知府兼浙江东路安抚使。当时，他非常敬仰的爱国诗人陆游闲居在绍兴西郊有一处叫三山的地方，辛弃疾到任后就去拜访，两人相见恨晚，相谈甚欢。第二年春天，朝廷下旨命辛弃疾到京城临安去，征询他对北伐金国的意见。陆游得知此事，为了鼓励辛弃疾发挥自己的才能，特地写了一首长诗赠给他。大意是说，辛弃疾是古代大政治家、军事家管仲、萧何一流的人物，只当浙江东路安抚使，实在是把大的材料用在小处，鼓励他为恢复中原而努力。现在"大材小用"多指人事安排上不恰当，屈才。

谢

金　文	篆　文
〔金文字形〕	〔篆文字形〕

字形：谢，形声字，从言射声。古"鉨"为"职"，即责任与"言"，即陈述的组合，表示述职。篆文将"职"写成"射"。

字源："谢"字最初是指弯弓射箭的行为，而谢姓人的祖先既是弓箭的发明者，又是最会使用这种武器的人，以致子孙们把这一功德冠于名字前，当作自己的家族徽记。

含义：本义是指向人认错道歉，如"旦日不可不蚤自来谢项王"（《鸿门宴》）；又有"辞去"的意思，如"谢，去也"（《广雅》）；引申为"用言辞委婉地推辞拒绝"，如"子退而休之，谢医却药"（《盖公堂记》）；告诫的意思，如"多谢后世人，戒之慎勿忘"（《孔雀东南飞》）。

引申："谢"字舍去言字旁成了"射"，而谢字正来源于拉弓射箭的"射"，其甲骨文像"箭在弦上、正要发射"的样子。同时，"射礼"又属六艺，是中华礼仪文化的重要形式之一。古代重武习射，常举行射礼，如《礼记·射义》"天子以射选诸侯"。

谢庭风韵

故事：谢庭风韵，指才女谢道韫优美的姿态，后用作赞美才女的典故。晋朝时，左将军王凝之的妻子谢道韫是个才女，她在遭孙恩之乱后，移居到会稽地区。太守刘柳听说她的大名，想与她谈议，谢道韫也知道刘柳的名声，所以也没有推辞，梳妆穿戴整齐后，坐在帐中。谢道韫风韵高迈，叙事曲折清雅，谈及辛酸的家事时，她神情激昂，以至于泪涕涟涟；再论及其他时，她表述十分得体顺畅，合情合理。刘柳回来不由赞叹："这种才女实在未曾见过，看她的言语气质，真是使人心服口服啊！"

凶

篆文

凶

字形：凶，象形字。由一个代表凹陷的坑的"凵"和一个代表交错的刺的"乂"构成，表示在陷阱里放置致命的危险物。

字源：最初人们对自然充满了敬畏，原始时期森林密布，同样的充满危险的大坑也是随处可见。人们摔落进深坑而伤亡的不计其数，为了警示后人也为了表达对自然的敬畏，便创造了"凶"字，通过字来提示自己什么是危险的事。

含义：作名词，致命的陷阱之义，如"凶，咎也"（《尔雅》）；还有恶人，有危险的人之义，如"闾里凶党戢，阶除器讼清"（《秋怀》）；作形容词，指多灾的，不幸的，如"河内凶，则移其民于河东"（《孟子·梁惠王上》）；指暴力倾向的，可怕的，如"除奸凶"（《出师表》）。

引申：四凶，中国神话传说的四个凶神。《史记·五帝本纪》记载：帝鸿氏之不才子"混沌"、少皞氏之不才子"穷奇"、颛顼氏之不才子"梼杌"、缙云氏之不才子"饕餮"，此四者合称为"四凶"。结合民族学理论，四凶的本质是四个酋长，他们不服舜帝统治，就被舜帝流放。四凶可能就是这四个部落各自的图腾。

凶终隙末

故事：《后汉书·王丹传》记载：王丹的儿子有一位朋友死了父亲，王丹的儿子跟王丹说要去吊唁。找了伴儿正要出发，王丹生气地打了他，让他寄些缣帛表示吊唁之意就可以了。有人问他这样做的原因。王丹说："交道之难，未易言也。世称管、鲍，次则王、贡。张、陈凶其终，萧、朱隙其末，故知全之者鲜矣。"意为交朋友引以为同道的很难，并不容易说清楚，世人都称颂管仲和鲍叔牙的"管鲍之交"，其次感叹王吉和贡禹的深厚友情；但是也有张耳、陈馀这样早先交情深厚，最终彼此杀戮，难得善终的，以及萧育和朱博这样先是交好，后又反目成仇的例子，所以说能真正完全懂得友情的人太少了。这便是"凶终隙末"的出处，指彼此友谊不能始终保持，朋友变成了仇敌。

新

甲骨文			金　文		篆　文

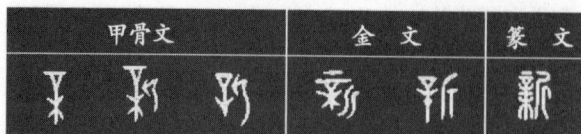

字形：新，形声字。从斤，从木，辛声。据甲骨文，左边是木，右边是斧子。指用斧子砍伐木材。

演变："辛"是"新"的本字，而"新"是"薪"的本字。辛，表示加刃于木，即用刀斧劈柴。当"辛"的"劈柴"动词本义消失后，甲骨文再加"斤"（斧子）另造"新"来代替，强调用刀斧劈开原木。

含义：本义为动词，表示用锋利的刀斧将原木劈成两半，备作柴薪；作形容词，开辟性的，前所未有的，刚出现的，如"渭城朝雨浥轻尘，客舍青青柳色新"（王维《送元二使安西》）。

引申：古代官员俸禄的名称不止一种，如"月给""月薪"等，而明代曾将俸禄称为"柴薪银"，指帮助官员解决柴米油盐这些日常开支的费用。在魏晋六朝时，"薪水"则指日常费用，如《魏书·卢昶伟》："如薪水少急，即可量计。"

三日新妇

故事：曹景宗是南朝梁的大将，有一次他出去巡视的时候，想把车子的帷幔掀起来，侍卫劝他说："百姓看到有损您的地位。"曹景宗听后非常生气，认为自己做官，活动处处不方便，连坐车子掀起帘子下人也说不合适。他认为自己就像是过门三天的媳妇，做官如此受罪，真叫人丧气。"三日新妇"由此而来，指过门三日的新妇，举止不得自由。比喻行动受拘束者。

信

字形：信，会意字。在金文中，为"人"和"口"的组合，表示开口许诺。有的金文为"千"和"言"的组合，表示用千言万语保证。

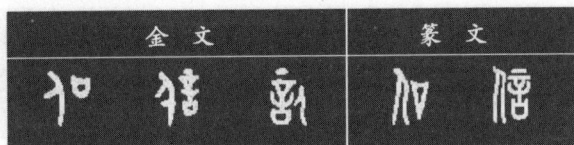

金 文	篆 文

字源：在正式的金文"信"字产生之前，便有相当于信字的甲骨文存在，就是"辛"。古人在送信的时候，往往在信中加上一些东西来表示其意义，如送上辣椒花椒等物，表示断绝来往。而其有辛辣之意，故而信的甲骨文形式是"辛"字。同时，送信是一件辛苦的事情，于是辛便代表了信。一直到金文时期才产生了独立的"信"字。

含义：人言为信，因言乃心声，凡人说话要落实才能见得人，故信的本义作"诚"解。后来，"信"字还有"放任"的意思，如"低眉信手续续弹，说尽心中无限事"（《琵琶行》）；"信"还有"果真、的确"的意思，如"烟涛微茫信难求"（《梦游天姥吟留别》）。

引申："誉"字，由"信"的单人变为众人，"兴"与"言"组合，为众人喊着号子举起大鼎，引申为用言语托举，即赞誉、夸赞。

立木为信

故事：春秋战国时，秦国的商鞅在秦孝公的支持下主持变法。当时处于战争频繁、人心惶惶之际，为了树立威信，推进改革，商鞅下令在都城南门外立一根三丈长的木头，并当众许下诺言：谁能把这根木头搬到北门，赏金十两。围观的人不相信，结果没人肯出手一试。于是商鞅将赏金提高到五十金。重赏之下必有勇夫，终于有人站出来将木头扛到了北门，商鞅立即赏了他五十金。商鞅在百姓心中树立起了威信，接下来的变法很快在秦国推广开来。新法使秦国渐渐强盛，最终统一了中国。这就是"立木为信"的故事，多用于形容取信于民。

星

甲骨文			金 文	篆 文

字形: 星,形声字,从日生声。古代的"星"字像一棵树的周围有很多"方块",而树是古代的"生"字,表示"出现",二者结合,表示天空中出现星星。

演变: 由于天空中星星很多,所以从甲骨文到篆文,形旁"日"或两个,或三个,后期简化为一个。而表示星星的"方块"中间加了一横,表发光,而"生"字的写法也发生了变化,后来,就演变为现在的"星"字。

含义: 本义是"天上的星星",如"列星随旋,日月递熠"(《荀子·天论》);也可指细小而光亮的东西,如"篙工碴玉星,一路随进萤"(《寒溪九首》);现也指"天体"或是"某一方面的新出现的杰出事物"。

引申: 星宿是古代天文学术语,一宿通常包含一颗或者多颗恒星。古人将满天星宿分划为四大星野,"青龙""白虎"等四象即出自此,而春秋时又将四象细分成了二十八宿。在东、南、西、北四方都有一位守护神,分别是青龙、朱雀、白虎、玄武。

彗星袭月

故事:《唐雎不辱使命》中有"夫专诸之刺王僚也,彗星袭月"的记录,彗星俗称扫把星,"彗星袭月"即彗星的光芒扫过月亮,按迷信的说法是重大灾难的征兆。古人将"彗星袭月"附会为君王遇刺的征兆。唐雎一番大气豪言,使秦王转变态度。唐雎以自己的豪气,不辱使命,勇气不输任何人,值得称颂与学习。

行

字形: 行, 会意字。在甲骨文中, 其字形像四通八达的十字路口, 并且由"彳"和"亍"组成, "彳", 小步也; "亍", 步止也。同时, "彳"和"亍"分别被称为左行旁和右行旁。

甲骨文		金 文	篆 文

演变: 行, 最早出现在甲骨文中, 后金文承续了甲骨文字形, 到篆文, 则将十字路口形状的金文误写成正反两个双人旁, 失去路口形象, 隶书一定程度上恢复了金文字形, 最后到楷体, 也就是现在的"行"字。

含义: 行的造字本义是纵横畅通的十字路口, 而《诗经》"遵彼微行"中的"行"则是小路的意思, 后"行"多用于行走之意。

引申: 衢地。衢字在"行"中加了一个"瞿"字, 而衢地即指四通八达的地方,《孙子兵法》中说到:"用兵之法, 有散地, 有轻地, 有争地, 有交地, 有衢地, 有重地, 有圮地, 有围地, 有死地。"

行尸走肉

故事:《拾遗记·任末》记载: 任末, 东汉时期学者和教育家。他不仅刻苦好学, 还因爱友尊师而闻名。有一次他的友人董奉德在洛阳病死, 任末出于对朋友的至诚, 不顾路途坎坷, 风雨无阻, 用鹿车运载朋友的棺材, 亲自送友人回老家的祖墓, 让友人尸骨还乡。这一义举在当时传为美谈。在他临终时, 他还告诫弟子:"好学不倦的人, 即使死了也像活着一样; 不好学的人, 即使活着也只是行尸走肉罢了。""行尸走肉"由此而来, 指糊里糊涂混日子, 虽然活着, 同死人一样。后意为讽刺没有理想, 无所作为的人。

休

甲骨文	金 文	篆 文

字形: 休,会意字。一个"人"加上一个"木",像人待在大树的枝叶之下乘凉歇息。

字源: 古人在野外劳作时,选择在能遮阳避雨的树下歇息,形成"休"字。

含义: 本义是在树荫下乘凉歇息。"休"作动词有三种含义:一是歇息,如"高宗中睿,休养生息"(韩愈《平淮西碑》);二是停顿、停止,如"妇无公事,休其蚕织"(《诗经·大雅·瞻印》);三是取消、离弃,如休妻、休书。而休息是一件让人放轻松的事情,所以"休"又有安适的、欢愉的意思,如"万物变化,固亡休息"(《汉书·贾谊传》)。作副词,指不要的,如休想、休得无礼。

引申: "休"是指停止肢体劳顿;"息"是指较长时间的调整呼吸,放松身体;"憩"是指深度放松身心,在优美环境中调整呼吸,以愉悦的方式滋养心灵。

南有乔木,不可休思

故事:《诗经·汉广》:"南有乔木,不可休思。"意为南边有高大的树木,可是它却不能让我休息。乔木一般都树干高大,枝叶茂盛,即使枝叶稀疏,也还有树干可倚身,为何不能休息?因为"汉有游女,不可求思"。传说古人郑交甫在汉水遇见两位游女,出于爱悦,上前索要她们的饰物。游女们送他玉佩,他放在了怀中,但是走了十几步发现怀中空空如也,再回头看那两位女子,也悠然不见。原来她们是汉水上的神女。既然是神女,当然只能远观而不能近玩。人神之间的距离,仅仅休思二字哪能说得清楚!难怪诗人在乔木之下,依然感觉烈日炎炎,无以休憩。

羞

字形：羞，会意字。在甲骨文中，其字形的左边是一个羊头，右边是一只手，即一个人用手抓着一只羊。

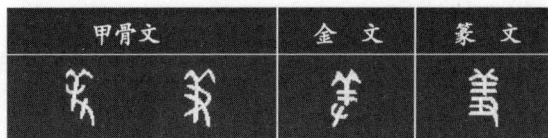

甲骨文		金 文	篆 文

字源：在上古时期，羊与牛一样，是祭祀用的"牺牲"的一种，也是百姓向首领或君主进贡的物品之一，手抓着羊，就表示要将其进献出去。

含义：本义为进献美味的食物，如"可荐于鬼神，可羞于王公"（《左传·隐公三年》）；由于羊肉的味道十分鲜美，所以"羞"又有着"美味的或精美的食物"的意思，如"金樽清酒斗十千，玉盘珍羞直万钱"（《行路难》）；"羞"后来假借为"丑"，表示感到耻辱，如"杀身无益，适足增羞"（《答苏武书》）；引申指羞愧、难为情，如"十四为君妇，羞颜未尝开"（《长干行》）。

引申："馐"，就是在"羞"字左边加上了表属性的"饣"，让它真正成为美食，后来多用"馐"表示美味的食物。

闭月羞花

故事：唐朝开元年间，杨玉环进入宫中后，在花园赏花时，不胜叹息，对着盛开的花说："花呀，花呀！你年年岁岁还有盛开之时，我什么时候才有出头之日？"声泪俱下，她刚一摸花，花瓣立即收缩，绿叶卷起低下。恰被一宫娥看见。宫娥到处说，杨玉环和花比美，花儿都含羞低下了头。"羞花"称号由此得来，后指代美女。

修

金　文	篆　文
博	修

字形: 修, 会意字。由 "攸" 和 "彡" 组成, "攸" 是 "悠" 的省略, 表示缓慢、从容; "彡" 是附形着彩。二字结合表示细心从容地上色。

演变: 最早 "修" 与 "脩" 同字, 到篆文时代, 二者的写法有了差别, 但是隶书写法中二者又相差不大。最后在楷书盛行时, "修" 与 "脩" 的写法就已经完全不同, 随后的书法也一直延续楷书的写法。至此二者就成了两个不同的字。

含义: 形容词, 形状细长, 如 "茂林修竹"(《兰亭集序》); 动词, 修理、改造、整治, 如 "修守战之具"(《过秦论》); 学习、完善, 如 "一善, 易修"(《原毁》); 名词, 肉条, 如 "降说屦, 升坐修"(《礼记》)。

引申: 说起 "修", 那句耳熟能详的 "修身齐家治国平天下" 就将 "修身" 视为十分重要的一部分。修身, 是指修养身心, 努力提高自身的思想道德修养水平。修身的具体行为表现在日常生活中就是择善而从, 博学于文, 并约之以礼。

不修边幅

故事: 不修边幅, 原形容随随便便, 不拘小节。后形容不注意衣着或容貌的整洁。西汉末年, 隗嚣派马援去四川联合公孙述共同对付刘秀。马援与公孙述是同乡要好, 而公孙述嫌马援不修边幅, 派官员送去官服, 装出皇帝的架子, 马援十分不悦就去投奔刘秀, 发现刘秀很有雄才大略, 于是就去洛阳听命刘秀, 后来屡立战功, 被封为伏波将军。

雪

字形： 雪，会意字。在甲骨文中，其字形上边为"雨"，下边为雪片的形状，有天下大雪之意。

甲骨文	金 文	篆 文

演变： 在小篆文中，"雪"成了一个形声字，其上边仍为"雨"，表示字义，但下边演化成了"彗"。

含义： "雪"的本义即为雪，天空中的水汽，冷却到0℃以下时，就有部分凝结成冰晶，由空中降下，叫做雪，如"今我来思，雨雪霏霏"（《诗经·小雅·采薇》）；因为"雪"是洁白的，所以后人常常将其比喻为白色或高洁的品质，如"松品落落，雪格索索"（《送姜道士归南岳》）；另外，"雪"还有洗除、洗刷、昭雪等意义，如"雪耻""雪恨""沉冤得雪"。

引申： 将"雪"的下部换为"相"即成了"霜"。霜是水汽（也就是气态的水）在温度很低时的一种凝华现象，跟雪很类似。严寒的冬天清晨，户外植物上通常会结霜，这是因为夜间植物散热慢，地表的温度又特别低，水汽散发不快，还聚集在植物表面时就结冻了，因此形成霜。

雪中送炭

故事： 一年冬天，天下大雪，异常寒冷，宋太宗披着狐皮，但仍然觉得冷，于是回到宫中，命人端来火盆、美酒。正独酌之时，太宗抬眼望大雪飘飘，想到那些缺粮少炭的人家会更加难过，于是命人带上木炭和粮食去送给那些挨饿受冻的人家，从此留下一段佳话。

崖

篆　文

厓　崖

字形：崖，形声字。字形采用"屵"作偏旁，"圭"作声旁。

字源：崖字在古代的本义是"水边"（即"厓"，同"涯"）。上有"山"字，即成高山上的岸边，就是山崖了。当"厓"作为单纯字件后，篆文再加"山"另造"崖"代替，强调"崖"的山体特征。

含义：本义为岸、水边，如"渊生珠而崖不枯"（荀子《劝学》），意思是珍珠产在深渊里，连涯岸也显得不干枯，是说学问、韬略藏于胸中，自然会行为举止不俗，气魄风格不凡。现在一般指"高地的边，陡立的山边"，就是山或高地陡立的侧面。

引申：摩崖，指把文字直接书刻在山崖石壁上。刻在山崖石壁上的碑文、经文、佛像、诗赋等，成为中华文化得以流传的重要形式。

悬崖勒马

故事："悬崖勒马"，清代纪昀《阅微草堂笔记》记载，一位书生借宿在京城的云居寺，认识了一个约十四五岁的童子，两个人一见如故。后来才知道这个童子是"杏花精"变的。虽然童子辩称"精"和"魅"不同，却承认他亲近书生是为了吸其精气，让自己化成人形。书生警觉到这和鬼魅没有什么不同，本质都是要害人性命，于是立即推开童子离去。所以纪昀称赞他说："书生悬崖勒马，可谓大智慧矣。"意思就是说这位书生能警悟险境，及时回头，具有很高的智慧啊！

雅

字形：雅，形声字，从佳，从牙，牙亦声。小篆为"牙"边有一"佳"，佳即为鸟，在此指"鸟头尖锐"。

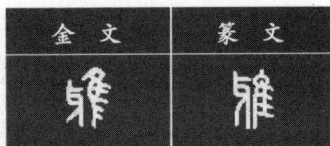

金 文	篆 文
雅	雅

字源："佳"，表示"雅"是乌鸦这种鸟，"牙"表示乌鸦的鸣叫声，所以表示"乌鸦"的"雅"字诞生了。

含义："雅"代表犬齿，而犬齿根深体固，为前排上下牙齿的排头兵，故被古人视为基准牙。因此，引申出"基准""标准"之义，后引申为"高尚美好"。

引申：雅舞，古代帝王用于祭祀天地、祖先及朝贺、宴享的舞蹈。分文舞、武舞两大类。文舞的舞者左手执籥（状如排箫的乐器），右手秉翟（用野鸡尾装饰的舞具）。武舞的舞者手执朱干（盾）、玉戚（斧）等兵器。起源于周代，以后历代都有增删修订，以歌颂本朝的文治武功。

不登大雅之堂

故事：位于四川省丹棱县的大雅堂是一个汇集唐代诗圣杜甫和北宋大书法家黄庭坚诗书艺术为一体的诗书堂。堂内珍藏由黄庭坚手书的杜甫西川夔峡诗碑三百余方，黄庭坚为之题名"大雅堂"，并作《大雅堂记》。历经宋、元、明、清，收藏众多名家咏大雅堂的诗文、书画。成语"不登大雅之堂"典出于此。登：走上，拿上去；大雅之堂：文雅高贵的地方。现用来形容某些不被人看重的、粗俗的事物（多指文艺作品）。

烟

金　文	篆　文

字形: 烟, 形声字。字从火, 从因, 因亦声。"火"指"烟"的原体;"因"指对"火"的沿袭。"火"与"因"联合起来表示"火气的扩大和蔓延"。

字源:《说文》:"烟, 火气也。"烟的本义就是火气, 是物品燃烧时产生的气体。由此产生了许多与烟有关的词语, 常见的有烟雾、烟霞、烟波、烟尘、烟春、烟柳等。

含义: 指扩大和蔓延了的火气。

引申: 狼烟, 点燃干燥的狼粪而形成的烟。狼烟是作为古代军队中传送警报信息的信号, 一旦有危险, 就立刻点燃狼烟, 别的地方的士兵就可以看见了, 因为狼烟很浓, 而且狼烟很重, 不会轻易被风吹散又易保存, 所以被作为军事信号传送工具。

虎门销烟

故事: 清朝道光年间, 林则徐受命进入广州查处鸦片。林则徐查找各家烟馆, 掌握大量第一手资料, 然后命外国鸦片贩子限期缴烟, 并具结保证今后永不夹带鸦片, 他还严正声明:"若鸦片一日不绝, 本大人一日不回, 誓与此事相始终, 断无中止之理。"但外商拒绝合作, 经过坚决的斗争, 收缴全部鸦片近两万箱, 237万余斤。于四月廿二日(6月3日)在虎门海滩上当众销毁。该事件史称"虎门销烟"。

炎

字形：炎，会意字。由于"火"自古是热的象征，而"炎"由上下2个"火"构成，于是"炎"一般情况下形容天气极热。

金 文	篆 文
炎	炎

字源：中国古代传说中上古姜姓部落首领为炎帝，中国人也被称为"炎黄子孙"。而中国古代社会为农耕社会，对天气十分敏感，"炎"字即形容天气酷热。天气过于炎热就会妨碍农作物生长，辛勤劳作的农民也会感到不适，"炎"字的含义即在这种背景下产生了。

含义：本义为"火苗升腾"，"炎"字反映了古代对天气的敏感，揭示了中国农耕社会的背景。

引申：与"炎"字相似，同样由多个"火"构成的字还有"焱"和"燚"，其含义也都跟火有关。"焱"字代表火花，火焰；"燚"形容火剧烈燃烧的样子。

趋炎附势

故事：趋炎附势，奉承和依附有权有势的人，出自《宋史·李垂传》。宋真宗时，有个叫李垂的官员，他为人正直，对官场中拍马屁的行为深恶痛绝，也因为指责宰相丁谓而被贬官。宋仁宗即位后，丁谓贬职，李垂才被召回京城。人们劝他去拜见新任宰相，他却依旧保持傲岸的风骨，坚持不依靠权门，不巴结权贵。由此，他遭到权贵的嫉恨，不久后又被贬官。李垂是难得的一位不趋炎附势的封建官史。

阳

甲骨文	金　文	篆　文
𨸂	陽	陽

字形：阳，形声字。繁体"陽"，字形采用左耳旁"阜"，"昜"是声旁。"昜"字上面一个"日"，下面一横加上一个"勿"，似日光照射下来产生的投影。

字源："阳"的甲骨文写法像太阳升到了祭神的石桌上面，金文写法多了"彡"表示阳光。后来有些字形加了"阜"旁，"阜"是土山，表示太阳从山上升起。

含义：本义为山地受光的南坡，也就是"山南水北"之意。

引申：端阳即端午节，为每年农历五月初五。端午节源自天象崇拜，由上古时代龙图腾祭祀演变而来。是流行于中国以及汉字文化圈诸国的传统文化节日。

阳春白雪

故事：楚襄王问宋玉，为什么百姓不夸奖你？宋玉说，有一个唱歌的人，开始吟唱"下里巴人"，都城中有几千人应和他，当他唱"阳阿薤露"时，能应和的只有数百人。当他唱"阳春白雪"时，能应和的不过数十人。当歌曲再增加一些高难度的技巧时，能应和的不过几个人而已。"是其曲弥高，其和弥寡。""阳春白雪"等歌曲越高雅、越复杂，能唱和的人也越来越少，即曲高和寡。现阳春白雪用来比喻高深的、不通俗的文学艺术。

幺

字形：幺，会意字。其甲骨文字形近似"丝"的一半，像单根丝线，造字本义是单根卷曲的蚕丝。

甲骨文	金　文	篆　文
8	8　8	8

字源：蚕丝是古代中国文明产物之一，人类利用最早的动物纤维之一。约在4700年前中国已利用蚕丝制做丝线、编织丝带和简单的丝织品，所以蚕丝在古人日常生活中尤为重要。为了形容这种细线，人们创造出了"幺""丝"等字。

含义：《说文解字》："幺，小也。象子初生之形。俗字作么。"故"幺"多用来表示细小、幼小之意，也可表示数字"一"。其动词含义同"吆"。

引申："幼"，由"幺"与"力"构成，表示力气极小，形容年纪很小。

幺妹替兄从军

故事：清朝嘉庆年初，贵州南笼府的苗族人民起义，朝廷征调士兵。当时贵州土司龙跃恰好生病，他十八岁的妹妹就代替兄长带领几百士兵前去作战。当时舒位在军队中，目睹了这件事，就为幺妹作了《幺妹诗》。十八岁本应享受美好青春，幺妹却选择像木兰一样替兄从军，巾帼不让须眉，这是属于女子的英雄气概。

姚

金　文	篆　文
𡿧中	𡿧姚

字形：姚，形声字，从女，兆声。

字源：汉语言文字"姚"组合来讲，"兆"应为其本意，女旁则为姚姓从母系氏族社会传到今的痕迹。古时，日晷的日影运行作"S"形，即"兆"的"儿"，四季各有天地交午，记作"X"符，与"儿"合文作"兆"，"女"旁则表示源自夸父氏女系祖先。"兆"与"女"合而为"姚"。

含义：本义为姓氏。《说文》："虞舜居姚虚，因以为姓。"也指美好的样子。刘向《说苑·指武》："美哉德乎！姚姚者乎！"

引申：姚江，浙江余姚市的别称，即因境内姚江而得名。明哲学家王守仁为余姚市人，故世称其学派为姚江学派。

姚黄魏紫

故事：传说有一处山泉旁边长出了两株奇异的牡丹，一株开黄花，一株开紫花，争奇斗艳，相互辉映，人们闻知后，都纷纷上山来观看、欣赏。后来这两株牡丹分别移植到了洛阳城里姚家和魏家的花园里，从那以后，人们便管姚家的黄牡丹叫"姚黄"，而将魏家的紫牡丹叫"魏紫"。现用"姚黄魏紫"泛指名贵的花卉。

要

字形：要，会意字。从西，据小篆字形，上面是鸟的省写，下象鸟巢形。从女，甲骨文字形，象一个敛手跪着的人形。

甲骨文	金 文	篆 文

演变："要"字最早见于战国楚简，秦汉时的古隶和今隶都由这一形体演变而来。从这个字形的下部从女，从交叉两手来看，"要"是"腰"的本字。

含义：本义为"人腰"，另有索取、希望、请求、值得重视的、纲要、应该、如果等意。

引申：要缺，也称繁缺，清代地方官员缺名目之一，指职务紧要之员缺。清制，知府、同知、通判、知州、知县等地方官，以冲、繁、疲、难四者定员缺紧要与否之等差，其兼四项者为最要缺，三项者为要缺，二项者为中缺，一项者为简缺。

要言不烦

故事：管辂是一个很有才学的人，他精通《周易》。有一次，何晏宴请管辂想听他谈谈《周易》，可是管辂在交谈中，却不谈《周易》中的事。另外一位叫邓扬的人就问管辂："君见谓善《易》，而语初不及《易》中辞义，何故也？"管辂回答说："夫善《易》者不论《易》也。"对这个回答，何晏甚为赞赏，笑着说道："可谓要言不烦也。"这就是"要言不烦"的来历，现用来指说话或写文章简明扼要，不烦琐。

也

甲骨文	金　文	篆　文
（字形）	（字形）	（字形）

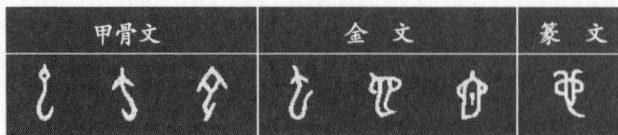

字形：也，象形字。甲骨文像头尖、身长的蛇。有的甲骨文将蛇头写成"箭号"或棱形的"大头"。

字源：金文承续甲骨文字形，有的金文将甲骨文字形中的"大头"形状变形成"大腹"。有的金文则在蛇的"大腹"部位加一竖指事符号，表示蛇腹中的吞噬物，强调蛇腹神奇的弹性与消化能力，突出"蛇吞象"的特性。篆文在金文字形的基础上大大变形，淡化了蛇腹形象。隶书隐约还保留蛇头、蛇身的形象，有的隶书变形后蛇形尽失。

含义：文言文中非常重要的虚词之一，可作文言语气助词，可表判断，表疑问，表停顿；也可作形容词尾；用在句末还可表示判断或肯定语气，相当于"啊""呀"；用在句中，表示停顿；用在前半句的末了，表示停顿一下，舒缓语气，后半句将对前半句加以解说。

引申："也"作为一个文言虚词，使用频率很高，类似于现代汉语中的语气词。由于虚词表意不明显，常和其他实词连用才能表意。现代人把"也"和"之""乎""者"连在一起，用来讽刺人说话喜欢咬文嚼字。

人之将死，其言也善

故事："人之将死，其言也善"。曾子卧床不起，孟敬子去看望他。曾子说道："鸟快要死的时候，鸣叫的声音是悲哀的；人快要死的时候，说出来的话也是善良的。"后世的朱熹解释说："鸟畏死，故鸣哀；人穷反本，故言善。"也就是说，鸟因为怕死而发出凄厉悲哀的叫声，人因为到了生命的尽头，反省自己的一生，回归生命的本质，所以说出善良的话来。现用来指人到临死，他说的话是真心话，是善意的。

叶

字形：叶，象形字。繁体"葉"，表示枝丫和树叶的部分，写成了"枼"，上"枼"下"木"，就是葉。

字源：叶不特指某一种植物的叶，表现起来很困难，所以我们的祖先造字的时候，就借助树木的树来表示，下面的"木"表示树，上面则是树叶长在树上的样子。

含义：本义为"草木之叶"，繁体字字形是"葉"，金文的葉表示树叶的部分不再象形，将椭圆形的叶子改成了一道道短横。小篆的葉，表示枝丫和树叶的部分，写成了"枼"，上"枼"下"木"，就是葉。

引申：贝叶书，亦称"贝叶经""贝书""贝编"等。佛经之别称。古代印度多用贝叶刻写佛经，以贝叶书代指佛经。

一叶障目

故事：一叶障目，意思是一片叶子挡在眼前会让人看不到外面的广阔世界。比喻被局部或暂时的现象所迷惑。《淮南子》记载：螳螂在捕蝉时用树叶遮住自己的身体，其他小昆虫就看不见它。于是一个贫穷的楚国人就跑到一棵树下抬头仰望，希望找到那片螳螂在捕蝉时用来遮蔽自己的树叶。功夫不负有心人，有一天被他找到了螳螂用过的树叶，他就伸手摘，不料失手，那片树叶飘落地下，与其他落叶混在一起，再也无法辨认。他索性将落叶全部扫起，抱回家后，一片一片地轮番拿树叶遮住自己的眼睛，问妻子："你还能看见我吗？"开始，妻子一直说："能看见。"后来，折腾了一整天，妻子疲倦不堪，很不耐烦，便骗他说："看不见了！"这人大喜，急忙将选出的树叶揣在怀里，跑到街上去举着树叶，旁若无人，当面拿别人的东西。结果被官府差吏当场抓住，押送县衙。

夜

甲骨文	金　文	篆　文
夾	夾　夾　夾	夜

字形：夜，形声字。字形采用"夕"作形旁，采用有所省略的"亦"作声旁。

字源："夜"字的本字为"亦"字，金文另加"夕"造"夜"字代替，后来楷书将"亦"写成"衣"，因而有此字形。

含义：本义指人的两腋部位，后来古人称太阳运行期间为"昼"；月亮运行期间为"夜"，今义同古义，指天黑的时间。"夕"意为晚上，故"夜"字即为天下万众入舍睡觉的时间。

引申："昼"，与"夜"字相对应，甲骨文字形是一个人手执毛笔，在日出时记录下新的一天，表示日出之后的时间段，即太阳运行期间为"昼"；月亮运行期间为"夜"。

夙兴夜寐

故事："夙兴夜寐"，在《诗经·卫风·氓》中记载了这么一个爱情故事，主人公是一位女子，她深爱着她的丈夫氓。她日日夜夜，从早忙到晚，起早贪黑，没有睡过一个安生觉。若是有付出，那就该有回报。但她的丈夫却三心二意，背叛了她，甚至对她拳打脚踢。她回忆起过去的种种，潸然泪下，下定决心：既然他不思其过，也没诚心改其过错，既然他不念当年柔情蜜语，也不念当年"与之偕老"誓言，和他在一起还有什么意思呢，长痛不如短痛，何不和他做一了断呢？于是她毅然决绝，与氓断绝关系。这一刚毅坚强，清醒理智的妇女形象至今仍被人们所称道。"夙兴夜寐"这一成语现用来形容勤奋。

字形： 一，指事字。"一"为单一结构，是最为简单的一个汉字。它只有一横，意为最简易的一。

甲骨文	金文	篆文
—	—	—

字源： 在没有汉字的古代，人们沟通交流极不方便，为了有能帮助交流沟通的工具，语言文字随之诞生，仓颉造字正是此时发生的。而在其他汉字出现之前，"一"作为最原始也是最简单、最基础的汉字被创造出来。可以说"一"是所有汉字的"先锋"。

含义： "一"的本义为数词，它本是古时人民为计算方便而创造出来的，意为一个，一件等。大写作"壹"，是最小的正整数，常用来表示人或事的最少数量，如"一，惟初大始道之于一，道分天地，化成万物"（《说文》），如"一也者，万物之本也"（《淮南子·诠言》），可见一的重要性。

引申： 一字王，辽代王爵有以古国名一个字为封号的，如赵王、魏王等，地位尊贵，高于用二字为封号的混同郡王、兰陵郡王之类。金、元仅亲王能封一字王。

一言不发

故事： 徐庶进曹营——一言不发。刘备在新野时，徐庶投靠刘备，被刘备拜为军师，几次交战都战胜了曹操。曹操觉得徐庶是难得的人才，就把徐庶的老母亲接了过来，徐庶被迫来到曹营。然而，徐庶身在曹营心在汉，到了曹营之后，一个计谋都没为曹操出过。现用来指一句话也不说，暗示有自己的想法或见解。

宜

甲骨文	金　文	篆　文

字形：宜，会意字，上面一个"宀"，下面一个"且"。"宀"指处所、地点；"且"意为加力、用力。"宀"与"且"联合起来表示"力量用在指定的地方"，即《仓颉篇》所言："宜，得其所也。"

字源："宜"与"俎"同源，后分化。且，既是声旁也是形旁，是"俎"和"宜"的本字，表示祭祖杀牲，平分肉食。宜，甲骨文表示祭祖仪式上平分肉食。

含义：本义为力与着力点匹配。还可解释为恰当，正好；煮熟可吃的肉；祭名，祭祀土地之神等。

引申：古时由于社会落后，科学知识水平有限，人们禁忌较多，这表现在行为的各个方面，其中有合理的禁忌，但更多带封建迷信色彩。诸事不宜的禁忌，就是指这一天没有特别合适做的事，这一天做事犯忌。

不合时宜

故事：苏东坡有一天退朝回来，用手捂着肚子慢慢地走，看了一眼周围的侍者，说道："你们都来说说我这肚子里有什么东西？"一个婢女立即说："都是文章啊。"苏东坡觉得她说得不对。又有一个人说："满肚子都是智慧呀。"苏东坡也认为他说得不恰当。待到朝云说道："学士您肚子里装的都是不合时宜呀！"苏东坡捧腹大笑，赞道："知我者，唯朝云也。"苏东坡的一肚子"不合时宜"，其实就是不容于当时的真知灼见，不为当世所容的济世之才。现在用来指与时代潮流不合的事物。

贻

字形：贻，形声字。"贻"左边一个"贝"，与财富有关；右边的"台"既是声旁也是形旁，是"怡"的省略。

字源：贝在古代曾作为货币，表示赠送钱财；台表示赠者受敬，受赠者受惠，双方皆悦。在这种情况下，贻字产生。

含义：本义是赠送。古经传中诒、贻见互。清·郑珍说"贻"字皆汉后所改。如贻饷（留赠）、贻赠（馈赠，赠送）；还可作遗留之意。在某些文章中也有"给别人写信"的意思。

引申：古人送礼并不是现代人的"走后门"，而是增进人与人情感的纽带。如《诗经·邶风·静女》中"贻我彤管"，女子通过送男子"彤管"（一种红色的乐器）来表达对男子的好感。

德有伤，贻亲羞

故事：《弟子规》："身有伤，贻亲忧；德有伤，贻亲羞。""德有伤，贻亲羞"，意为当我们的道德有损伤时，会让父母蒙羞，会让家人蒙羞，甚至于会让国家民族都蒙羞。在汉朝末年，有个臣子叫董卓，他有了权势就拿着权势作乱，后来很多人起而攻伐他。董卓下场很不好，他的家族都被处死，他的母亲已经九十多岁了，还到刑场被处死。所以我们为人子要诚信，要稳扎稳打，不可好高骛远，造成自己犯下了错误，也连累了自己的父母。所以说"德有伤，贻亲羞"。

遗

金　文	篆　文

字形：遗，会意兼形声字。字从辵，从贵，贵亦声。"遗"的偏旁为辶，与行路有关。"贵"字指贵重的物品。二者结合起来就是指在行路途中遗失了贵重的物品，恰与"遗"字的本义相符。

字源："遗"有小物有所遗失之义。又或从贝，为"遗"之初文。"貴"今简化作"贵"，"遺"随之简化为"遗"。

含义：本义是丢失，《说文》："遗，亡也。"《庄子·天地》："黄帝游乎赤水之北，登乎昆仑之丘而南望，还归，遗其玄珠。"引申义有遗漏，或指遗失、遗漏的东西。还有遗弃、遗留、剩余、脱离、陈迹等一系列意义。在文言文中也可表赠送的意思，读wèi，如《诗经·豳风·鸱鸮序》："成王未知周公之志，公乃为诗以遗王。"

引申："迷"与"遗"同为辶部首。字形犹如道路中间的一小粒米，分辨不清，失去了辨别、判断的能力。又有醉心、沉醉于某种事物的人、使人陶醉的意思。

沧海遗珠

故事：沧海遗珠，出自《新唐书·狄仁杰传》。狄仁杰年少时，展示出了过人的才能和冷静的处世态度，后来通过明经科的考试，担任了汴州判佐的职务，然而他很快引起了其他官吏的不满。这时唐朝工部尚书阎立本被任命为河南道黜陟使，主要负责考察官吏，施行奖惩，了解民风民情并上报中央。狄仁杰被同事诬陷，此案便交由阎立本审查。了解事实后阎立本感慨地说："孔子他老人家说，看见一个人的所犯过失，就可以明白一个人的道德品质和为人，你真可以说是海上的明珠，东南边被遗漏的宝物啊！"于是，狄仁杰不但没有被定罪，还被推荐担任了并州都督府法曹的职务，从此官运亨通。现用来指大海里的珍珠被采珠人所遗漏。比喻埋没人才或被埋没的人才。

义

字形：义，会意字。繁体字是"義"，为"我、羊"结构，意为："我向上献上羊。"

甲骨文	金 文	篆 文
羡	羡	羨

字源：《说文解字》："己之威仪也。从我羊。"说的是我军威武的出征仪式。由此可见"义"与古代的出征仪式有关了，而古代（尤其是先秦时期），发兵要做到"师出有名"，自己要号称是"仁义之师"。而羊作为古代祭祀用品之一，自然是与出征仪式密切相关了。到了孔子、孟子等儒家学者那里，义作为儒家主要思想之一，被更加强调了，被用来称赞人。所以"义"就这样诞生并成为一个富有情义的字了。

含义：古时以羊指代上出人人之气，"上出人人之气"，即为平均、美好之意，因此羊的含义类似于我们现在所说的"真善美"。整个字的意思就是：我献出我的真善美。

引申：义田，是指赡养族人或贫困者而置的田产。相传春秋末期，越王勾践曾将富中、大塘作为赡养族人的田产，并称为"义田"。

桃园结义

故事：东汉末年，刘备、关羽和张飞结识后，发现大家意气相投，于是在一个桃花盛开的季节，在一个桃花绚烂的园林，举酒结义，对天盟誓：有苦同受，有难同当，有福同享，共同实现自己人生的美好理想。桃园结义是桃园三结义的引申，意思仍是指有共同志向的人结拜为弟兄。

易

甲骨文	金　文	篆　文

字形：易，象形字，字形像蜥蜴之形。《祕书》上说，日、月二字合成"易"，象征阴阳的变易。另一种说法认为，"易"采用"旗勿"的"勿"作偏旁。

字源："易"是"蜴"的本字，《说文解字》中说"易"就是"蜥蜴"，在金文中，"易"被写成"锡"。

含义："易"的本义为"蜥蜴"，后来又有"改变""变换""交易"等意思。

引申：《易经》，古代卜筮书，包括《连山》《归藏》《周易》，合称三易。《周易》还是儒家研读的经典，和《诗》《书》《礼》《春秋》并称为"五经"。

易牙烹子

故事：一次，桓公对厨师易牙说："寡人曾经吃遍天下美食，唯独没有吃过人肉，实在是让人遗憾。"易牙却把这话牢记于心，一心想着卖弄好自己的本事，从而博得桓公的欢心。后来他看见自己4岁的儿子，就选用自己儿子的肉。桓公在一次午膳上，喝到一小金鼎鲜嫩无比、从未尝过的肉汤，便询问易牙："这是什么肉？"易牙哭着说，是自己儿子的肉，希望国君食用后身体安泰无虞。当桓公得知这是易牙儿子的肉时，被易牙杀子为自己食用的行为所感动，认为易牙爱他胜过亲骨肉，从此桓公宠信易牙。齐桓公最终没有听管仲遗言，还是亲信易牙、竖刁等人。齐桓公得重病，易牙与竖刁作乱，填塞宫门，筑起高墙，内外不通，最后令齐桓公饥饿而死。

因

字形：因，会意字。从囗（wéi）大。大就是"人"的意思，从甲骨文字形来看，象一个人坐在车席子上。

甲骨文	金 文	篆 文

字源："因"是"茵"（又写作"絪"）的本字，意思是"褥子"或"垫子"。字形是一个人平躺在一张褥子上的样子。后来"因"字假借为虚字，就另外造了"茵"字。

含义："因"字的本义为坐垫、车垫，现在多用来表示"缘故，缘由"的意思。

引申：因缘和合，佛教认为世间的任何一种现象都是由"因"与"缘"和合而成的。世间任何一种现象无不是因缘。也就是说，任何事物都是条件决定存在，其中，因是主要条件，缘是次要条件。就像耕种，种子是因，而土壤、阳光、水分就是缘。

因材施教

故事："因材施教"中"因"是根据的意思，此故事源于孔子。有一天，子路对孔子说："先生所教的仁义之道，真是令人向往！我所听到的这些道理，应该马上去实行吗？"孔子说："你有父亲兄长在，你怎么能听到这些道理就去实行呢！"过了一会儿，冉有也来问同样的问题，孔子却说："应该听到后就去实行。"这时，站在一边的公西华被弄糊涂了，不由得问孔子缘故。孔子说："冉有为人懦弱，所以要激励他的勇气；子路勇武过人，所以要中和他的暴性。"冉有与子路二人，后来从政都有成就，多亏孔子的教育有方啊！由此可见老师对学生"因材施教"很重要啊！该词是指老师要从学生的实际情况、个别差异出发，有的旅矢地进行有差别的教学，使每个学生都能扬长避短，获得最佳发展。

阴

金文	篆文

字形: 阴，会意字。繁体字"陰"，字形采用左耳旁"阜"，"侌"是声旁。"侌"上面一个"今"，下面一个"云"，意为今日有云，即天空多云，没有阳光，是为"阴"。

字源: 在古人看来，季节气候的变化是由于两种阴阳气体的作用: 夏季的炎热，属于纯阳；冬季的寒冷，属于纯阴。阴阳二气的相互作用、交替变化，非常直观地反映在一年四季的更迭上，正是由于季节的变化，古人的阴阳观念出现了，"阴"字就产生了。

含义: "阴"的本义，为名词，是指山地背阳的潮湿北坡，也就是"水之南，山之北"。

引申: 阴历，全称"太阴历"。历法的一种。古人称月球为太阴。以月亮的盈亏周期为主要依据，历月的长度平均约等于朔望月。大月三十日，小月二十九日。年的长短只是历月的整倍数，和回归年无关，月份也与四季寒暑无关。月中日期表示着一定的月相，而月相的变化是人们最容易观察的天象，因此各国历法大都先有阴历后有阳历。

尺璧寸阴

故事: 尺璧寸阴，日影移动一寸的时间价值比径尺的璧玉还要珍贵。极言时间可贵。东晋陶侃由荆州被贬到广州当刺史，没有多少公事要做，陶侃却不愿在衙门里过着闲散的日子，他叫人准备了百来块砖头，每天把砖头由院子搬到屋里，又由屋里搬到院子。府吏们觉得奇怪，陶侃解释说，我是用运砖来磨炼自己的意志和筋骨。不久，陶侃又调回荆州，公务十分繁忙，可他在广州养成的运砖习惯仍然不间断。有人劝他公务之余应该注意休息，可他说: "古时候的大禹，是个圣人，他还要爱惜寸阴，我们这些平常人更应该爱惜光阴才对，真所谓'尺璧非宝，寸阴是金'啊！"

俑

字形: 俑, 形声字。"俑"由单人旁与"甬"构成。

字源: 古代实行人殉, 奴隶是奴隶主生前的附属品, 奴隶主死后奴隶要为奴隶主陪葬, 是殉葬品。这是奴隶制社会的一个特征。后来进入封建社会, 以俑人代之。

小 篆

含义: 中国古代坟墓中陪葬用的俑人, 是象征殉葬奴隶的模拟品。

引申: 兵马俑, 做成士兵及战马形状用来殉葬的陶偶。如秦始皇陵东侧挖掘出的人马陶俑及秦始皇陵西侧所出土的两乘铜车马, 不仅体型高大, 而且兵马都雄健昂扬, 人物神情生动, 雕塑手法十分细腻, 具有艺术价值和历史意义。

始作俑者

故事: 孟子在和梁惠王的一次谈话中说:"孔子曾经说过, 首先开始用俑的人, 他是断子绝孙、没有后代的吧! 您看, 用人形的土偶来殉葬尚且不可, 现在大王又怎么可以让老百姓活活地饿死呢?"始作俑者现比喻第一个做某项坏事的人或某种恶劣风气的创始人。

友

甲骨文	金 文	篆 文

字形：友，会意字。"又"，既是声旁也是形旁，表示抓握。"友"，甲骨文形似"又又"，表示握手结交。双手配合为"友"，三（多）手配合为"协"。

字源：从古到今，朋友是人们生活中必不可少的，"友"字就产生了。

含义：动词，两人结交，协力互助，白话版《说文解字》：友，志趣相投叫作"友"；名词，合作者，志同道合者，《周易·兑》："君子以朋友讲习。"这里的"友"即志同道合者。

引申：中国传统寓意指松、竹、梅经冬不衰，因此有"岁寒三友"之称。松象征常青不老，竹象征君子之道，梅象征冰清玉洁。

卖友求荣

故事：庞涓和孙膑同是鬼谷子的门徒，是感情最好的朋友。庞涓先离开老师，当上魏国大将，最初他极力推荐孙膑，后发现孙膑的才干远超自己，决心采用冤狱手段，排除孙膑来求取自己的功名富贵。卖友求荣指靠出卖朋友以谋求名利、地位。

右

字形：右，会意字。用口声援、用手相助。字形采用"口、又"会义。甲骨文为象形字，字形与"左"相反，像一只手伸向左边，表示"右手"。

字源："右"是"佑"的本字。由于古人常用左、右两手的某些动作表示呼求、祷告，从原有的方位名词又演变出了相关的动词含义。于是金文在名词右的基础上再加"口"（祷告）另造字代替，表示拱手祷告，祈求平安。

含义：本义为拱手祷告，祈求神灵守护平安。

引申：右榜，科举考试用语。即元代科举中蒙古人、色目人中试后所发布的文榜。元代科举把蒙古人、色目人分作一类，汉人、南人分作一类，所考科目，难易程度均有区别，张榜公布时亦分为两榜。元代尚右，故会试中试后，以蒙古人、色目人为一榜，揭于中书省门之右，称右榜；以汉人、南人为一榜，揭于中书省门之左，称左榜。殿试中试后，仍以蒙古人、色目人为一榜，揭于内前红门之右，称右榜；以汉人、南人为一榜，揭于内前红门之左，称左榜。

左右逢源

故事：战国时期，学生问孟子怎样才能学到高深的学问。孟子说，首先方法要对；其次态度要好，学习要有自觉性；第三学习知识要心有所得，久而久之，就学得广、深、透，使用起来就能取之不尽、用之不竭，自然就得心应手、左右逢源。左右逢源，指到处遇到充足的水源。原指学识广博，应付自如。后也比喻做事得心应手，非常顺利。也形容办事圆滑，可做贬义词，指为人圆滑。

于

甲骨文	金　文	篆　文
𠂤 于	亐 于	亐

字形：于，象形字。甲骨文字形，表示气出受阻而仍越过。"于"的字形比较简单，为两横一竖勾。

字源："于"是"竽"的本字。于，甲骨文在有柄的吹奏乐器"丂"的手柄部位加一横，表示手握乐器；凹凸曲折的符号，表示乐音婉转起伏。有的甲骨文省去凹凸起伏的符号。当"于"的"竹笛"本义消失后，篆文再加"竹"字另造"竽"代替。

含义：本义为"超过"，另外还可表示在、以、用、对、对于，至、到，被等义项。

引申：单于是匈奴人对部落联盟首领的专称。意为广大之貌。此称号始创于匈奴著名的冒顿单于之父头曼单于，之后该称号一直沿袭至匈奴灭亡。而东汉三国之际，有乌丸、鲜卑的部落使用单于这个称号。至两晋十六国，皆改称为大单于，但地位已不如以前。

言归于好

故事：言归于好，指彼此重新和好。出自《左传·僖公九年》："凡我同盟之人，既盟之后，言归于好。"三国时期，曹丕称帝，东吴孙权也想成就帝业，就投靠他，曹丕封他为吴王，还想立他的儿子孙登为太子。孙权派沈珩送去很多珠宝与香料。他们约定魏吴信守诺言，言归于好。沈珩不辱使命，回东吴后被封安乡侯。

与

字形： 与，会意字。中间是一把勺子，上面的"一"为一只手拿起勺子用勺子的底端舀起食物（"一"）来，想给别人喂食。

字源： 战国时代的"与"字，像上下各有一双手，并且手持象牙相互交互，后代逐渐简化为我们今天看到的"与"字。

含义： 本义为"赐予、施予、给予"，繁体字写法是"與"，指许多人的手搭在一起相互喂食，表示相互给予。

引申： "欤"，形声字。从欠，与声。欠，与出气有关。在文言文中经常用作"与"的通假字，常用来表感叹、反诘、疑问语气。

篆文

与虎谋皮

故事： 与虎谋皮，意思是同老虎商量，要剥下它的皮。比喻所谋之事有害于对方的切身利益，终难达到目的。后多指跟恶人商量，要他牺牲自己的利益，一定办不到。鲁国的国君想任命孔子为司寇，但群臣都反对，所以拿不定主意，本打算跟大臣们商量一下再做决定。正好在路上遇上了左丘明，国君问他："我想孔子担任司寇，你看要不要和大臣商量一下？"丘明回答："孔丘是当今公认的圣人，圣人担任官职，其他人就得离开官位，您与那些因此事而可能离开官位的人去商议，这不是与虎谋皮吗？能有什么结果呢？"

羽

甲骨文				金　文	篆　文

字形：羽，象形字。甲骨文像鸟类体表轻韧防水、护身保温的器官，画出了羽轴和羽枝形状。

字源：商代甲骨文已经出现，呈羽毛状；至战国时，鸟毛一般作两支，但方向还不固定，《说文》将鸟毛固定在左向，且承袭了战国文字鸟羽作三支的结构；隶变时，基本依据《说文》结构发生笔势变化，只是鸟毛减少一根。

含义：本义是鸟身上的长毛，如羽毛、羽绒、羽书、羽衣。羽毛对于鸟类来说是不可或缺的，作用是显而易见的，用在人名中表示人的独一无二，不可替代。

引申："羽"指书信。如羽檄（征调军队的文书，上插鸟羽以示紧急，须速递。亦称"羽书"），羽檄文书（插有羽毛的紧急军事文书），羽翰（指书信或文章），羽书（指书信）。

羽毛未丰

故事：羽毛未丰，形容实力不够，或比喻经验见识浅薄不足以达到预期的目的。公元前338年，苏秦到达秦国，向秦惠文王献连横之策，以对抗六国。他说秦国土地辽阔，形势险要，资源丰富，兵力强大，应当推行连横政策而逐个吞并六国，统一天下。但是因为当时秦惠文王刚刚车裂商鞅，对外国游说之士极为反感，因此便对苏秦说，我听说，鸟如果羽毛不丰满便不能高飞，法令如果不健全，便不可轻加诛罚，德政不深厚就不能使用百姓，政令不得人心者不能烦劳大臣。现在您不远千里来对我加以教导，时间尚早，还是过些时候再来吧！几句话便拒绝了苏秦的主张。苏秦被迫改变政治主张，转而向关东诸侯倡导合纵抗秦。

玉

字形： 玉，象形字。"王"字加上一点，本是"王"形，意为三块玉片相连。后来演变成隶书时，为区别于"王"字，遂在"王"上加一点，成为指事字。

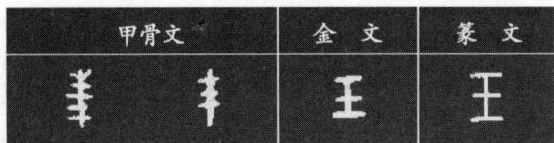

甲骨文	金文	篆文
丰 丰	王	王

字源： 中国古代，崇尚儒家思想，而儒家思想的中心，莫过于"仁""义"，而"玉"恰好符合这一点。玉润泽而温和，正是"仁"的体现；从其外部观察纹理，可知内部本质，这正是"义"的所在。在这种思想的指导下，"玉"作为一种美好的物件，便诞生了。

含义： "玉"是一种美丽的饰品，也是仁义的精神，反映了中华民族的传统美德。

引申： 玉牒，皇族族谱。自唐即有之，至清沿袭未变。如清代皇族，自兴祖至溥仪，其爱新觉罗一族男女老幼之生卒年月、嫡庶名分、封爵官职，以及婚丧嫁娶、妻妾子女等皆记录在内。

玉关人老

故事： 西汉时期，大将军班超驻守西域边关，使匈奴人闻风丧胆，不敢越雷池一步。后来，班超驻守边关长达31年，而且随着年岁的增长，他很思念中原的家人，于是上书汉和帝说："臣不敢望到酒泉郡，但愿生入玉门关。"汉和帝于是下诏召他回乡养老。后遂以"玉关人老"借指久戍思归之情。

育

甲骨文	金　文	篆　文

字形：育，会意字，从云从月。甲骨文字形像妇女生孩子，上为"母"及头上的装饰，下为倒着的"子"。

字源：从甲骨文字形来看，它的左边是个"母"字（也有的字写作"女"字），右下方是个倒着的"子"字，表示胎儿头向下，会意胎儿刚生产下，倒"子"下面还有些"点儿"，表示胎儿刚出生时身上带的血水和胎液。整个字形就是会意母亲生育胎儿的形状。

含义：本义是"孕妇产子""生育"，如《周易·渐》"妇孕不育"，意思就是说妇女怀孕了，但还没有生产。后来又引申出"养活""养育"，如《史记·文帝本纪》"朕下不能理育群生"，意思就是说我对下面不能管理养育百姓，又引申"培养""教育"之义，如《孟子·告子下》"尊贤育才，以彰有德"，意思是说要尊敬贤者，培养人才，表彰有道德的人。

引申：杭育，象声词，抬物或打夯等集体劳动时的呼喊声，相当于劳动号子。

仰事俯育

故事：先秦时期，孟子在游说梁惠王时说，明君要让百姓有固定的财产，一定要让他们对上足够用来侍奉父母，对下能够养育妻子儿女。由此引出成语"仰事俯育"，现用来泛指维持一家生活。

喻

字形：喻，形声字，口形俞声。

字源：远古黄帝时候，黄帝有个医官叫俞跗，他就是喻姓的祖先。俞医官的后人早先还姓俞，也多数善于医药这一行，比如到了五代的时候，就有个人叫俞药。而到南宋时，俞姓里有个俞樗，聪明好学，举为进士，又多才多艺，并且也精通世故，看人外貌就能辨别他人好坏。皇帝喜欢他的无所不知，样样知喻，就将喻姓恩赐给他，这样与他本来的姓区别不大，又很有趣。

含义："俞"意为"捷径""直接"。"口"与"俞"联合起来表示"直接口头告诉"。

引申："谕"，告诉，使人知道（一般用于上对下）。如：面谕、手谕、谕旨、晓谕。有明白的意思，古同"喻"，明白，理解。

王好战，请以战喻

故事："王好战，请以战喻。"这是《寡人之于国也》中孟子对梁惠王的回答。梁惠王提出"邻国之民不加少，寡人之民不加多，何也"的问题，孟子则以战争来比喻，说"以五十步笑百步，则何如？"来质问梁惠王，梁惠王曰："不可，直不百步耳，是亦走也"，因此，孟子曰："王如知此，则无望民之多于邻国也"。紧接着孟子提出自己的主张……这故事也成为历史上的美谈！

月

甲骨文	金 文	篆 文
（字形图）	（字形图）	（字形图）

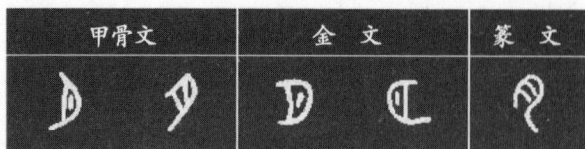

字形：月，象形字。刻古文的"月"字是反写的字母D，就像天上的弯月一样，到了甲骨文"月"又演化成了字母D上加一个点，到了小篆，"月"又进一步演化，中间加上了两横，整个字也出现了缺口，变得更像现在的"月"字，一直到隶书的"月"，才变成我们现在写的"月"字。

字源：《说文解字》："阙也，太阴之精。"意思是月有如太空的阙门，富于阴晴圆缺的变化。而这"月有阴晴圆缺"之变，在数千年的中国文脉中，更是被赋予了更多的人生哲理和内涵。因此，月作为人们所看到的夜空中的那轮明月以及富含哲理的意象就诞生了。

含义：最常见的月，就是指夜空中的月亮，地球的一颗卫星；月在历法中指一个月份。

引申："朔"，也称新月，日期上则是农历每月的初一。《释名》："朔，苏也，月死复苏生也。"朔日时，太阳和月亮同时从东方升起，即使地球把太阳光反射到月亮，再由月亮反射回来的那部分光，也完全被淹没在强烈的太阳光辉中，以致我们根本无法看到月亮的任何一点形象。

六月飞霜

故事：六月飞霜，旧时比喻有冤狱。战国时期，燕昭王姬平把齐国的邹衍等贤人请来帮助他治理燕国，但这引起燕国部分贵族的不满，他们在燕王面前进谗言，并让邹衍等人蒙冤入狱。当时正值盛夏六月，就在邹衍入狱之时，天降大风雪。燕王意识到邹衍的冤屈，就释放了他。

刖

字形：刖，形声字。甲骨文中左边是倒写的"止"（止，趾），右边是"刀"。

字源：中国自夏代就开始有了刑罚，商代墨、劓、刖、宫、大辟五刑在古文献和甲骨文中都有记载，到西周已较普遍施行。其中的刖刑就是锯掉罪人的一条小腿或斩掉脚趾的刑罚。

含义：古代断足和斩掉脚趾的一种酷刑。

引申：踏。踏也是一种刑罚，特指用铁器钳住人的脚，用来代替"刖"这种刑罚。

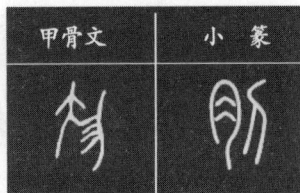

甲骨文	小篆

五刑制度的变化

故事：缇萦的父亲淳于意救人不成，反被诬告害人，按汉律应当施以刖刑，即砍断手脚。他的小女儿缇萦陪父进京告御状，发出"一个人砍去脚就成了残废；割去了鼻子，不能再安上去，以后就是想改过自新，也没有办法了"的肺腑之言，这让汉文帝意识到肉刑的不合理之处并废除肉刑建立封建制五刑，从而减轻她父亲的刑罚。尽管历史事实并非如此，至汉末肉刑并未真正废除，但传统的五刑制度已开始发生变化。由奴隶制五刑向封建制五刑的过渡是中国古代刑制史上的伟大进步，是中国古代刑法跨越野蛮走向文明的一个界碑。

左

甲骨文	金 文	篆 文
屮	屑	屑	左

字形：左，象形字。像一只手伸向右边，表示"左手"。

字源：古人常用左、右两手的某些动作表示呼求、祷告，所以"左"的造字本义是"拱手祷告，呼求神助"。后来"左"演变成方位名词，于是再加"人"造"佐"代替，以区别于方位名词"左"。

含义："左"的本义是辅佐，从旁帮助（后作"佐"），《说文解字》中："左，手相左助也。"由此，辅助用的证据便称之为"左证（后多为'佐证'）"，"左"也有"证据、证人"之意，如《汉书》中"延尉定国考问，左验明白"。"左"作为一个表示方位的名词，在等级分明的古代与尊卑相关联，在夏朝便有了"文官尊左，武官尊右"，在上古先秦时期，以左为尊，"虚左以待"是表示对宾客的尊敬；汉朝以后，以左为卑，因此"左"又有了"贬谪"之意；在地理上，常以东为左，如《扬州慢》中"淮左名都"，后又延伸出"旁边，附近，偏离，不正，不同"之意，如"旁门左道"。

引申：中国传统文化中有两个对立面——阴与阳，贯穿于万物之中，如乾为阳，坤为阴，山南水北为阳，山北水南为阴。同样，左右方位也分阴阳。《礼记·杂记》："左为阳，阳，吉也。右为阴，阴，丧所尚也。"男女亦分阴阳，左为男，右为女。

中国最早的"文字狱"

故事：杨恽是汉朝著名的士大夫，轻财好义，后来，杨恽同他外祖父司马迁一样，铁骨铮铮，敢于揭发。然而杨恽说话异常刻薄，一次因一件小事和皇帝的太仆戴长乐结了仇，杨恽在汉宣帝面前打戴长乐的小报告，被后者知道了，戴长乐将杨恽平常的一些话断章取义、添油加醋反告他，后来两人都被迫脱去乌纱帽，落得惨死的结局，开创了中国"文字狱"的先例。《汉书》中便提到"太仆戴长乐上书告杨恽罪，事下廷尉。廷尉定国考问，左验明白"，其中"左"为"证据"之意。

止

字形：止，象形字，底部的基础。

演变：甲骨文是一幅脚掌剪影，像脚趾头张开的脚掌形状，以三趾代五趾。金文变形较大，淡化脚掌形象，突出三趾叉开的形状。当"止"的"脚趾"本义消失后，篆文再加"足"另造"趾"代替。

甲骨文	金文	篆文

含义：止有停止，中断进程的意思。如"一狼得骨止，一狼仍从"（《聊斋志异·狼三则》）；影响人的做事进度就是阻止，阻碍进行，如"相如止臣"（《史记·廉颇蔺相如列传》）；停下来休息、居住，如"止文殊院"（《徐霞客游记·游黄山记》）；副词，只是，仅仅，如"止印二三本"（《梦溪笔谈·活板》）；止还可以用为语气助词，在句末可表肯定陈述语气，如"高山仰止，景行行止（景行：大道）"；止还可以表"而已"即"罢了"之意，如"技止此尔"（《黔之驴》），意思是"本领也不过这样罢了"。

引申：与"止"组合的字多与"脚""停止"相关。如"武"字，由戈和止字组成。戈指武器，止指脚趾，持戈行进之意。再如"步"字，由两只脚的象形符号重迭而成，表示两脚一前一后走路。"步武"指距离很近，在古时以六尺为步，半步为武。武取"止、戈"二字组合，取其"半步为安全范畴"的意思。

望梅止渴

故事：南朝·宋·刘义庆《世说新语·假谲》："前有大梅林，饶子，甘酸可以解渴。"成语"望梅止渴"即出于此，曹操有一次带兵走到一处无水的地方，见士兵口渴难耐，便说前头有大梅林，果子甘酸，使士兵听得流出口水而解了渴，后比喻用空想或空话来安慰自己或别人，贬义。

子

甲骨文	金 文	篆 文
𣇃 𢀳 𢀷	𢀳 𢀷	𢀷 𣁄 𢀷

字形：子，象形字。甲骨文字形，像小儿在襁褓中，有头、身、臂膀，两足像并起来的样子，是汉字的一个部首，本义为婴儿。

字源：孩子刚出世时很小，模仿襁褓中婴儿象形造"子"字。

含义：本义为婴儿，引申为与之相关的意思，如"孩子""儿子或女儿"，也可泛指人，"率妻子邑人来此绝境"（《桃花源记》），"而长子迈将赴饶之德兴尉"（《石钟山记》），"然陈涉瓮牖绳枢之子"（《过秦论》）；还有对人的尊称，"子何恃而往"（《为学》），意为你依靠什么到那里去呢？特指孔子，子曰："岁寒，然后知松柏之后凋也。"

引申：子，在十二地支之中排第一位。"子"代表十一月，这时阳气发动，万物滋生，人假借"子"作称呼。

生子当如孙仲谋

故事：曹操与孙权相持于濡须，曹操攻而不能破，且见吴军阵容整肃，孙权英武异常，深为羡慕，于是就发出了"生子当如孙仲谋"的赞语。后人常以此比喻希望晚辈英贤。现多用来赞扬或激励后生。

知

字形：知，会意字。由"矢""口"组成，意思是对熟识的事物像箭一样地脱口而出，表示懂得、知道。

甲骨文	金 文	篆 文

字源：古人对自己了解的东西，借助"口"用语言表述出来。另一种解释为在远古时代，弯弓使箭是成年人的基本常识和重要经验，人们用"口"交流相关的经验。

含义：本义为知道，"太子及宾客知其事者"（《荆轲刺秦王》）；引申为知觉、知识，"吾有知乎哉? 无知也"（《论语·子罕》）；"死而有知，有几何离"（《祭十二郎文》）；见解、见识，"有独知之虑者"（《史记·商君列传》）；了解、赏识，"句读之不知，惑之不解"（《师说》）；交好、相亲，引申为知己、知心的人，"绝宾客之知"（《报任安书》）；主持，管理，"吾与之共知越国之政"（《国语·越语上》）；通"智"，聪明、智慧，"失其所与，不知"（《烛之武退秦师》）。

引申：古代有知府、知州、知县、同知四个相关地方官职。府的长官叫知府，一般品阶是正四品或从四品，天子脚下的顺天府是三品。府下辖若干县，一把手即知县，正七品，俗称七品芝麻官。清代的州分两类，即直隶州和散州。直隶州长官叫知州，品阶比知府低半格，一般是五品。散州长官不叫知州，而是同知，级别比知府、知州低，略高于知县，约为六品。

恬不知耻

故事：恬不知耻，意为做了坏事满不在乎，一点儿也不感到羞耻。宋朝崔公度有口吃病，不健谈，但头脑异常聪明，过目不忘。他的官职得益于王安石的举荐。公度布衣出身，朝中无亲朋可依靠，于是专以顺附谄媚王安石为务，经常不分昼夜向王安石请安。一次他尾随王安石，手执其衣带尾，王安石疑惑不解，公度却笑着说："相公，您的衣带有点污垢，我已小心地用袍袖擦干净了。"见者无不耻笑，而他自己却不以为耻。

走

甲骨文	金 文	篆 文

字形: 走,会意字。金文像摆动两臂跑步的人形,下部像人脚,合起来表示人在跑。

字源: 古人的"走"并不是现代人悠闲的走路,而是小跑,人必须挥动双臂,收腹弯腰屈背才能跑起来。

含义: 本义为跑,如中的"录毕,走送之,不敢稍逾约"(《送东阳马生序》);引申为"逃跑、赶跑",如"兵刃既接,弃甲曳兵而走"(《寡人之于国也》);表示跑的方向,"奔向、趋向",如"骊山北构而西折,直走咸阳"(《阿房宫赋》);仆人,如《报任安书》中有"太史公牛马走司马迁,再拜言",其中"牛马走"指像牛马一样被驱使的仆人;后引申为谦称"我"。

引申: "走百病"是明清以来北方的传统民俗文化,有的在十五日,但多在十六日进行。这天妇女们穿着节日盛装,成群结队走出家门,走桥渡危,登城,摸钉求子,直到夜半,始归。德州妇女登上南城门,走到大寺阁,俗谚:"爬爬城,不腰疼。"黄县(今龙口市)妇女走百病必须过西关的月牙桥。莒县农村男女老少这天都要到野外走一走,谓之"走老貌",据说每年走一次可以青春常在,永不衰老。

夸父逐日

故事: 《山海经》中有"夸父与日逐走"的故事。相传在黄帝时代,夸父族首领想要把太阳摘下,于是开始追逐太阳,和太阳赛跑,在口渴时喝干了黄河、渭水的水之后,在奔于大泽途中渴死,手杖化作桃林,身躯化作夸父山。夸父逐日的故事,反映了中国古代先民战胜自然的愿望。

坐

字形：坐，会意字。就像两个人相对坐在土上，表示主宾双方盘腿坐于地上。本义为人的休息方式之一。

字源：古人最初席地而坐，两膝着地，臀部压在脚跟上。土，是止息的地方。

篆 文

坐 坙

含义：坐。古人席地而坐，"秦王坐章台见相如"（《廉颇蔺相如列传》）；座位，"项王则受璧，置之坐上"（《鸿门宴》），这个意义后来写作"座"；因犯……罪或错误，"王曰：'何坐？'曰：'坐盗。'"（《晏子使楚》）；牵连治罪，入罪、定罪，"副罪，当相坐"（《苏武传》）；因为、由于，"停车坐爱枫林晚"（《山行》）；诉讼时在法官面前对质，"晋人使与邾大夫坐"（《左传·昭公二十三年》）。

引申：古人坐的位置很有讲究。古人的宅院是堂室结构，堂坐北朝南，门对着南，所以堂上聚会以坐北朝南为尊，后来帝王坐朝都是坐北朝南，所以皇帝称"南面称尊"，而把面北象征为臣服，失败。在室中聚会，由于室门多朝东，故东向为筵席上最尊之位，一般都是主人之位，"做东""东道主"等词即由此来。在《史记·项羽本纪》中有一段座次的叙述："项羽、项伯东向坐；亚父南向坐，亚父者，范增也；沛公北向坐；张良西向侍。"很明显，从座次上就可以看出筵席上各人的身份贵贱，并可以看出项羽的傲慢性格，根本不把刘邦看在眼里。

割席分坐

故事：管宁和华歆一起在园中锄菜，看到地上有块金子，管宁依旧挥锄，就像看到瓦石一样。华歆却捡起来，看见管宁的神色不对劲就扔了金子离开。两个人还曾坐在一张席上读书，有人乘华车经过门前，管宁像往常一样读书，华歆却扔下书，出去观望。管宁就把席子割开和华歆分席而坐，并说："你不再是我的朋友了。""割席分坐"意思是把席割断，分开坐。比喻朋友绝交。

周

甲骨文	金　文	篆　文

字形：周，象形字，筑埂划界，圈地而种。

字源：夏人建立了最早的农业制度，甲骨文中的"周"字，"田"的四个方格里各有一个大点，田里种满了庄稼，最初不带"口"字，表示界划分明的农田，经过演化，才形成今天的形象。

含义：早期周人活动中心属于平原，由于纵横交错的农田里种植有密密麻麻的作物，所以"周"字被训诂为"密""周密"的意思，"辅周则国必强，辅隙则国必弱"（《谋攻》）；合、密合，"其牙机巧制，皆隐在尊中，覆盖周密无际"（《张衡传》）；团结，"君子周而不比，小人比而不周"（《论语·为政》）；环绕，"垣墙周庭，以当南日"（《项脊轩志》）；全、周遍，"瓦缝参差，多于周身之帛缕"（《阿房宫赋》）。

引申：最早的"周"字出现在殷墟以及周原出土的卜辞中，关于甲骨文、金文中"周"的解释，张日昇考证曰："口像四周田界，其中阡陌纵横，像田中所植，田言种植之地，圃则指四周四至，两者所指不同，而取谊则近，故《成周戈》，周字直作田。"也就是说，"周"字是指界限分明的农田，田里种满了庄稼，由于在书写"周"时加上"口"，后来人对"周"的解释就增加了另外的意思，表示国家政令之所出。甲骨文、金文中，"周"已经作为一个方国出现在卜辞与青铜器上，而不再是一片农田，这与周朝先人的农业生产与迁徙活动有关。周文化经过春秋战国诸子百家的继承创新和汉唐宋明经学理学的弘扬发展，最终形成了中华民族独特的精神气质和心态结构，并成为具有长久生命力的文化体系。

周公吐哺

故事：周公吐哺，比喻求贤若渴。周公姬旦，周文王第四子，我国古代著名的政治家，曾两次辅佐周武王东伐纣王，并制作礼乐，天下大治。因其采邑在周，爵为上公，故称周公。周公在广纳人才时，吃饭时听到门外有士子求见，便来不及嚼咽嘴里的食物，把东西一吐就赶紧去接见来访者。

张

字形： 张，形声字。从弓，长声，本义是把弦安在弓上。

字源： 弓箭是古人最主要的狩猎工器，把弦往后拉，利用弹力发射箭，"长"表示拉开弦与弓的距离，"张"字形象地把古人的动作表现出来。

篆文

含义： 本义为把弦安在弓上，引申为拉开弓，如"既张我弓，既挟我矢"（《诗经·小雅·吉日》）；再引申为紧张，如"文武之道，一张一弛"；也有"张开""扩大"的含义，如"左右欲刃相如，相如张目叱之"（《廉颇蔺相如列传》）；乐器上弦，如"改弦更张"，指琴声不和谐，换了琴弦，重新安上，比喻改革制度或变更方法；还有设网捕捉，如"张网捕鱼"；陈列、设置，如大张筵席；引申为量词，用于铺展形状的物体，如"一张纸"。

引申： 张姓是一个古老的姓氏，起源于遥远的传说时代。据说张姓的始祖名"挥"，他是黄帝的孙子（一说是黄帝的儿子），是一个伟大的发明家，他发明了弓箭和网罟。弓箭和网罟作为当时的新的生产工具，使人们可以猎取更多的鸟兽，捕捞更多的鱼虾，又能够减少猛兽对自身的伤害。挥所在的氏族部落世代以生产弓箭和网罟为业，于是他的后裔就以"张"作为自己的姓氏。这支张氏是由黄帝直接传下来的，最早发源于尹城国的青阳，即今山西省太原市西南晋祠附近，其后望族也出于这一带。

张敞画眉

故事： 汉朝时期，京兆尹张敞为官没有官架子，经常在散朝后步行回家。他们夫妻十分恩爱，张敞每天都为他的妻子画眉毛，而且技艺十分娴熟，画出的眉毛十分漂亮，当时的汉宣帝得知后召见他们，将他们树立为夫妻恩爱的典范。

再

甲骨文					金文	篆文
∧	∧	∧	∧	∧	再	再

字形：再，象形字，捕鱼的竹笼。

演变：早期甲骨文是象形字，像捕鱼的竹笼。古人将毛竹的一端撕裂成许多竹条，用细竹篾将竹条编连成逐渐敞开的喇叭口，在喇叭口上再套接一个竹条编制的漏斗形竹圈，使鱼易进不易出而困在竹笼里。捕鱼者将困在鱼笼里的鱼，从间隔不大但有弹性的竹条之间取出，把鱼笼放回河湖或溪涧，可反复地捕鱼。晚期甲骨文是会意字，在鱼笼的上下两端各加一横，强调这种捕鱼方法的"可重复性"。金文在鱼笼内加"二"，进一步明确"再"的"重复性"。

含义：第二次，如"一鼓作气，再而衰，三而竭"（《曹刿论战》）；引申为"两次"，如"日再食"（《送东阳马生序》），意为一天吃两次饭。

引申：再拜，古代一种隆重的礼节，拜两次，表达敬意。一般只有向很尊贵的人才施再拜礼，如张良"谨使良奉白璧一双再拜献大王足下"，表明了刘邦对项羽的尊敬，满足了项羽的高傲心理，才让项羽不追究刘邦私自回军营的事。

再作冯妇

故事：晋国有个人叫冯妇的，善于打虎，后来成了善士，不再打虎了。有一次他到野外去，看到有很多人正在追逐一只老虎。那老虎背靠着山势险阻的地方，没有人敢去追近它。大家远远望见冯妇来了，连忙跑过去迎接他。冯妇挽袖伸臂地走下车来，众人都很高兴，可士人们却讥笑他。"再作冯妇"作为一个相关成语，比喻再干旧行业。

梓

字形：梓，形声字，从木，宰省声。本义：木名，即梓树。另一说会意字，从木，篆书形体像树，表示梓树；从辛，辛本指一种刀，表示梓木质细腻，易于雕刻。

字源：一种有实用价值的树，古人喜欢种在房前屋后。梓树的种子外面白色的就是蜡烛的蜡，近代以前的人使用的蜡烛上的蜡都是靠梓树获得的。梓树的嫩叶可食，皮是一种中药（名为梓白皮），木材轻软耐朽，是制作家具、乐器、棺材的美材。此外，梓树是一种速生树种，在古代还常被作为薪炭用材。

含义：本义是梓树，"江南之楠梓竹箭"（《盐铁论·本议》）；木工、木匠，如"梓匠轮舆"，古代对梓人、匠人、轮人、舆人的并称，亦泛指木工；刊刻、印刷刻板，"今以原稿附上，幸即付梓也"（吴应箕《答陈定生书》）。

引申：桑梓，古时人们喜欢在住宅周围栽植桑树和梓树，后来人们就用物代指处所。

嬴政梓棺费鲍鱼

故事：李贺《苦昼短》中有"嬴政梓棺费鲍鱼"的诗句，嬴政即秦始皇，死后尸体存放在梓木棺材里。秦始皇梦想能长生不老，多次派人出海求仙药，但依然难免一死，在第五次东巡途中身亡。死后丞相李斯密不发丧，为了掩饰尸臭，在棺材里放了鲍鱼（即咸鱼）来掩盖，堂堂求仙皇帝竟和咸鱼为伍。李贺用诗歌讽刺了世俗人服药求仙的愚蠢，欲长生而不可得。

卒

甲骨文	金文	篆文

字形：一说会意字，死亡后敛尸备葬。另一说指事字，小篆字形，在"衣"上加一点标记，表示穿这种衣服的人，古代供隶役穿的一种衣服。衣上著有标记，以区别于常人。

字源：甲骨文字形由衣（服装）和爻（交错捆绑）组成，在衣服上交错捆绑，也就是用绳索在裹尸布上交错捆绑，表示远古抛葬仪式前敛尸者给死者整理并固定衣着。

含义：步兵，"率疲弊之卒"（《过秦论》）；古代军队编制，一百人为一卒，"全卒为上，破卒次之"（《谋攻》）；死，"初，鲁肃闻刘表卒"（《赤壁之战》）；终、完毕、结束，"庶刘侥幸保卒余年"（《陈情表》）；终于、最终，"卒相与欢，为刎颈之交"（《廉颇蔺相如列传》）；通"猝"，突然、仓猝，"卒惶急不知所为"（《荆轲刺秦王》）。

引申：古代对于不同身份的人，死的说法各不相同。天子、王后死曰崩，诸侯死曰薨，士大夫死曰卒，士死曰不禄，庶死曰死。长辈去世"见背"，未成年而死"夭折""殇"，僧尼死"圆寂"，和尚盘膝端坐死亡"坐化"，佛或僧超脱生死的境界"涅槃"，死的委婉说法有"殁""百年""仙逝""上天"等。

白起坑杀赵卒

故事：《史记》中记载周赧王五十五年农历九月，赵军主力已经断粮四十六天，士兵们相互残杀为食。赵括将剩余的赵军组织成四支突围部队，轮番冲击了四五次后仍不能突围。于是赵括亲率精锐部队强行突围，结果被秦军乱箭射死。剩余士兵向秦将白起投降。白起说："赵国士兵反复无常，如果不全部杀掉他们，恐怕再生事端。"于是白起用欺骗的手段，命令秦国军队将赵国降兵全部活埋，只留下年纪尚小的两百四十名士兵放回赵国。

祝

字形: 祝,会意字。甲骨文字形,像一个人跪在神前拜神、开口祈祷。从示,从儿口。"儿"是古文"人"字。本义是祭祀时主持祝告的人,即庙祝。

甲骨文	金 文	篆 文

字源: 中国古代生产力低下,人们通过祭祀请求神灵帮助实现靠人力难以达成的愿望。祭祀的对象就是神灵。人类感激神灵,但也对它们心存敬畏,而古代先民们又相信人死后有灵魂,灵魂能与生者在梦中交流,并可以作祟于生者,使其生病或遭灾,这种敬畏众神的心理便是祭祀行为产生的重要原因。

含义: 祭祀时主持祝告的人,"愿三老、巫祝、父老送女河上"(《西门豹治邺》);祝祷,"巫从旁望空代祝,唇吻翕辟,不知何词"(《促织》);断绝、剪断,"祝发文身"(《谷梁传·哀公十三年》)。

引申: 据《周礼》记载,古人祭祀设有专门的官职,如大宗伯之职,掌建邦之天神、人鬼、地示之礼,以佐王建保邦国。小宗伯之职,掌建国之神位,右社稷,左宗庙。肆师之职,掌立国祀之礼,以佐大宗伯。

"祝禽"的故事

故事: 祝禽,指开网放禽,使之飞去,比喻给予生路。公元前十七世纪的某一天,在夏朝诸侯国商的都城亳郊野,商王成汤正在漫步,忽然看到树林子中有人在张网捕鸟,网围出四面,捕鸟人还口中祝祷:"天上的鸟啊,四面八方的鸟啊,你们都飞进我的网里来吧!"成汤立马上前,对捕鸟人说:"你做得也太绝了吧!"于是命令把网撤去三面,只剩一面,并祝祷:"鸟们听着,想要往左飞的,你们就往左飞;想要往右飞的,你们就往右飞。只有那些不听指令的,你们就自投罗网吧。"

志

金文	篆文
半	岁

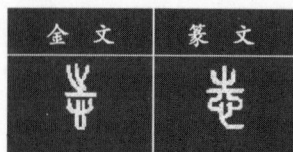

字形： 志，形声字，内心追求的目标。

演变： 金文由"之"（前往）和"心"（思想）合成，会意字，表示心之所向，隶书将篆文的"之"写成"士"，变成形声字，从心，士声。现代汉语中常常"意志"并用，"意"与"志"，同属心理能量，区别在于"意"为心念，可源于本能可出自观念，但都即兴而多变，故曰三心二意乃人之常情；"志"为最深刻心念，是特别的"意"，多化于教育，具有强烈的理性、稳定性、长期性，故曰"有志者事竟成"。

含义： 心意，如"诗言志"（《尚书·禹典》）；志向，如"燕雀安知鸿鹄之志哉"（《史记·陈涉世家》）；记、记住，如"博闻强志，明于治乱"（《屈原列传》）；记述，如"《齐谐》者，志怪者也"（《庄子·逍遥游》）；标志、标记，如"太守即遣人随其往，寻向所志"（《桃花源记》）。

引申： "志学之年"，年龄的代称，为十五岁，出自《论语·为政》"子曰：'吾十有五而志于学，三十而立，四十而不惑，五十而知天命，六十而耳顺，七十而从心所欲。'"其他一些年龄的说法，如"始龀"——指刚到换齿的年龄，七八岁；"花信之年"——二十四岁；"春秋鼎盛"——壮年时期；"花甲之年"——六十岁；"悬车之年"——退休之年；"从心之年"——七十岁；"古稀之年"——七十岁；"耄耋之年"——七十至九十岁，泛指老年。

众志成城

故事： 众志成城，万众一心，像坚固的城墙一样不可摧毁。比喻团结一致，力量无比强大。周景王姬贵想以铸行大钱的方式来收缴民间的小钱，还想铸造两组巨型编钟，一组是无射，一组是大林。大臣单穆公对此很担忧，引用民谚"众心成城，众口铄金"（后演变为成语"众志成城"）来劝阻景王，这样做违背了百姓的意愿，将会使百姓离心，国家危险。但景王听不进去，周王朝也随即爆发了长达五年之久的内乱。

之

字形： 之，会意字。甲骨文和金文都是在"止"（人的脚）下加"一"（代表出发地），表示脚出发前往某个地方，本义为前往某地；

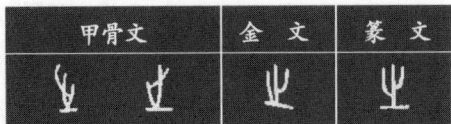

甲骨文	金 文	篆 文

另一说像植物过了发芽的阶段，枝茎日益茁壮，有所扩张，字形底部的"一"，代表地面，本义为出、生出、滋长。

字源： 古汉字中的人称来源，体现了古人的自我中心意识：脸部的正中央为"自"（鼻子，第一人称），脸部的下边为"而"（颔须，第二人称），身体的最下端为"之"（脚板，第三人称）。

含义： 到……去，"尝与人佣耕，辍耕之垄上"（《史记·陈涉世家》）；第三人称代词，他、她、它（们），"项王则受璧，置之坐上"（《鸿门宴》）；指示代词，这、此，"之二虫又何知"（《逍遥游》）；第一人称我，"不知将军宽之至此也"（《史记·廉颇蔺相如列传》）；助词"的"，"小大之狱，虽不能察，必以情"（《曹刿论战》）；结构助词，用在主语和谓语之间，起取消句子独立性的作用，"吾妻之美我者，私我也"（《邹忌讽齐王纳谏》）；结构助词，宾语前置的标志，"句读之不知"（《师说》）；结构助词，定语后置的标志，"蚓无爪牙之利"（《劝学》）；结构助词"得"，补语标志，"以其求思之深而无不在也"（《游褒禅山记》）；音节助词，无实义，"久之，能以足音辨人"（《项脊轩志》）。

引申： 一之日，就是一月中的日子。一月是指夏历的十一月，周历的正月，也就是农历十一月。

惊弓之鸟

故事： 惊弓之鸟，比喻因受过惊吓而遇事特别胆怯的人。相传，战国时有个叫更赢的射箭能手。一天，他和魏王正在一起休息，忽然看见有一只雁在天空中飞。他对魏王说："我不射箭，只拉一下弓，这只雁就会掉下来。"说着，他左手托弓，右手拉弦，只听怦的一声，那只雁就应声坠落。更赢对魏王说："这是一只受过伤又掉队的雁。因此它听到弓弦响声后，就拼命地向上飞，一使劲，伤口裂开，就掉了下来。"

质

金 文	篆 文

字形：质，会意字，表示武力劫持以求财。

字源：《说文解字》："质，以物相赘也。""赘"，以物受钱，从许慎对字义的解释中可知，"质"最早指的是交换过程中物品的抵押行为，有时也泛指用作抵押的物品。

含义：本质、实体，"中正无邪，礼之质也"（《史记·卷二十四·乐书》）；质地、底子，"黑质而白章"（《捕蛇说》）；朴实、缺乏文采，与"文"相对，"质胜文则野，文胜质则史"（《论语·雍也》）；质问、问，"援疑质理"（《送东阳马生序》）；评判、对质，"虽质君之前，臣不讳也"（《礼记·曲礼》）；人质、作人质，"必以长安君为质，兵乃出"（《触龙说赵太后》）；买卖的券契，"凡卖儥者质剂焉，大市以质，小市以剂"（《周礼·地官·质人》）；箭靶、目标，"是故质的张而弓矢至焉"（《劝学》）；刑具，杀人时作垫用的砧板，又写作"锧"，"君不如肉袒伏斧质请罪"（《廉颇蔺相如列传》）；通"贽"，古代初次拜见尊长时所送的礼物，"乃令张仪佯去秦，厚币委质事楚"（《屈原列传》）。

引申：两国交往，各派世子或宗室子弟留居对方作为保证，叫做"质"或"质子"。皇帝将自己的子女、妻子等亲近家属送到国外，主要是敌对国家，在战略上形成外交妥协。质子外交是中国古代重要的外交策略。一般多见于小国表示对大国的臣服，从此外交上处处受制于敌国。

蒲柳之质

故事：蒲柳（水杨，秋天凋谢早）之质，多用来比喻身体衰弱或未老先衰。晋代尚书右丞顾悦之与简文帝同岁，文帝头发全黑，而顾悦之头发全白了。文帝问他为什么头发先白？顾悦之回答道："皇帝您是松柏之姿，经霜犹茂；臣是蒲柳之质，望秋先零。"文帝听后十分高兴。

治

字形：治，形声字。河川名，源于东莱郡曲城县的阳丘山，向南流入大海。字形采用"水"作形旁，"台"是声旁。

演变：本义是一条河流的名字，引申为治水、整治、修治。

含义：治理、管理，如"治国无法则乱，守法而弗变则见悖（相反、违反）"（《吕氏春秋·察今》）；处理其他事物，有惩处、医治、研究等义，如"治罪""治病""治学"等；治理得好、太平，与"乱"相对，如张仪说秦王曰，"以乱攻治者亡"；治所（王都或地方官署所在地），"州治德化县，即唐之浔阳县"（《过小孤山大孤山》）。

引申：治中，官名，西汉元帝时始置，全称治中从事史，亦称治中从事，为州刺史的高级佐官之一，相当于副州长，隋代成为郡的佐官，改治中为司马，唐初仍称治中，高宗时改为司马，而且各朝所掌管的事情不一，元朝时治中为正五品，是处理各项庶务（指各种政务）的中级官员，清朝灭亡后被废除。

鸣琴而治

故事：鸣琴而治，指以礼乐教化人民，达到政简刑清的统治效果。旧时常用做称颂地方官的谀词。孔子学生宓子贱到单父县做官，不见他办理公务，却每天在堂上静坐弹琴。有人觉得奇怪，就问宓子贱，宓子贱笑着回答："我之所以每天在堂上静坐弹琴，这是在用音乐来教化百姓，使百姓懂得礼节啊！"果然，在宓子贱的治理下，官府的政务井井有条，人民生活安乐。

珠

篆 文

字形：珠，形声字。蚌的阴精所化美玉，从玉，朱声。朱既是声旁也是形旁，表示丹丸。

字源：沙子长时间在蚌肉内演变为珍珠，古人食之偶然得到。古人认为，珠生于水，集月之精华，故为至阴之物，可以抵御火灾。

含义：珍珠，"大珠小珠落玉盘"（《琵琶行》），"金块珠砾"（《阿房宫赋》）；珠状的小颗粒，"却与小姑别，泪落连珠子"（《孔雀东南飞》）；珍贵、华丽，"散入珠帘湿罗幕"（《白雪歌送武判官归京》）；优美的文辞，"茂先摇笔而散珠"（《文心雕龙·时序》）。

引申：天珠，最早起源于藏民族对灵石的崇拜。据说，早期前往尼泊尔求法的密宗弟子，从上师手中获得一种珠子当护身符。因为这种特殊的珠子被视为天上的神物，当其从天上掉落至人间，可以保护灾民、招财、纳福等等，密宗弟子为了表示尊敬及珍贵顺口称之为天珠。

老蚌生珠

故事：后汉时大将韦端，生有两个儿子，大的叫元将，小的叫仲将，他们都是很优秀的人才，和孔融是世交。一次，孔融写给韦端一封信："前天元将到来，我看他那一套高深的学问，透彻明快，才华丰富；他度量很宏大，意志又坚定，将来必然是一个有很大本领，能创立伟大事业的人才。昨天仲将又来，我看他在学问和做事方面，都很有条理；资质聪明，心思敏捷；性情敦厚老实，热诚恳切；将来一定是个能继承家业的好子弟。想不到这一对宝贵的珍珠，就在一只老蚌的身上产生出来！"当时韦端的年纪实在不小了，所以孔融就借着老蚌来比拟他夫妻两人；又借两颗珍珠来比拟他那两个优秀的儿子。"老蚌生珠"，比喻年老有贤子，后指老年得子。

作

字形：作，会意字。木匠用刀具砍斫削刻，制作器物。也有从"人"从"乍"，人突然站起为作的说法。

甲骨文			金 文	篆 文

演变："乍"是"作"的本字，"乍"甲骨文由刀和纵横的刻纹组成，表示用斧削刻器物。当"乍"的"砍斫制作"本义消失后，篆文再加"人"（木匠）另造"作"，强调巧匠"人为创造"的含义。

含义：起来、起身，"舍瑟而作"（《子路曾皙冉有公西华侍坐》）；开始，"天下大事，必作于细"（《老子》）；创作、制作，"作浑天仪"（《张衡传》）；发动，"一夫作难而七庙隳"（《过秦论》）；振作、振奋，"一鼓作气"（《曹刿论战》）。

引申：在古代科举制度的考试中，也有类似于我国现代考试中"作文"的题目。如"诗赋"，古代科举考试科目有很多，有"秀才""明经""进士"等几十种，甚至上百种。但是考试方法大致只有五种，即"帖经""墨义""策论""诗赋""口试"。进士科重诗赋，主要考查考生的文化修养与写作水平，需要一定的文学才能，相对于"墨义""帖经"等具有较大难度，也就导致了进士科得第难，有"三十老明经，五十少进士"的说法。且进士科中第不但难，授的官位还比其他科目出身的要低，但进士科出身的人后期升官快，许多宰相、大学士都是由进士科出身的。

作壁上观

故事：当年项羽与各路诸侯联盟攻打秦朝，在巨鹿决战，诸侯见秦军势大，不敢轻易出战。楚军一到，立即猛攻，一场恶战，杀声震天，楚军将秦军打得溃不成军。诸侯们在自己营垒上看到了这一壮观场面，项羽从此成了各路反秦部队的领袖。

"作壁上观"这一成语，原指双方交战，自己站在壁垒（军营）上旁观。比喻置身事外，在旁不协助任何一方。

支

篆文

字形:支,会意字。小篆字形,上面是"竹"的一半,下面是手(又),本义是去枝的竹子。

演变:籀文"支"像一只手在断开的竹子中间,表示从整根竹子中截取一段作为拄杖。竹子由于其空心的结构,而有重量轻、韧性强的特点,适宜作山野路途的临时拄杖,撑持身体,平衡重心,以减轻崎岖山路上上下下时的腰膝负担。篆文省去籀文字形"手"下端的半个"竹"。隶书误将篆文的半个"竹"写成"十",当"支"的"竹杖、竹条"义项消失后,篆文再加"木"另造"枝"代替。

含义:本义指一条竹枝,是"枝"字的初文,"支叶茂接"(《汉书·晁错传》);引申指肢体,此义后作"肢","至舍,四支僵劲不能动"(《送东阳马生序》);由枝条引申为分支,"江自湖口分一支为南江"(《过大孤山小孤山》);支撑、支持,如"诎右臂支船"(《核舟记》)。

引申:天干地支,简称为干支,源自中国远古时代对天象的观测。"甲、乙、丙、丁、戊、己、庚、辛、壬、癸"称为十天干,"子、丑、寅、卯、辰、巳、午、未、申、酉、戌、亥"称为十二地支。天干地支组成了古代纪年历法。十干和十二支依次相配,组成六十个基本单位,两者按固定的顺序相互配合,组成了干支纪元法。从殷墟出土的甲骨文来看,天干地支在中国古代主要用于纪日,此外还曾用来纪月、纪年、纪时等。

龟冷支床

故事:《史记·龟策列传》记载南方有一个老人用乌龟垫床脚,就这样一直过了二十多年,老人死后,有人移开床发现这只龟,乌龟还是活的。后用"龟冷支床"比喻壮志未酬,蛰居待时。

则

字形： 则，会意字。金文从鼎、从刀，表示用刀在金属器皿上镂刻。

字源： 古人将法律条文及其他重要记录刻铸在青铜钟鼎上，以便久存流传。

甲骨文	金 文	篆 文
𣃥	𨥏	𣃥

含义： 准则、法则，如成语"以身作则"；引申为效法，如"则先烈之言行"。副词，用于加强判断，相当于"乃""就是"，"此则岳阳楼之大观也"（《岳阳楼记》）；副词，立即，"周王数百年，秦二世则亡，不如都周"（《汉书·娄敬传》）；连词，表示因果，相当于"就""便""那么"，"河内凶，则移其民于河东"（《寡人之于国也》）；连词，表示转折，相当于"却""可是"，"爱其子，择师而教之，于其身也，则耻师焉"（《师说》）；连词，表示假设，相当于"如果""假使"，"谨守成皋，则汉欲挑战，慎勿与战"（《史记·项羽本纪》）；连词，用在对比句中，"入则无法家拂士，出则无敌国外患者，国恒亡"（《生于忧患，死于安乐》）。

引申： 则天，唐代女皇武后的谥号，世称武则天。武则天（公元624年~705年），名武曌，山西文水县人。中国历史上唯一的女皇帝，神龙元年（705年）正月，武则天病笃，宰相张柬之发动兵变，迫使武氏退位，史称神龙革命。唐中宗复辟，恢复唐朝，上尊号"则天大圣皇帝"，后遵武氏遗命改称"则天大圣皇后"，以皇后身份入葬乾陵，唐玄宗开元四年（公元716年），改谥号为则天皇后，天宝八载（公元749年），加谥则天顺圣皇后。

小杖则受，大杖则走

故事： 春秋时期，曾参因为种瓜误点被父亲毒打一顿，挨打后不省人事，醒来后还装作很高兴的样子。孔子听说后，不认同曾参的做法，甚至不认他这个弟子。孔子说当年舜对待父亲的责罚从来都是"小杖则受，大杖则走"，也不失去对父亲的孝心，曾参的做法实际上是陷父亲于不义的深渊。"小杖则受，大杖则走"，轻打就忍受，重打就逃跑。儒家认为这是孝子受父母责罚时应抱的态度。

族

甲骨文	金 文	篆 文

字形: 族,会意字。甲骨文由旗帜、箭和口(部落或村邑)构成,表示有旗帜、有徽标的部落。

字源: 古时生产力低下,我们为了生存,不得不依靠集体的力量,所以形成了聚集在同一旗号下行猎、作战的同宗同姓的群落。

含义: 家族、种族,"山东豪俊,遂并起而亡秦族矣"(《过秦论》);类,"士大夫之族,曰师曰弟子云者"(《师说》);灭族,"族秦者秦也,非天下也"(《阿房宫赋》);聚结、集中,"云气不待族而雨,草木不待黄而落"(《庄子·在宥》);筋骨交错的地方,"每至于族,吾见其难为,怵然为戒"(《庖丁解牛》)。

引申: 族谱,又称家谱、家乘、祖谱、宗谱等。一种以表谱形式,记载一个以血缘关系为主体的家族世系繁衍和重要人物事迹的特殊图书体裁。家谱以记载父系家族世系、人物为中心,是由记载古代帝王诸侯世系、事迹而逐渐演变来的。家谱是一种特殊的文献,就其内容而言,是中国五千年文明史中最具有平民特色的文献,记载的是同宗共祖血缘集团世系人物和事迹等方面情况的历史图籍。家谱属珍贵的人文资料,对于历史学、民俗学、人口学、社会学和经济学的深入研究,均有不可替代的独特功能。

一夫得道,九族升天

故事: 淮南王学道,召集天下有道的人,屈国君的尊严,接待有道术的人士。因此有道术的人,一起会聚淮南王处,奇异的方术,没有不争先献出的。淮南王终于得道成仙,全家升天,连家中的禽兽都成了仙,狗会在天上叫,鸡会在云中啼。后用成语"一夫得道,九族升天"来比喻一个人做了官,和他有关系的人也都跟着得势。

贼

字形：贼，形声字。采用"贝"作偏旁，"则"作声旁，残毁财物。

字源：邪恶之人不从事生产劳动，手持刀等武器，杀人越货，抢劫财宝，这一类人被称为贼人。

含义：动词，害；引申为害人的人，"是贼天下之人者也"（《墨子·非儒》）；动词，杀害，引申为杀人者，"宣子骤谏，公患之，使钥麑贼之"（《左传·宣公二年》）；对敌人的蔑称，"小儿辈遂已破敌"（《晋书·谢安传》）；强盗，"贼二人得我，我幸皆杀之矣"（《童区寄传》）；狠毒，"少时阴贼"（《史记·游侠列传》）。

引申："盗"和"贼"两字古代和现代的意义差不多相反，现代普通话所谓"贼"（偷东西的人），古代叫"盗"；现在所谓"强盗"（抢东西的人），古代也可以叫"盗"，但一般都称"贼"。

小儿破贼

故事：东晋时期，前秦苻坚率领百万大军向东晋王朝发起进攻。谢安奉命率八万大军迎战，他指挥有方，淝水之战中大胜苻坚。一次他同客人下棋，有人拿着前方捷报给谢安。谢安看后默不做声，下完棋后客人问谢安战况如何？谢安不动声色道："小儿辈大破贼。"谢安在得知自己的部队在淝水之战中大获全胜后，虽然内心十分激动，表面上却不露声色，镇定自若，那种处事不惊、遇喜不露的风度，深为时人钦服。后用"小儿破贼"比喻年纪轻就建功立业。

致

金　文	篆　文

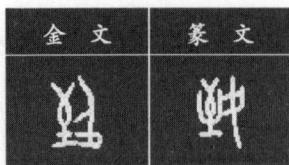

字形：至，既是声旁也是形旁，表示到达、抵达。金文"致"从"夂"，从"至"，表示人用脚走到、到达。

字源："致"和"至"都有到达的意思。"至"强调一种运动的趋势，可以指在去某处的路上；"致"则强调最终的结果，指已到达了某处。

含义：送达，"远方莫不致其珍"（《荀子·解蔽》）；献出、尽，"事君能致其身"（《论语·学而》）；传达、表达，如"致谢"，表达谢意；招引、引来，"不爱珍器重宝肥饶之地，以致天下之士"（《过秦论》）；取得，"家贫，无以致书以观"（《送东阳马生序》）；致使、使得，"致仓廪于盈溢"（《藉田赋》）；到，"假舆马者，非利足也，而致千里"（《劝学》）；致使、使得，"元瑜书记翩翩，致足乐也"（《与吴质书》）；意志、情趣，如"兴致"；精密、细密，"案其狱，皆文致，不可得反"（《汉书·辛延年传》）。

引申：古代官员正常退休叫作"致仕"，古人还常用致事、致政、休致等名称，来指官员辞职归家。致仕制度始建于春秋战国时期，形成于汉朝时期，发展于唐朝时期，完善于宋、元、明、清时期。一般致仕的年龄为七十岁，有疾患则提前。

"致良知"说

故事：明代大哲学家王守仁一心想成为圣贤，一直笃信朱熹的"格物致知"学说。为了实践，他曾格了七日七夜的竹子，希望能够格出竹子之理，但换来的却是刻骨铭心的失败，自己更是因此而病倒了。后不断反思，提出了自己的"致良知"学说。所谓"致良知"，就是说认识的对象应该是自己的心灵，认识的方法应该是向内的自我体验，并将自己的体验即心中的天理推广到外部事物之中。

诸

字形： 诸，形声字，从言，者声。本义为辩、问辩。

甲骨文	金文	篆文

演变： "者"是"煮"和"诸"的本字。者，甲骨文由两部分组成，上面像木柴着火，火星喷溅，下面是"火"，表示古代部落燃烧篝火，用以煮食，聚众社交。金文将甲骨文底部的"火"写成"曰"，强调部落成员围绕火堆漫谈交流。造字本义：古代部落生火煮食，聚众漫谈。当"者"的"生火煮食"本义消失后，再加"火"另造"煮"代替；当"者"的"聚火而谈"含义消失后，篆文再加"言"另造"诸"代替。

含义： 众、各，"怀王与诸将约曰"（《鸿门宴》）；兼词，相当于"之于"，"投诸渤海之尾"（《愚公移山》）；兼词，相当于"之乎"，"王尝语庄子以好乐，有诸？"（《庄暴见孟子》）；第三人称代词，相当于"他、她、它（们）"，"告诸往而知来者"（《论语·学而》）。

引申： 诸子百家是对春秋、战国、秦汉时期各种学术派别的总称，数得上名字的一共有一百八十九家，四千三百二十四篇著作。但流传较广、影响较大、最为著名的不过几十家而已。归纳而言只有十二家被发展成学派：法家、道家、墨家、儒家、阴阳家、名家、杂家、农家、小说家、纵横家、兵家、医家，各种思想学术流派的成就，与同期古希腊文明相辉映；以孔子、老子、墨子为代表的三大哲学体系，形成诸子百家争鸣的繁荣局面。

付诸洪乔

故事： 东晋殷洪乔出任豫章太守，临走时，京都人士趁便托他带去一百来封信。他走到石头城，把信全都扔到江里，接着祷告说："要沉的自己沉下去，要浮的自己浮起来，我殷洪乔不能做送信的邮差！"后用"付诸洪乔"来比喻书信遗失。

者

甲骨文	金 文	篆 文

字形: 者,一说,表示事物判断的代词。形声字,字形采用"白"作边旁,"旅"是声旁。另一说,甲骨文由两部分组成,上面像木柴着火,火星喷溅,下面是"火",表示人聚在火旁谈论。

字源: 古代部落夜晚燃烧篝火,用以煮食,众人围坐火边,一边吃一边谈论族内事情。

含义: 代词,指人、物、事、时间、地点等,"秦自缪公以来二十余君,未尝有坚明约束者也"(《廉颇蔺相如列传》);代词,用在数词后面,可译为"个""样",:"此数者,用兵之患也"(《赤壁之战》);用在"今""昔"等时间词后面,表示"……的时候",如"昔者",译为"从前";助词,放在主语后,引出判断,"师者,所以传道受业解惑也"(《师说》);助词,放在主语后,引出原因,"吾妻之美我者,私我也"(《邹忌讽齐王纳谏》);助词,用在疑问句句末,表示疑问语气,相当于"呢","客何为者?"(《鸿门宴》)。

引申: 宦者令:宦官官名,是主管宦官内侍的头目。战国时设置,如"赵有宦者令缪贤"。秦、西汉均置,为少府属官,掌宫中宦者,东汉时撤。

太公钓鱼,愿者上钩

故事: 曾任商朝下大夫的姜子牙,因见纣王荒淫无道,便弃官逃往西岐,本想自投西伯姬昌,又怕被人耻笑,所以暂时隐居在渭水河边的小村庄里,以待时机。一天,他正在渭河边钓鱼解闷,有一樵夫武吉担柴路过,见他竟用直钩钓鱼,还离着水面三尺远,鱼钩上也没挂香饵,便嘲笑他。姜子牙微微一笑:"老夫钓鱼是假,待机进取是真。然而要钓王与侯,宁在直中取,不可曲中求!"后姬昌听说姜子牙是贤者,亲率百官一同寻访姜子牙,封为太公。后来太公辅佐文王,随武王伐纣,建立了周朝。后用"太公钓鱼,愿者上钩"比喻心甘情愿地落入别人的谋划。类似的故事还有"周瑜打黄盖,一个愿打一个愿挨"。

造

字形：造，形声字，字形采用"辵"作边旁，"告"作声旁。

金　文	篆　文
𤔻 𤔻 𤔻 𤔻	𤔻 造

字源："告"，既是声旁也是形旁，表示祭祀祝祷，祈求顺心顺愿。古人进行造船、建屋等重大工程要向神灵祈祷，希望一切顺利，表示在铸器、做船时祝祷，祈愿进展顺利，器物坚固耐用。

含义：到……去，"君径造访成"（《促织》）；制作、造，"复造候风地动仪"（《张衡传》）；始，"万物所出，造于太一，化于阴阳"（《吕氏春秋·大乐》）；成就、功绩，"肆成人有德，小子有造"（《诗经·大雅·思齐》）。

引申：赵姓的始祖是造父，他擅长驾车，受周穆王重用，曾经驾八匹良马的车送周穆王去见西王母，乐而忘归。后来徐偃王造反，周穆王乘着造父御驾的八匹千里驹，如龙腾飞云，神速似地回到都城。徐偃王根本想不到周穆王会回来得这么快，惊为神人。军中更是谣言周穆王乘八龙驾云而归，一下子徐偃王的士兵跑了将近一半。第二天周穆王便率军把徐偃王打得落花流水。这一仗造父立下了大功，周穆王为了表彰造父在此役中所建的救国安邦之功，赐造父以赵城为邑（今山西洪洞县赵城镇）。赵氏由此得姓。

仓颉造字

故事：有一次，仓颉把从绳结记录的史书提供给黄帝，结果记录的事出了差错，致使黄帝在和炎帝的边境谈判中失利。事后，仓颉愧而辞官云游天下，遍访录史记事的好办法。三年后他回到故乡白水杨武村，独居深沟"观奎星圜曲之式，察鸟兽蹄爪之迹"，整理得到的各种素材，创造出了代表世间万物的各种符号。他给这些符号起了个名字，就叫做"字"。

朕

甲骨文	金　文	篆　文

字形：甲骨文字形与"般"相近，像两只手掌握船舵，造字本义：船舵。

演变：金文和甲骨文写法接近，只不过手握船舵的方向不同，篆文将船舵的形状误写成"火"，隶书误将篆文的"舟"写成"月"，以致字形面目全非。

含义：船舵，"视其朕，欲其直也"（《周礼·考工记》）；第一人称代词，"我"，"回朕车以复路兮，及行迷之未远"（《离骚》）；皇帝的自称，"太宗尝曰：'朕思天下事，丙夜不安枕。'"（《新唐书》）。

引申：根据汉许慎《说文解字》，朕小篆"月"字旁原作"舟"字旁，指木船的两块木板间隙。以其极为细小譬喻寡德以自谦，类似寡人之义。在先秦时，诸侯国君主一般自称"孤""不谷""寡人"，称"王"者亦可自称"本王"，随着秦朝建立，嬴政创立皇帝尊号，规定"朕"专作皇帝自称，这个称谓从此一直流传至辛亥革命中国帝制终结。"朕"一般只能用作皇帝的自称。例如东汉末年，群雄争霸，割据局面出现，曹操是魏的君主（魏王），只自称"孤"或"本王"；汉献帝可自称为"朕"。受到中国文化的影响，汉字文化圈的其他国家如日本、朝鲜、越南的君主也使用"朕"这个称呼。

尚方宝剑，如朕亲临

故事：万历二十年宁夏发生叛乱，万历皇帝先后赐总督魏学曾、巡抚叶梦熊尚方剑前去督战，结果大胜而归。自此皇帝赐尚方剑，授予专断专杀和便宜行事权力的做法开始逐渐频繁起来。皇帝不用亲自去某地，只需派官员携带一把尚方宝剑去，就如同皇帝亲临一般。这就是"尚方宝剑，如朕亲临"的来历。